楞嚴經講記

——第四輯

——平實導師 述

ISBN　978-986-6431-08-1

以離念靈知心爲眞如心者，是落入意識境界中，與常見外道合流，名爲佛門常見外道；以六識之自性（見性、聞性、嗅性、嚐性、觸知性、警覺性）作爲佛性者，是與自性見外道合流，名爲佛門自性見外道。近代佛門錯悟大師，不外於此二類人之所墮。

以六識論而主張蘊處界緣起性空者，與斷見外道無二；彼等捨壽時若能滅盡蘊處界而入無餘涅槃，彼涅槃必成斷滅故，名爲佛門斷見外道。此類人恐生斷見之譏，隨即益以「意識細心常住」之建立，則返墮常見之中；一切粗細意識皆「意、法因緣生」故，不脫常見外道範疇。此等人，皆違聲聞、緣覺菩提之實證，亦違佛菩提之實證，即是應成派中觀之邪見也。

《楞嚴經》既說眞如心如來藏，亦同時解說佛性之內涵，並闡釋五蘊、六根、六塵、六識、六入全屬如來藏妙眞如性之所生，附屬於如來藏妙眞如性而存在及運作。如來藏心即是第八識阿賴耶識，妙眞如性即是如來藏心體流露出來之神妙功德力用，諸菩薩目之爲佛性。

此經所說法義，迥異諸經者，謂兼說如來藏與佛性義，並將蘊處界入等一切法攝歸如來藏妙心與其功德力用之中。其中法義甚深、極甚深，謂言詞古樸而極簡略，亦謂其中妙義兼含地上菩薩之所證，絕非明心後又眼見佛性之菩薩摩訶薩所能意會，何況尚未實證如來藏之阿羅漢？更何況未斷我見之應成派及自續派中觀師？其餘一切落入意識境界之當代禪宗大法師，皆無論矣！有大心之眞學佛而非學羅漢者，皆應深入熏習以求實證之。

目次

第十輯：

第十一輯：

第十二輯：

第十三輯：

第十四輯：

第十五輯：

自　序

《楞嚴經講記》是依據公元二〇〇一年夏初開講《楞嚴經》時的錄音，陸續整理爲文字編輯所成，呈獻給讀者。期望經由此經的講經記錄，利益更多學佛人，藉以生起對大乘法教的仰信，願意景行景從而發起菩薩性；亦藉此書熏習大乘法義，漸次建立正知正見，遠離常見外道意識境界，得斷我見。同時可由深入此書中所述法義的如實理解，了知常住眞心之義，得離斷見外道邪見；進而可以明心證眞，親見萬法都由如來藏中出生，成爲位不退之實義菩薩，親自觀察所證如來藏阿賴耶識心體，絕非常見外道所墮之神我。並能現觀外道所墮神我，實由其如來藏所出生之識陰所含攝，不外於識陰範疇。乃至緣熟之時可以眼見佛性，得階十住位中，頓時圓成身心世界如幻之現觀，不由漸修而成，一時圓滿十住位功德，或能得階初行位中，頓超第一大阿僧祇劫三分有一。如是利益讀者，誠乃平實深願。

然而此經之講述與整理出版，時隔九年，歲月淹久，時空早已轉易；當時爲令學人速斷我見及速解經中如來藏妙義而作簡略快講，導致極多佛性義理略而未說，亦未對部分如來藏深妙法義加以闡釋，已不符今時印書梓行及流傳後世之考量，不符大乘法中菩薩廣教無類及顯示勝妙眞如佛性義理之原則。是故應當加以深入補述，將前人所未曾言之如來藏深妙法義中，可以梓之於文者，以語體文作了大幅度增刪，令讀者（特別是已悟如來藏者）得以前後再三閱讀思惟而深入理解經義。由此緣故，整理成文之後，於潤色之時特地作了補述及大幅度增刪，令讀者得以一再閱讀深思而理解之，藉以早日轉入菩薩位中，遠離聲聞種性；並能棄捨聲聞法義之偏限，成眞菩薩。此外，本講記是正覺同修會搬遷到承德路新講堂時所講，當時新購講堂之錄音設備尚未完善，更無錄影設備，是故錄音時亦有數次漏錄情況，只能在出版前另以語體文補寫，一併呈獻給讀者。

大乘經中所說法義，單說如來藏心體者，已經極難理解，是故每令歷代名聞諸方之大師難以理解，更何況《楞嚴經》中非唯單說如來藏心，實亦兼涉佛性之實證與內涵。如來藏心體對六塵離見聞覺知，而如來藏的妙眞如性—佛性—則對六塵不離見聞覺知，卻不起分別，亦非識陰覺知心之見聞覺知；欲證如來藏心體及眼見佛性者，修學方向與實證條件差異極大，苟非一一實證者，縱使讀懂此經文義，亦無法實證之。何況此經文句極爲精鍊簡略，今時人之文言文造詣亦低，何能眞實理解此經眞義？而欲證知經中所說如來藏心與佛性義，欲求不起矛盾想者，極難、極難矣！特以佛性之實證、內涵、名義，古今佛教界中所述紛紜，類多未知佛性、或未實證眼見佛性現量之凡夫所說者；如斯等人或讀此經，必然錯會而誤認六識之見聞知覺性爲常住之佛性；以是緣故，亦應講解此經而令佛教界廣爲修正舊有之錯誤知見。

然而此經中有時亦敘述如來藏具足令人成佛之體性，如同世親菩薩所造《佛性論》之意涵，並非《大般涅槃經》中世尊所說十住菩薩眼見佛性，亦非此經中所說佛性—妙眞如性—現量境界之實證眞義；由是緣故，凡未親證如來藏又未眼見佛性者，往往誤會此經中所說十八界六入等境界相即是佛性境界，墜入六識之見聞知覺性中。是故九年前講述此經時，已依此經所說佛性眞義而略述之，並依此經所說第二月眞義，略加旁述佛性之理；然未盡說，預留讀者將來眼見佛性之因緣，故已隱覆佛性密意而略述佛性之義。藉此覆護佛性密意之宣演佛性方式，促使讀者將來明心之後更有眼見佛性之因緣，得以漸次成熟；或於此世、或於他世，得以一念相應而於山河大地之上，親見自己的佛性，頓時成就世界身心如幻之肉眼所見現量境界，不由漸修而得，一念之間頓時圓成第十住滿心位之身心世界如幻現觀。

又，地上菩薩由無生法忍功德所成就之眼見佛性境界，能由如來藏直接與眾生心相應；雖然凡夫、賢位眾生之心仍不知已被感應，但地上菩薩往往已經於初次相見之時，即已感應其如來藏所流注之種子，由此而知彼眾生往世曾與菩薩結下善緣或惡緣。未離胎昧之已入地菩薩眼見佛性時，具有如是功德，故能由此直接之感應，作出對彼凡夫位、賢位等菩薩應有之開示與因應，此即是三地以下菩薩隨順佛性以後，在無宿命通、天眼通之情形下，仍能妥善因應眾生根性之緣由所在。如是，諸地菩薩於眼見佛性之後所得智慧，迥異十住菩薩之眼見佛性境界智慧，非十住位至十迴向位菩薩所知。一切未眼見佛性而已明心之賢位菩薩，更未能知此。

至於尚未明心而長處無明長夜中之意識境界凡夫菩薩，更無論矣！皆名凡夫隨順佛性。聲聞種性僧人及諸外道，總將識陰六識之見聞知覺性錯認為佛性，據以誣謗十住菩薩之眼見佛性境界，何況能知諸地菩薩所隨順之佛性智慧境界？唯能臆想而妄加誹謗爾。然諸佛所見佛性，又異於十地、妙覺、等覺；謂諸佛眼見佛性後，成所作智現前，能以五識各自流注而成就無量利益眾生之事，化身無量無邊，非等覺及諸地菩薩所能臆測。故知眼見佛性者，層次參差不一，各各有別，少聞寡慧者並皆不知，乃至已經眼見佛性之十住菩薩仍不能具知也！如是眼見佛性境界，則非此經之所詳述者；故我　世尊已於別經再作細說，以令圓滿化緣，方得取滅而以應身方便示現進入涅槃。如斯佛道意涵，深邃難知，苟非已有深妙智慧者，難免誤會而成就大妄語，或因難信而生疑，以致施以無根誹謗，未來捨壽後果堪憂；是故平實於此序文中預爲說之，以警來茲，庶免少聞寡慧凡夫閱後惡口謗法，捨壽之後致遭重報。

此外，時値末法，每有魔子魔民身披佛教法衣演述常見、斷見外道法，轉易佛門四眾同入常見外道、斷見外道知見中；更有甚者，身披法衣而住於如來廟堂之中，實行印度教外道性力派—坦特羅「佛教」—譚崔瑜伽男女雙身合修之意識貪觸境界，夜夜乃至白晝公然宣淫於寺院中，成爲彼等眾人寺院中的公開祕密，唯獨淺學信徒不知爾。如是邪說邪行，已經廣行於末法時代之學密佛教寺院中，台灣海峽兩岸亦皆已普及，極難扭轉其勢，豈符世尊法教眞義而不違佛制戒律？身披僧衣而廣行貪淫之行，墮落識陰境界中，豈能相應於眞心如來藏離六塵貪愛之清淨境界？眼見如斯末法現象，平實不能不喟嘆末法眾生之福薄：屢遇如是宣揚外道法之邪師而不自知，更隨之暗地實修雙身法而廣違佛戒，日日損減自己每年布施眾生、供養三寶所得福德。

更有甚者，一心追隨邪師而認定邪法爲正法，不知邪師每每身現好相，佯爲實證及清淨之人；學人由無明所罩故，以護法之善心而與邪師共同造下破法之愚行，將了義勝妙之正法謗爲外道神我、外道自性見；亦將弘揚正法之賢聖謗爲外道、邪魔，坐令邪師勢力增廣，導致邪法弘傳益加普及。是則因於無明及名師崇拜，以善心而造惡業；然猶不能自知眞相，每以壞法及謗賢聖之惡行得以成就，而沾沾自喜爲護法大功焉，實可憐憫。今此經中，佛陀對此廣有開示，讀者若能摒棄以前追隨名師所聞之先入爲主觀念，客觀地深入此書中，一一比對佛語而能深細檢驗；然後一一加以深思，並依本經所說蘊處界功能本質及生滅性之現量加以現觀，即可遠離既有之邪見而轉入正知正見之中；若能正確了知之後，益以正確之護法善行而積功累德，何愁此世無有實證如來藏而悟入大乘菩提之機緣？乃至福厚而極精進者，亦得眼見佛性而圓滿十住位之世界身心如幻現觀。

末後，令平實不能已於言者：對於中國佛門中已存在百年及密宗已存在數百年之宗喀巴外道法因緣觀及菩提道次第，亦應由此經義而廣破之。謂百年來常有大法師遵循日本學術界中少數人的錯誤觀點，一心想要以學術研究所得取代佛法特重實證的經中教義；而日本近代此類所謂佛學學術研究者，本質仍屬基督教信仰者急於**脫亞入歐**而提升日本在國際上之學術地位，想要與歐美學術界分庭抗禮；於是出之以嘩眾取寵方式而極力批判佛教，冀離中國佛教而且上於中國佛教，於是乃有批判中國傳統佛教如來藏教義之舉——三十年前日本「批判佛教」學派於焉誕生。於是專取四阿含文字表相法義，並扭曲四阿含法義，宣演外道六識論爲基調之因緣觀，取代佛教四阿含所載八識論之因緣觀，自謂彼之謬論方屬眞正佛法，主張一切法**因緣生**故無常，誣指中國傳統佛教如來藏教義爲外道神我。然而，如來藏屬第八識，能出生外道神我，而法界中亦無一法可破壞之，此是一切親證如來藏者皆可現觀而證實之現量；外道神我則屬第六意識或識陰六識，被如來藏所生，乃生滅法；一主一從，二者天差地別，焉可等視齊觀？由此證知日本袴谷憲昭、松本史朗創立批判佛教之學說，純屬無明所言戲論，並無實義。

六十年來台灣佛教則由印順及其派下門人，奉行印順源自天竺密宗之宗喀巴六識論應成派中觀，採用基督教信仰者反對實證之西洋神學研究方法，曲解四阿含中所演八識論因緣觀正理，刻意否定中國禪宗法教之如來藏妙義，貶爲野狐禪及外道神我；藉此表相建立其不落「俗套」而異於傳統佛教之「超然、不迷信」假象，然後佛光山、法鼓山、慈濟追隨印順而奉行之。

然而印順派之思想本質，乃外道六識論之因緣觀，近承日本不事修證之學術研究學說，遠紹宗喀巴、阿底峽、寂天、月稱、佛護等六識論諸凡夫論師；謂彼等因緣觀外道如是主張：**純由根、塵作爲因緣，即能出生六識：不必有本識如來藏持種，只藉六根六塵作爲因緣即能出生六識**。又主張意識常住不壞，公然違背聖教。如是外道因緣觀，全違法界現量—違背現象界中可以現見之事實—諸法不自生、不他生、不共生、不無因生之事實，全違龍樹中觀之教示。

而印順派所闡釋之因緣觀、應成派中觀，正屬龍樹所破之**他生與共生**之外道因緣觀；復又違背四阿含中處處隱說、顯說之八識論因緣觀——由第八識如來藏藉所生根塵爲因緣，出生識陰六識（詳見拙著《阿含正義》七輯之舉述），本質正屬外道六識論邪見之因緣觀。今此《楞嚴經》中更出之以**五蘊、六入、六界、十二處、十八界皆屬如來藏妙眞如性所出生**之深入辨正，以九處徵心八還辨見之細膩法義，令知「**識陰六識不能自生，根不能獨生識，塵不能獨生識，根塵不能共生識，虛空不能無因生識**」等正理，完全符契四阿含諸經所說義理，而更深入闡述正義。如是深入辨正已，阿含聲聞道所述佛門因緣觀正理即得以彰顯，突顯佛門八識論因緣觀異於印順及宗喀巴之外道六識論因緣觀所在，則佛門學人即可遠離外道因緣觀邪見，疾證聲聞菩提乃至佛菩提，終不唐捐諸人一世之勤修也！

佛法特重智慧，是故成賢證聖而入實義菩薩位中，世世悅意而修菩薩道；或者捨壽後速入三塗永爲凡夫而受苦難，多劫之中常與眞實菩提絕緣，世世苦修仍不得入門，茫然無措；如是二類迥異之修學果報緣因，端在當前一念之中：是否願意客觀分辨，及實地理解諸方名師與平實所說法義之異同所在，不依道聽塗說而盲從之，實即憑以入道或下墮之樞紐及因由也！願我佛門四眾弟子皆能冷靜客觀而深入比較及理解，然後理智而不盲從地作出抉擇。審能如是，則此世即已建立修學佛道之正確方向；從此一世開始，佛道即能快速而悅意地修學及實證，非唯永離名義菩薩位，亦得永斷三塗諸惡因緣，眞成實義菩薩，何樂不爲？

此書既然即將開始潤色而準備梓行，於潤色前不免發抒感想、書以爲文；由是而造此序，以述平實心中感慨，即爲此書印行之緣起。

佛弟子 平實 敬序於竹桂山居

時值公元二〇〇八年 春分

第四輯：

《大佛頂如來密因修證了義諸菩薩萬行首楞嚴經》卷第二

（上承第三輯未完內容）

【「阿難！云何五陰本如來藏妙真如性？阿難！譬如有人以清淨目觀晴明空，唯一精虛，迥無所有；其人無故不動目睛，瞪以發勞，則於虛空別見狂花，復有一切狂亂非相；色陰當知亦復如是。阿難！是諸狂花非從空來，非從目出。如是阿難！若空來者，既從空來，還從空入；若有出入，即非虛空；空若非空，自不容其花相起滅；如阿難體，不容阿難。若目出者，既從目出，還從目入，即此花性從目出故，當合有見；若有見者，去既花空，旋合見眼；若無見者，出既翳空，旋當翳眼。又見花時，目應無翳，云何晴空號清明眼？是故當知**色陰虛妄**，本非因緣，非自然性。（本如來藏妙眞如性也）」**】**

講記：佛又說：「阿難啊！為什麼說**五陰本來就是如來藏的妙真如性呢？**」很多人讀不懂經典，他們沒有辦法貫通三乘法，所以當他們看到《阿含經》講五陰十八界全都是虛妄無常，於是就說：「阿含裡講，五陰十八界要滅盡了才能證得無餘涅槃，那十八界顯然是虛妄的，而十八界也是含攝在五陰裡面的，這一部《楞嚴經》竟然講說五陰就是不生不滅如來藏的妙眞如性，眞是豈有此理？這當然是僞經！」這就是不懂得空相跟空性的道理，也是把《楞嚴經》斷章取義，沒有辦法貫通《楞嚴經》，當然更是不能貫通三乘菩提的愚人。當他們把三乘菩提通達了以後，再來讀《楞嚴經》時，那眞是暢快！除非不懂文言文，因爲它實在講得很簡略。

但是，三明六通的俱解脫大阿羅漢證得有餘涅槃之後，就能夠讀懂《楞嚴經》嗎？他們還是讀不懂的，因爲他們所修的觀行範圍，全都侷限在現象法界中的五陰十八界等法的虛假無常、緣起性空上面，從來不曾涉及實相法界的觀行，實相法界就是生命及宇宙的本源，而《楞嚴經》講的正是實相法界的勝妙法，所以他們對《楞嚴經》當然都是聽不懂（讀不懂）的。別說是《楞嚴經》，他們連《維摩詰經》都讀不懂了！而《維摩詰經》只講如來藏啊！其中都沒有談到佛性；但是這部《楞嚴經》既講如來藏、又兼著講佛性，那就更複雜了！而佛性的眞實義與明心的參究方向及體驗，是完全不同的方向與體驗；那個複雜的程度，尚且不是眞正明心的人所能知道的，何況是未曾明心的不迴心阿羅漢們？至於那些落入六識論中，誤以爲意識細分出來的細意識可來往三世、執持業種的應成派中觀師等凡夫們，當然更不可能臆測絲毫。

既然連三明六通的大阿羅漢們都無法了知這部經典法義了，那些落在我見、邊見中的應成派中觀師們，個個都是未斷我見的凡夫，尚且不懂實相法界與現象法界的關聯與內涵，當然更是無法了知的了。由於無法了知，於是就說：「**第三轉法輪的經典，跟原始佛教經典相牴觸、相違背，全都是僞經，都不是佛口金言。**」但是等你明心了，又加上眼見佛性了，那時再來細讀《楞嚴經》和四大部阿含中的二千餘部經典，將全部法義加以比對，你將會發覺其中的法義根本就沒有衝突，不同的只是法義的層次深淺廣狹的差別而已，哪有絲毫的衝突？都是可以互相貫通的，這就是明心再加上眼見佛性者的殊勝處。

可是，話說回來，明心又眼見佛性了，也不一定能眞的讀懂《楞嚴經》的全部，還得要有道種智才能全部貫通的。如果是還沒有明心或者悟錯了，那是絕對無法貫通的，就會覺得這部經中的說法似乎是與四阿含所說的緣起性空觀有些衝突，就會覺得《楞嚴經》是有問題的。因爲，他們一定會這樣想：「**五陰明明是虛妄法，這部經中爲什麼卻說是不生不滅如來藏的妙眞如**

性呢？似乎沒有這個道理，所以這是僞經。」於是呂澂、印順等人就會這樣評斷。但是他們連大乘佛法的入門內容都還不懂，說句不客氣的話，他們其實是連二乘菩提都還沒有入門的，我見都還具足存在的，是連二乘菩提都還不曾實證的凡夫，怎麼可能懂得大阿羅漢們所不懂的這部經典法義？

言歸正傳，佛接著開示說：「爲什麼五陰本來就是如來藏的勝妙眞如性呢？譬如有人以清淨目，」沒有視障的眼睛就叫作清淨目，「以清淨目來觀察晴朗光明的虛空，」晴就是無雲，明就表示不是晚上，也就是有光明的白天而且完全沒有雲的時候，那時看出去就是一片藍空，這叫作晴明空，「那時所能看見的是唯一精虛，」「精」，很清楚分明所以叫作「精」，也就是很清楚明白的看見了。「虛」就是迥無所有，空無一物。晴朗的天空中是唯一精虛、迥無所有。「迥」就是很清楚地看見而無遮障。「那時他所看見的是清楚明白的虛空，虛空中什麼事物都不存在。這個人無緣無故，」或許精神有問題，所以「無緣無故就定定地瞪著晴空，身體都不動轉，眼睛也都不眨，用力地一直瞪著晴明空；瞪到後來，眼睛勞累了，於是他就在晴明的虛空中另外看見了狂花。」譬如有人說眼冒金星，若是身體極虛弱的時候，只要稍微動一下身子，身體無法負荷，於是眼冒金星，這個就像是這段經文中所講的狂花。

當他看見睛明的虛空中好像有什麼花，其實是他的眼睛勞累而產生了眼花的現象，並不是虛空中眞的有花，所以稱為狂花。「而且往往又有各種不同的狂亂非相，」他若是瞪得更久，也許又看見虛空中有種種幻相出現了！因為這些幻相都不是正常時的法相，所以都是虛妄相而說為「狂亂非相」，因為都是正常人眼見的時候不該有的法相，所以說為非相。「色陰、色身的生起與存在，應當知道也是這樣的道理。」也就是說，在本來無法之中，偏偏因為我見與我執，或者猶如世俗法中極貪愛的人，一生都在外我所的執著上面用心的俗人，被我見、我執、我所執的動力影響，使得如來藏受到意根的控制而去入了母胎，然後藉著受精卵而從母體中吸收母血，就開始把色陰製造出來；就如同瞪以發勞而妄見睛明空中有諸狂花一樣，色陰就是這樣從空無形色的如來藏中出生了；因此色陰本來就是由如來藏的妙眞如性所變生的，所以說**色陰本如來藏妙眞如性**。色陰是如此，其餘的受想行識四陰也是一樣的道理，都是如來藏的妙眞如性。換句話說，五陰都只能歸結到如來藏心中，無法歸結到任何一種外法。如果有人把五陰歸結到外法，譬如上帝或大梵——造物主，或如極微、冥性、盤古……等，都不可能歸結成功的。若是繼續強行歸結到這些外法，而不信受是由自己的如來藏所製造、所出生的，當然就只能說他們都是心外求法的外道了！當然他們是全都不可能瞭解五陰的生滅性，更不可能了知**五陰本如來藏妙眞如性**的道理。

色陰是「虛妄有生」的，因爲色身並不是眞實法，是剎那剎那變異不停的；所以，自己爲什麼變老了，連自己都搞不懂；明明是不想要老的，卻是一剎那又一剎那地變老了。等到臨死時，也不知道自己究竟是怎麼捨壽的，全都不知道。譬如現在回想孩提之時，我們以前小時候很窮，鄉下的孩子都穿開襠褲；因爲父母親都要下田去工作的，哪有時間爲你換褲子？於是都穿開襠褲，由著孩子去尿，都不會尿溼褲子。又想起小時候在學校裡，老師說要背國文，規定要背某一篇文章，背好了才可以回家；於是就在學校花園的草皮上躺下來背書，終於趕快背完，於是搶在別人前頭先回家了。如今想想，現在已經快要六十歲了（編案：這是在二〇〇二年春天講的，當時未滿六十歲），自己究竟是怎麼老的，都還搞不懂呢！都要靠實相般若智慧以及種智，才終於知道是怎麼老的。

而這個色陰就這樣自然出生了，又這樣自然成長了，然後又這樣自然衰老了，但是色陰畢竟不是眞實而常住的法性，終究只是虛妄有生的法，只是如來藏依祂自己的妙眞如性，在本無色陰之中出生了這個色陰；就好像無緣無故而長時間瞪著晴明空，後來就「瞪以發勞，別見狂花」，道理是一樣的。眾生正是如此，本來涅槃的境界，大家都不要，被我見等無明影響而無緣無故執著五陰，這就等於是無故不動目睛、瞪以發勞，於是自己的如來藏就被意根自己拖著去入胎，色陰就在猶如虛空的如來藏心中出生了！於是其餘的四陰也就跟著一起出生了，五陰就具足，便開始了生死痛苦的過程了。這難道不是在虛空中妄生與妄死嗎？

如果有實相智慧，把這個事實觀察清楚了，就知道五陰本是如來藏藉著自己的妙眞如性所出生的，而如來藏無形無色猶如虛空，卻出生了五陰；而五陰都只是在猶如虛空的如來藏心中運作著，這不就是「**晴明空唯一精虛，迥無所有**」，卻因爲瞪以發勞（也就是我見等無明所祟）而出生了狂花五陰嗎？所以才說「**五陰本如來藏妙眞如性**」。但是，別把經文中說的「無故」胡亂引用，因爲五陰的出生絕對不是無緣無故的，一切有情會輪轉生死，事實上都沒那麼無辜。「無故」而「不動目睛、瞪以發勞」，這個「無故」在佛法中所指的就是我見等無明；因爲正常人是不會無緣無故長時間去用力瞪著虛空的，有智慧底人也不會落入我見等無明之中而想要一世又一世地「瞪」出五陰。所以，會無故想要從虛空中用力瞪出狂花及種種狂亂之相底人，都是世俗無明所罩底人；因此說，無故二字講的正是無明，而五陰就譬如虛空中妄生的狂花及一切狂亂非相一般，本來不實而生滅不住，眾生卻因爲無明而一直想要世世都有這種五陰，都同樣不知道五陰是虛妄的；而二乘聖人的無明，卻是不知道五陰本是如來藏所含藏的無量法性之一，本該歸攝於如來藏中，所以 佛說「**五陰本如來藏妙眞如性**」。

眾生都會無故想要繼續保有五陰而不得不去投胎受生，認爲死後繼續投胎受生而保有五陰是天經地義的事，都是因爲我見我執等無明沒有斷除，智慧還沒有生起，所以無故（不需要任何理由）想要不斷地入胎受生；就如同無知的人無故長時間瞪著虛空，想要每天在虛空中看見狂花等狂亂非相境界一樣，都是由於善於思量的意根被善於思惟分別的覺知心所矇騙而不肯讓自己消失，不肯回歸到實相法界的如來藏境界啊！由於不肯讓自己虛妄有生、虛妄名滅的五陰消失，就不能入無餘涅槃，所以意根就拉著如來藏去投胎，就會有一世又一世的五陰生死痛苦。就這樣，色身就在母胎中漸漸生長，受想行識也就跟著增長；然後出了母胎，又藉著父母的幫忙再度長大，然後營生一世以後是怎麼衰老、又是怎麼死的，連自己都搞不懂。

因此說，五陰就是這樣狂亂非相的出生了，正是虛妄有生、虛妄名滅的不實過程。所以佛說：「無智之人瞪以發勞所看見的，晴明虛空中的狂花以及一切狂亂非相，並不是從虛空出生的，」絕對不是從虛空變生出來的，「也不是從瞪以發勞的眼睛裡生出來的，都是從如來藏中藉著自己的妙眞如性而出生的。就像是這個道理，阿難！如果狂花是由虛空出生的，那麼既然由虛空出生，後來還是應該要入於虛空中才是；可是如果虛空可以有狂花及種種狂亂非相出出入入，那麼虛空就不應該是虛空了，」因爲虛空既然可以被某些事物出入，那麼虛空一定也是常常擁有物質之法，那又怎麼可以叫作虛空呢？「而虛空既然不是空無一法，成爲有物之法，那麼當然就不可能容許狂花等狂亂非相在虛空中起起滅滅了。這就如同阿難你自己的五陰之中，不能容許另外一個阿難五陰存在你的五陰之內一樣。」

這意思是說，當色法可以進入虛空中，被虛空所執持而一直都在虛空中存在著；譬如虛空中一直都執持著狂花之相，時時都能有狂花從虛空中跑出來，然後又進入虛空裡面而不見了，就表示虛空是有物質的法，才能執持色法，那就不是空無一法、絕無自性的空，當然就不是依物質邊際而施設名言的空無一法的虛空了。如果這個虛空不是絕對空無，那就是有物質的法性了，有物質法性時又怎能有色塵能夠進去及出來？譬如我的左手指不能夠進入我的右手掌一般，因爲二者都是有物質的實體，所以手指當然不能進入同樣是實體的手掌中。不是虛空，當然進不去，只有虛空才能被進得去；但是，虛空如果能被物質進去而執持著物質（譬如狂花被虛空所執持著），就不能叫作虛空了！因此說虛空如果不是空，就不容許狂花進入虛空，不容許有狂花眞的在虛空中起了又滅。瞪以發勞而看見了虛空中有狂花出現，其實是自己的心所顯現的，不是虛空中能含藏狂花等物象。「同樣的道理，就好像你阿難這個身體，不容許有第二個阿難身體進入你這個身體中。」所以，虛空中妄見的狂花，其實是由瞪以發勞的愚人心中出生的，不是虛空所出生的。接下來說：

「若目出者，既從目出，還從目入，即此花性從目出故，當合有見；若有見者，去既花空，旋合見眼；若無見者，出既翳空，旋當翳眼。又見花時，目應無翳，云何晴空號清明眼？是故當知色陰虛妄，本非因緣，非自然性。（本如來藏妙眞如性也）」

佛說：「如果這個人瞪以發勞所看見虛空中的狂花，若是從他的眼睛裡所出生，而不是從自心如來藏中出生的，這個狂花既然是從眼睛出來，當狂花消失的時候當然應該還是進入眼睛回去，」是應該回到眼睛裡面去，「因爲這個狂花的體性本來就是從眼睛裡出來的緣故，既然是從眼睛裡出來的，本就應該是眼睛的一部分，那麼狂花本身也應該是可以看見種種色塵才是。」因爲狂花既然從眼睛裡出來的，而眼性本就是能見的自性，那麼狂花應該也有眼性而可以看見色塵了。可是狂花是被看見的，狂花自己確實並沒有看見的功能；如果狂花是從眼睛裡出去的，而狂花自己當然屬於眼睛而有看見的功能，那麼狂花有見，眼睛也有見，豈不是有兩個見了？那又不對了。

「如果狂花確實是有見的功能，當狂花既然離開虛空，狂花消失而使虛空成爲空無了，當狂花離開虛空時當然是應該回旋而準備進入眼睛裡；當狂花即將回歸眼睛、進入眼睛之時，應該是在回頭即將進入眼睛時就會看見眼睛。」可是狂花即將消失而回歸到來處的時候，狂花明明是沒有看見眼睛的，「如果狂花消失之前確實是沒有見性的話，當狂花從眼睛裡出去而出現在虛空中，遮蔽了某處虛空，當狂花回旋而即將回歸到眼睛裡面的時候，也應當會遮蔽眼睛才對。」可是在事實上，瞪以發勞而出現的狂花，即將消失以前卻沒有遮蔽到眼睛。「而且，當那位瞪以發勞的愚人看見虛空中的狂花即將消失而回歸眼睛裡面的時候，他的眼睛應該是沒有遮障的；如果那時眼睛是有遮障的，又怎麼可以說那個能見虛空中狂花的眼睛叫作清明眼？由於這個緣故，應當知道所見的色塵狂花是虛妄的，而自己所見的自己色陰當然同樣是虛妄的。而這個虛妄的色陰，如同狂花並非單由外法因緣所出生的，也不是從虛空中自然就無因無緣而出生的，所以也不是自然性。」

所以，猶如狂花與虛空及眼睛的關係一般，色陰與因緣及虛空（自然性）的關係也一樣，既不屬於因緣生，也不屬於自然性，其實是由如來藏的妙眞如性藉著種種因緣而自然出生的，當然要歸屬於如來藏心中，所以才說**五陰本如來藏妙眞如性**。這並不是說五陰是自然而然就在的不生法，同樣的道理，也不能說識陰六識見性、聞性乃至覺性、知性都是常住法，因爲全都是如來藏的妙眞如性所出生的。意思就是說，我們的色身是以如來藏爲因，及父母、四大、物質世間爲緣而自然出生的，是由如來藏爲因，藉各種緣而自然出生的。當你證得如來藏以後，現觀到**五陰本如來藏妙眞如性**時，還要不要像某些可能會退回三果的阿羅漢一樣急著自殺？根本就不需要！

有的阿羅漢證得有餘、無餘涅槃以後，現觀人生的苦、空、無常、無我，於是急著要取涅槃；可是因爲他是慧解脫，是待時解脫的阿羅漢，沒有辦法像俱解脫的阿羅漢一樣，腿盤起來，十分鐘、五分鐘以後就捨報入無餘涅槃；

因此，他就以刀自裁，有些像是日本武士以武士刀切腹自殺一樣。還有一種有時會退失阿羅漢解脫境界的聖人，恐怕自己捨報時會退失第四果聖境，就無法入無餘涅槃了，於是在還沒有退失阿羅漢聖境之前「雇鹿杖自害」，也就是請別的比丘轉告鹿杖外道：「某比丘請您前去殺死他，他願意以所有衣缽作爲酬勞。」請外道鹿杖把他殺死。死時入了無餘涅槃，就不再出生於三界中，不再有未來無量世的生死痛苦了！不但是如此，還有其他的四果比丘同樣因爲有時會退失四果的證量，也都急著入無餘涅槃，所以「以繩自絞、飲服毒藥、以刀自害、投坑赴火」的聖人都有；當時這樣自殺而提前入涅槃的比丘們，數量竟然多到六十人，這在聲聞戒《摩訶僧祇律》及《十誦律》中，都有明文記載著。

但是，你們證得如來藏以後作了深入的現前觀察而知道：色陰也是如來藏的一部分，本是由如來藏藉著祂自己的妙眞如性而出生的。既然證實色陰也是如來藏中的一部分，而如來藏從來就沒有生死，從來本是涅槃而常住的，那就不必急著自殺了！而且阿羅漢們滅了自己的五陰而入無餘涅槃以後，仍然是如來藏獨存的本來涅槃，而這個涅槃卻是死前、卻是入無餘涅槃前就已經存在而不曾消失過；既然如此，又何必滅了五陰自己而入無餘涅槃呢？不論是入無餘涅槃或是留著五陰之時，既然同樣都是如來藏的本來自性清淨涅槃；所以滅了五陰而入無餘涅槃，其實是沒有意義的，於是就願意世世受生而一再擁有色陰，雖然未來將會有世世不斷的五陰生死痛苦，卻可以好好精進用功修學佛菩提道，未來終究可以成佛而成就一切種智。這樣看來，人類的色陰顯然是個學法的好工具，有什麼不好？既然不是絕對不好，並且也親自證實色陰其實也是如來藏種種法中的一部分，那就多多少少關懷照顧一下吧！別讓色陰提早壞掉，因爲可以利用色陰作爲修道的器具，可以用色陰來好好修行而邁向成佛之道。

因此說，色陰雖然是虛妄的，可是色陰也不是單憑四大、父母等因緣就能出生的。在聲聞法中講因緣生，是說眾生以無明爲因，以種種外法譬如父母、四大外緣而出生了色陰等五陰；在緣覺法中講因緣生，以無明爲因，然後再以前一個有支爲因，藉父母等外緣來出生了色陰等五陰；可是，這兩種因緣法不能自己出生五陰，背後都要有如來藏爲根本因，才能夠出生五陰。如果沒有如來藏本識的入胎、住胎、造身，憑著無明因及外法種種藉緣就能出生色陰，那麼問題將會很嚴重而無法自圓其說，因爲不但違背了實相法界中的正理，也違背了現象法界中的正理。若是沒有如來藏作爲根本因來入胎製造色陰，那麼無明要放在哪裡？放在虛空中嗎？如果無明是安置在虛空中，那麼眾生現世所受的各種福禍善惡報可就全部由或然率來主宰，而不是由往世所造的善惡業來主宰了！那麼過去世某甲造作及熏習了很多邪惡的無明，後來這些無明種子卻因爲或然率的隨機性，所以現行在今生你的身中，由前世不斷行善的你來承受他的惡業，這能說是公平嗎？還能符合因果律嗎？你一定會說：「這還得了！簡直是無法無天、破壞因果律。」

所以，單有無明之因，而無明種子及善惡業種子，若沒有一個常住而能含藏無明等種子的心體存在，單憑無明因及四大、父母爲緣就能出生五陰，這是有大過失的；而四阿含諸經中所說的二乘因緣法，也都不是這樣講的，都是說有**本識**藉無明及父母、四大等助緣，而入胎、住胎來出生五陰，都不是說單憑無明及父母四大等緣就能出生五陰的。所以，無明種子必須含藏在各個有情自己的常住如來藏心中，由各個有情自己受報；所以必須有如來藏的妙眞如性不斷地運作，執持著無明種子、業種以及死後由如來藏所生的中陰身去入胎，才能自然而然地出生人類色陰及其餘四陰。五陰出生後也不可能一時一刻離開如來藏而獨自存在，因爲本就是由如來藏藉自己的妙眞如性來攝持五陰的。由此緣故，世尊說「五陰本如來藏妙眞如性」，確實是誠實語、至正語。

所以並不是單憑無明及業種爲因，以及父母、四大等緣就能出生這個色陰、五陰，而是要有如來藏的能藏及我愛執藏體性，才能由祂所執藏的無明及善惡業種子作爲發動受生的生因，然後才能**由如來藏**入胎、住胎來攝取四大，並且藉著父母及四大等助緣，才能**由如來藏**來出生人類這個色身，這才是原始佛法中的初轉法輪四阿含諸經所說的聲聞解脫道的根本理（編案：詳見正覺教育基金會《正覺學報》第一期闡述）。所以，四阿含諸經雖然是偏顯二乘的解脫道，在萬法根本因第八識的部分說得非常少，也不曾說到成佛之道的具體內容；而且這些大乘法，在四阿含中偶爾說到的時候，也都只是一、兩句話就帶過去了，是因爲聲聞人對所聽到的大乘經典並沒有勝解，當然就記不住那麼多，只能一、兩句話就帶過去了；但是四阿含中卻有幾個地方說到是由本住法本識入胎才能出生名色五陰的，這已經證明四阿含諸經的義理同樣是八識論正法，不是源於聲聞部派的應成派中觀師所說的六識論邪見。

四阿含諸經中所說到的大乘法義，全都只是名詞而無解說，也不曾開示過成佛之道的次第與每一階位應修的內涵；像這樣的四阿含竟然被聲聞法中的聖人及凡夫們宣稱爲成佛之道的經典（編案：「阿含」或名「阿笈摩」，意爲諸佛輾轉傳來的成佛之道），當菩薩們聽到聲聞人誦出四阿含時，立刻就知道那不是眞正的成佛之道，只能使人成為阿羅漢或辟支佛，卻只是含攝在佛菩提道中極小的一部分內涵而已；但結集四阿含的聲聞法中的聖者與凡夫們，卻宣稱那就是成佛之道；實證成佛之道內容的菩薩們，自然是要當場提出異議的。當異議被提出來了，而聲聞人不肯接受重新修正四阿含的義理時，菩薩們當然會在現場公開宣稱：「吾等亦欲結集。」於是隨即展開了七葉窟外的千人大結集，這對二乘人是很難堪的，當然不肯把大乘菩薩結集的事情記入聲聞律典中；然而第二轉法輪的般若系列以及第三轉法輪的唯識系列等經典，在五百結集後的一、二年間，就被菩薩們在七葉窟外的千人大結集中全部記錄完成了。所以，第八識的般若中道本質以及第八識能生萬法的宇宙實相，是直到一年後菩薩們結集完成的第二、三轉法輪諸經中，才有具足宣講大乘法義，四阿含中並沒有實相般若與唯識種智的成佛之學，只提到一些大乘法義的名相，並不曾宣說成佛之道的內容與次第（至於聲聞解脫道的法義，在四阿含中已經具足了，菩薩們就不必重新再結集一遍）。

但是，在四阿含諸經中雖然沒有講到成佛之道的實際內容與次第，卻已經處處顯示聲聞解脫道仍然是八識論的本質，並非印順派門下的昭慧、傳道等人與聖嚴法師所說的六識論邪見；並且在四阿含中也有幾個地方說到入胎識的入胎、住胎、出胎而出生了五陰的具體開示，並且同時反向說明一個事實：**若這個識不入胎、不住胎、或是離身而去，名色五陰就會毀壞而不能夠繼續存在，而這個識顯然不是意識覺知心**。這已顯示參與五百結集的聲聞阿羅漢及三果以下的聖者與凡夫等五百人，其實都曾聽聞 世尊所宣說的大乘經，才會有大乘經中所說第八識如來藏入胎出生五陰的法義被結集在四阿含諸經中。這已經顯示一件事實：陰入界處等法以及由陰入界處所顯示出來的緣起性空觀，都是以第八識如來藏爲根本因。這是四阿含諸經中所顯示的事實，並不違背千人結集所成就的大乘諸經法義，只是內容已被聲聞聖凡等五百人侷限在解脫道的狹窄範圍中。可是這個事實，屬於聲聞部派佛教的古今所有應成派中觀師等六識論者都不懂，因爲他們都沒有智慧讀出四阿含中處處隱說**本識如來藏**的眞義。

既然陰入界處等法並不是單純唯憑因緣就能出生，意思就是說，有情身心還得要有如來藏作爲根本因，才能借助於種種外緣而出生了有情身心；而如來藏出生有情身心時所借助的種種外緣（譬如父母與四大），仍然是由如來藏所出生的。如來藏心體具有種種異於有情五陰身心的自性，所以外緣具足時如來藏就自然而然地出生了有情五陰身心，所以有情五陰身心其實並不是自然性，仍然是如來藏依其妙眞如性而藉種種因緣才能自然出生的，所以五陰當然不是自然性，也不單是因緣性。往往有人這麼說：「人死了本來就會出生中陰身嘛！在中陰境界裡本來就會去投胎嘛！這都是自然就這樣的，所以有情的身心是自然就有的，何必再去施設什麼根本因如來藏？」但其實有情的五陰身心並不是他所說的自然性，因爲不符合法界實相，也不符合至教量。如果有人說那是自然性，那麼他就跟自然外道一樣了。

假使還有佛教徒說：「五陰是自然生，所以是自然性。」那麼某甲生來自然就有極多的財產等著他來享用，你我出生時當然也應該跟某甲一樣，自然就有極多財產等著我們來享用，因爲同樣都是自然性嘛！自然，意思是不需有以前的種種原因就能無因而獲得。又譬如自然外道主張：「烏從來黑，鵠自然白，都是自然性。」所以就說：「玫瑰有刺，花紅柳綠，全都是自然性。」假使眞的都是自然性，就不該能被人類加以研究而改變；既是自然性，應該是再怎麼研究以後還是無法改變的，因爲自然性是不可改變的。既然一切現象都是自然性，當然應該都是統一而無差別的，那就應該大家都一樣，所以某人可以生來就擁有億萬家財，是自然性而無前世因果，那麼我們每一個人也都應該生來就和某人一樣地富有或一樣地貧窮。但現象界中所見卻不是這樣子，可見萬事萬物都各有其背後的因果而不是自然性。

若眞的是自然性，應該每一個人生來都長成同一個樣，事實上卻是各不相同。這就是說，五陰並不是自然性，也不是外法所成就的因緣性，完全是如來藏的妙眞如性所成就的。當如來藏出生了五陰以後，實際觀行之後已確定是有生有滅的虛妄法了，爲什麼大乘法中卻要把五陰虛妄法確定爲常住不壞的如來藏的妙眞如性呢？這其實是在講常住心如來藏的大種性自性。如來藏獨自擁有這種自性，其餘七個識都沒有這種奇特的自性。意思是說，如來藏能夠攝取四大極微等元素，來造成色陰中的五色根等全部器官，這才是眞正的自然性，因爲如來藏本來就有這種功德，是祂自然就有而不是經由修行或被他人增益以後才有的功能；所以，這個自然性仍然是由如來藏本有的**大種性自性**（詳見《楞伽經詳解》之闡述）來完成的；而這個自性其實也是常住的金剛心如來藏之妙眞如性中的局部自性。並且，在五陰出生以後，五陰的生存與運作、功能，也都是由如來藏在背後默默地不斷支援著；若無如來藏剎那剎那不斷地支援著，五陰就只能剩下一具屍體而不再有覺知心等功能了，當然就不再是有情了！

大家想想看，身體中的器官那麼多，而且每一個器官都很微妙，現在科學、醫學那麼發達，可是科學家、醫學家到現在都還沒有辦法製造出任何一個器官出來。現代所謂的複製牛、複製羊，本質上還是利用法界中的某一個有情的如來藏來製造的，並不是由醫學家自己製造出來的；醫學家只是提供適當的環境，由法界中的某一有情的如來藏，入住那個細胞而藉因緣自然製造出複製牛的色身。但這種事情是很不道德的，因爲那種細胞是有缺陷的，基因是不具足的；醫學家製造一個有缺陷的機會，讓某一個倒楣的意根拉著如來藏來執取那一個細胞，然後去製造出一個色陰，專門提供給人類利用，眞的很不道德。所以有一些人不懂佛法，卻知道這是不道德的，因此就反對複製有情色身。

如來藏很厲害，祂把整個身體的器官都造得好好的；可是，眾同分中仍然會有別業啊！這別業是說什麼呢？譬如某人的器官，他的勝義根不好，所以在世間法中學得不怎麼好。譬如我個人很不會算術，簡單的加減乘除運算功夫很差；幾何還勉強及格，算術、代數就是搞不會，對數目字也沒什麼觀念；可是我一旦學起佛法來，可就頭頭是道，我的勝義根就這樣啊！可是我的勝義根在世俗法上是不如你們的，你們都很正常，我卻不能跌跤；一跌跤就沒完沒了，因爲我的內耳三半規管過度靈敏，如果長期勞累下來以後，只要不慎跌一跤，往往會悶絕，但我並沒有覺受到撞擊的痛苦。譬如跌坐在地而無痛苦，可是這麼一個大震動，一點點痛都沒有，隨即悶過去了！

從三半規管就可以知道如來藏有多麼行了！而這還只是許多器官中的一個罷了。在兩個耳朵中間有個器官，叫作三半規管；如來藏很厲害，由於有情的需要，祂就製造出這個器官出來，讓有情在人間可以維持平衡。三半規管是橢圓形的，總共有三個不同方向的管子，其中都有液體可以流動；藉著液體的流動，使人可以不依靠目視而維持身體的平衡。當你閉眼前後左右擺頭或者身體不平衡時，就是靠這個器官來了知傾斜及轉動的程度以及維持平衡，而這麼精密的器官仍然是由如來藏製造出來的。如今醫學發達，卻仍然無法憑人工來製造體內的器官，最多只是模仿而無法眞的成爲有情身心中的一部分。譬如人造心臟，如今的微型心臟機器所能做到的也只是模仿局部功能而已；裝了機器心臟以後仍然無法像正常人一樣地運動，或自然地新陳代謝，只能使病人維持在許多限制條件下的簡單生存而已；不能像正常人一般地生活，而有許多的限制。而且每過一段時間就得要更換零件或機體。

可是如來藏卻能夠藉著自己所出生的種種因緣，把有情的色身造得圓滿具足，這正是祂獨有的本覺與大種性自性的功德，而本覺與大種性自性卻仍然只是如來藏妙眞如性中的局部罷了。這種法義，你們外面聽過沒有？一定都沒聽過！極少數人在《楞伽經》中有讀過，可是並不懂是什麼意思，而我們爲大家講出來、註解出來，明心以後也可以現前檢驗而證實這個道理。至於這個生滅性的色陰當然是函蓋在五陰之內的，然而生滅性的色陰爲什麼卻是如來藏的妙眞如性？因爲這個色陰純粹是由如來藏運用妙眞如性，藉自己的本覺與大種性自性去攝取四大（地水火風），製造成有情的色身，所以色身仍然是如來藏的一部分，是由如來藏幻化出來的。

如來藏這個大種性自性是很微妙的，如今佛教界有什麼人能夠眞正弄懂大種性自性呢？根本就沒有。但我們今天縱使親證而知道了，就能夠具足了知嗎？也還是不行！能完全了知的，只有諸佛。所有科學家、醫學家們連都不曾聽過，即使偶然聽到了也還是不相信的，何況能了知大種性自性？在聲聞法中雖然說色陰是生滅而虛妄的，但從有智慧的菩薩立場來看，卻又是如來藏所出生及顯示出來的，根本就是如來藏所製造出來而始終依附於如來藏的；所以這個色陰雖然是虛妄的，卻是附屬於常住的如來藏所有的，而且不單是因緣性，更不是自然性。換句話說，色陰不是自然出生、自然存在的，也不是單由因緣所生的，本來就是如來藏的妙眞如性——是如來藏的妙眞如性中的局部。

色陰是如此，受想行識等四陰也都同樣是如此，所以 世尊才說「五陰本如來藏妙眞如性」。但這意思並不是說五陰是常住不壞的，而是被攝歸如來藏、歸屬於如來藏時，才能說是如來藏的妙眞如性，因爲色陰確實是如來藏妙眞如性中的局部。也正因爲如此，眾生才能在無盡的生死輪迴中，世世都擁有各種不同的五陰或是受想行識四陰。這樣瞭解以後，就不必像部分慧解脫、或如有時會退轉的定性聲聞阿羅漢們，急著要自殺入無餘涅槃了！那你就可以不必畏懼後世的無量生死，可以用世世的五陰作爲工具來修菩薩萬行了。接下來 佛又說：

【「阿難！譬如有人手足宴安，百骸調適，忽如忘生，性無違順；其人無故以二手掌於空相摩，於二手中，妄生澀滑冷熱諸相；受陰當知亦復如是。阿難！是諸幻觸，不從空來，不從掌出。如是阿難！若空來者既能觸掌，何不觸身？不應虛空選擇來觸；若從掌出，應非待合。又掌出故，合則掌知，離即觸入，臂腕骨髓亦應覺知入時蹤跡；必有覺心知出知入，自有一物身中

往來，何待合知要名爲觸！是故當知受陰虛妄，本非因緣，非自然性。（本如來藏妙眞如性也）」】

講記：接著 佛又講受陰，還是同樣的道理，雖然說受陰也是有生有滅而虛妄的，但受陰也是本不生滅的如來藏妙眞如性中的一部分，所以 佛說：「譬如有一個人正好無事之時，手足宴安，」猶如常常打坐的人都有這樣的體驗，往往一打坐下去，因爲天氣也不冷不熱，剛好靜坐，他就覺得手足宴安、百骸調適，通身上下都覺得很舒適、很自然；他繼續靜坐下去，後來並不曉得是從什麼時候開始，已經忘了自己的存在，專心住在定境中。凡是閉眼修定而第一次進入這個狀態的人，在定中突然起念反觀而發覺到色身的知覺消失掉了，往往都會嚇一跳：「我的色身怎麼不見了？」當他起心動念而發覺自己色身不在了—突然起心動念檢查自己的色身時—由於沒有感覺到自己的色身存在，那時往往受到驚嚇，然後色身的感覺立即又回來了！驚嚇嚴重的人，甚至於會張開眼睛來察看自己的色身還在不在？

當他起心動念發覺到色身似乎不在之前，正是「手足宴安，百骸調適」的狀況。在這種定境中，其實不是色身不見了，只是覺知心沒有在色身的觸覺上面去領納祂而已。這並非色身不在或消失了，只是對於色身的感覺沒有去注意領受，離開了色身的感覺，這時就是「忽如忘生，性無違順」；這個時候沒有順心之境，也沒有違心之境。假使有違心之境，就是太冷了、太熱了，或者腳痛而沒有辦法繼續盤腿了，於是覺知心就漸漸地轉移到腿痛上面來領受，色身的觸覺感受就會增強，甚至到最後完全都把覺知心注意這個腿痛了。順心之境，譬如夏天時涼風吹來，覺得很舒服，在順心的境界中待久了，漸漸習慣順心之境以後，漸漸地專注在定境中，於是就把身體的順心之境的領受，全給忽略而忘掉了身體的存在。修定的人如此，一般人在「手足宴安，百骸調適」的情況下，往往也會有類似定境的暫時忘記領受身體感覺的狀況。

言歸正傳，「譬如有一個人很舒適地坐在家中，手足都很自在，身體也沒有什麼不愉快的覺受，而且沒有任何事情掛在心頭，幾乎已經忘了自己還有身體存在著——已經把身體的感覺忘掉了！然後他無緣無故把兩手伸出來，把兩手伸在空中互相摩擦，於是他的兩手就虛妄地產生了澀與滑、冷與熱的種種法相；」由於摩擦的過程會有快慢的不同，就會有澀滑冷熱的差異；又譬如一手摩擦時到了最前端，正要往回移動時，就會產生了澀以及冷的感覺，正在平順滑過去的時候又感覺滑與熱；摩擦久了就一定會有熱相，停下來不動時又有冷相，這都是身觸的覺受，屬於受陰的生滅變動境界。

「受陰也是像這個道理一般。」佛的意思是說，兩手由於自相摩擦而產生的澀、滑、冷、熱等觸覺，是由於無故互相摩擦的緣故才產生的，並不是正常的狀態。觸是虛幻的，因爲觸不會只有一種相貌——不會永遠停在第一剎那的觸境中，觸是不斷地變動的，才會知道觸覺的各種不同境界都是生滅不已。觸覺也是有生有滅的，一定有生起與斷滅的時候，當然是虛妄的。假使觸覺是常住不變的，那麼觸覺的領受就不可能有作用了！假使觸覺是常住而不會變動的，那麼早上剛剛醒來時的第一剎那觸覺，應該是存在一整天都不變動的，才能說是常住而不變動；但是這樣一來，所有人都應該全天的觸覺都只有早上剛剛醒來時的同一個境界受，那還能領受第二剎那以及以後無量剎那的境界受嗎？假使眞的是那樣常住而不變動的，那麼觸覺就不會再受到覺知心的注意而會漸漸消失對觸覺的領受了，身識將會漸漸消失。而且，於一切身行、口行之中也將全無受陰，只剩下心行的受陰了（假設身口行都不能存在時，心行仍然可以存在）。身行與口行所生的受陰是如此，心行所產生的受陰也是一樣，全都是不斷地變異而不是常住的，才能有境界受，才能使受陰繼續存在，所以說受陰虛妄。

也就是說，欲界有情是一直都想要領受觸覺的，乃至欲界人間有情最執著的男女欲也是觸覺所函蓋的；但是觸覺一定是變動不定的，若觸覺是常住而不變動的，就會如同一張幻燈片而不是電影了！誰會想要一整天、一整月、一整年的觸覺都同樣是早上剛剛醒來時的第一剎那的觸覺而不變動？沒有人會想要這樣的觸覺。由於有觸覺，於是有情有了受陰；身口的觸覺若是常住而不變動的，心行也就只能跟著停止而不能運作了，那麼身口意的觸將會全部消失而捨報，人間的受陰也就跟著消滅了，所以觸覺是虛妄的。觸覺既然虛妄，觸覺引生的受陰當然也一樣是虛妄的，都是由於無明而貪取境界受，所以才會有受陰；若能捨受而不貪境界受，就不必受生，也就不會有生死中的各種痛苦了。就如同那個人，因爲無明而無緣無故兩掌伸手相摩擦，所以才會妄生澀滑冷熱諸相；受陰也是一樣的情形，若不是由於無明而貪著境界受，就不會有受陰的出現，就能入住滅盡定中。證得非想非非想定的凡夫都是由於無明而不願意境界受消滅，所以才會停留在非非想定的境界受中，自以爲無受。

接著 佛說：「兩掌互相摩擦所產生的幻觸，並不是本有的，而是無故互相摩擦以後才產生的；而這種幻觸的覺受並不只是因爲兩手在空中摩擦便產生的，」如果單憑兩手在虛空中互相摩擦就能產生覺受，死人兩手被人拉來虛空中互相摩擦時應該也可以產生各種幻觸的覺受，但在事實上是不可能產生覺受的，「所以應當知道各種幻觸的覺受並不是從空中來的，也不是從手掌中自己生出來的。」怎麼說呢？「如果兩手的冷熱觸、澀滑觸的覺受，是從虛空中生出來的，那麼虛空中的冷熱澀滑幻觸既然能夠觸到你的手掌，爲什麼卻不會觸到你的身體呢？」也就是反問說：爲什麼只有兩手有觸而身體沒有冷熱澀滑的觸覺呢？因爲「不應該說虛空會選擇只要在兩個手掌上面來產生觸覺，」而不想要在身體各處都有各種觸覺，因爲虛空是無法，不應該會作各種選擇而只在某一個部位產生觸覺；「如果因此就改說冷熱澀滑等觸覺是從手掌中生出來的，既然如此，手掌自己不必摩擦就應該一樣可以自己出生冷、熱、澀、滑等觸覺了。」可是爲什麼卻沒有呢？這已經很清楚地顯示，虛空與手掌的互相摩擦，都只是如來藏出生受陰時的助緣，不是受陰各種境界受出生的根源。

「又掌出故，合則掌知，離即觸入，臂腕骨髓亦應覺知入時蹤跡；必有覺心知出知入，自有一物身中往來，何待合知要名爲觸！是故當知受陰虛妄，本非因緣，非自然性。（本如來藏妙眞如性也）」佛說：「而且，如果說冷熱澀滑等幻觸的覺受是從手掌中出生的，那麼兩掌相合時，應該是由兩掌來知道冷熱澀滑等法相的出生，那麼後來兩掌相離時就應該使原有冷熱澀滑等幻觸收入兩掌之內，不再有這些幻觸了。如果眞的是這樣——幻觸已收入兩掌了，那麼手臂、手腕、全身的骨頭以及脊椎、骨髓，只要是被摩擦而出生各種幻觸時，也一樣都應該能夠覺知各種幻觸何時生出來了；當身體這些部位不被摩觸的時候，自然就應該覺知各種幻觸是在什麼時候被收入各個部位了！一定都是可以覺察到各種幻觸生出來以及被收入身中的蹤跡才是。」但是事實上卻不是如此，根本沒有各種幻觸從身中生出來或被收入身中——不可能有各種觸覺在身體各處出出入入。

「這樣說來，當幻觸生出來以及被收入身中的時候，事實上是必須要有覺知心來知道身上各處的幻觸被生出來，要有覺知心來知道各處的幻觸被收入身中。那就成爲身體各處都各有自己的幻觸顯示出來及被收入身中，」也就是說，身上各處的幻觸是由身體各個部位自己出生及收回的，「這樣一來，就成爲是有一物藏在身中各處不斷地往來，那又何必等待身體各部位與另一個部位相合摩擦以後才會知道有觸？又何必要二者相合摩觸以後才說那是觸呢？」因爲身體各處之中自然有觸覺可以出生，觸覺是從身體各部位自己出生的，當然冷熱澀滑等觸覺是不必等待兩個部位相合摩擦的時候才出生。這意思就是說，色身的互相摩觸固然會產生冷熱澀滑等現象，可是有情對這些觸的覺受，卻是必須要由如來藏來出生的，不是有身體就可以有覺受的；否則，死人的手被人執持而加以互相摩擦以後，死人的手或者死人屍體就應該可以像活人一樣的領受這個觸覺了。這意思其實是在告訴我們：**覺受是因為兩手在虛空中摩擦時，藉著妙眞如性而從如來藏中出生的，而這個妙眞如性是如來藏的功能，所以才說受陰本來就是如來藏的妙眞如性所出生的。**

還有一類極微我外道主張，與這種說法有些相近。他們主張有一個極微的我，常住於身中來來去去，是自我本體，也稱為本來面目。他們這樣主張：**「是故我體住於身內，形量極細；如一極微不可分析，體常無變，動慮動身，能作能受。」**這也是四大外道之一。他們認為各人身中都有一個極微的東西，可以在色身之中快速的來來去去，所以身體的每一個地方祂都能照顧到；因為祂的速度太快了，所以祂可很快速在身中來來去去而不受限制地巡迴，那就變成極微我外道法而不是佛法了。他們主張這就是一切有情的本來面目，其實是與禪宗的本來面目如來藏心完全不同的。這種外道的主張，有許多過失，在《廣百論》與《成唯識論》中早就破斥過了，這裡暫不說它。

其實，各種觸都只是幻觸，因爲一切所觸的觸塵都是由如來藏以祂自己的妙眞如性變生出來的。或許有人不信，但我們必須要說明：一切六塵相分都是由如來藏以自己的妙眞如性，藉著各種助緣來出生的；觸塵相分出生時，還得要有一個覺知心來領受，而這個覺知心也是由如來藏所出生的。假使如來藏出生了觸塵以後卻沒有再出生覺知心來領受觸塵，就無法有冷熱澀滑等覺受了！從這個道理，我們就應該要知道一切的覺受——受陰，其實要先有如來藏所出生的色陰中的六塵相分，然後再由如來藏出生了識陰覺知心，再由識陰覺知心來領受觸塵相分，才能夠有冷熱澀滑等覺受出現，才終於有受陰存在。所以 世尊才說：「受陰虛妄，本如來藏妙眞如性。」

且不從受陰的出生意涵來說，單從受陰存在之時的變化無常，就可以知道受陰確實是虛妄的。譬如受陰所領受的境界相，有時候苦受來了，原來的樂受及捨受就消失了；有時候樂受來了，苦受及捨受就消失了；有時候不苦不樂受來了，樂受及苦受就消失了。受陰總是這樣變來變去而不是常住不變的，所以祂是虛妄的；所以 世尊說了「云何五陰本如來藏妙眞如性」以後，隨即解說色陰的虛妄生滅，卻又開示說：「是故當知色陰虛妄，本非因緣，非自然性。」這樣聯貫起來思惟以後，就知道 世尊的意思是說：五陰雖然都是虛妄的，卻不是單憑外法的因緣就能出生，也不是在三界中無因無緣而自然存在或出生的，而是要由如來藏運用祂自己的妙眞如性，藉種種外法作爲助緣而從如來藏中自然出生的，才會在講解之前先對大家提問：「**云何五陰本如來藏妙眞如性？**」

在《楞嚴經》中辨正五陰、六入、十二處、十八界時，都是在每一類法義的經文開頭時就提示說：「**云何五陰本如來藏妙眞如性？**」「**云何六入本如來藏妙眞如性？**」「**云何十二處本如來藏妙眞如性？**」「**云何十八界本如來藏妙眞如性？**」然後一一證明五陰、六入、十二處、十八界等諸法的虛妄性以後，卻證明諸法其實都是由如來藏運用自己的妙眞如性，藉種種助緣來從如來藏中出生的。譬如世尊說了「**云何五陰本如來藏妙眞如性**」以後，就開始將五陰的每一陰都取來開示，證明五陰全部虛妄，所以就在解說色陰的虛妄以後這麼說：「**是故當知色陰虛妄，本非因緣，非自然性。**」但是從一開始說了「**云何五陰本如來藏妙眞如性**」以後，後面解說受、想、行、識等四陰時，都不會重講一遍「**云何五陰本如來藏妙眞如性**」，而是在解說受、想、行、識四陰之後，都直接說「**是故當知受陰**（或想陰、行陰、識陰）**虛妄，本非因緣，非自然性**」。意思是說，這五陰的每一陰都是虛妄的，但這五陰本來就不是單由外緣等因緣來出生的，也不是自然而然就存在的，不是自然界中無因而自然出生的，這其實就是指稱「**五陰本如來藏妙眞如性**」的意思。也就是說，五陰雖然是有生有滅的法，所以才在每一陰的解說結束時說「**是故當知受陰**（或想、行、識陰）**虛妄**」，接著就說本非因緣，非自然性。這些法義是必須前後聯貫的，否則就不免會造成斷章取義的大問題；斷章取義以後，往往又會由於心中有慢而不服眞善知識所說的正法，因此就以自己誤會而斷章取義所得的歪理，來無根誹謗眞善知識所弘揚的勝妙正法，成就謗法及謗賢聖的大惡業。

譬如前面經文中所說：在解說識陰的見性、聞性、嗅性、嚐性、觸覺性、了知性的虛妄以後，同時指稱這六識的自性都無法歸攝於這六性所緣的種種法，這六種自性全都只能歸攝於如來藏的妙眞如性中；意思是說這六識的自性—覺知心所擁有對六塵的知覺性—都是如來藏的妙眞如性所出生、所攝受的法性，所以識陰的知覺性雖然是生滅虛妄的，世尊卻在最後說「**本非因緣，非自然性，本如來藏妙眞如性**」。只是不一定在每一個法義的段落中都會說「**本如來藏妙眞如性**」這一句，但是都會以「**本非因緣，非自然性**」來作結論。這二句的意思，卻不可誤引而錯解爲「**見性等六種知覺性不是因緣生，**

也不是自然性，當然就是如來藏妙眞如性自己」。因爲如來藏的妙眞如性是能出生見性等六種自性的能生者，而見性等六種自性卻是被生者，是有生也有滅的虛妄法，不許等同爲一法，否則就成爲斷章取義、誤解經文了。

在這裡講到五陰時，以及後面將會講到六入、十二處、十八界的時候，同樣會先說「云何六入本如來藏妙眞如性？」乃至「云何十八界本如來藏妙眞如性？」然後辨正這些有情之法都不是因緣生，因爲都無法歸攝到這六種自性的所緣諸法之內，都只能歸攝在如來藏之內；也宣示不是自然性，因爲不是無因生，也都是有生之法而從如來藏中出生的；這意思其實就是說，全都是如來藏運用妙眞如性來出生的，出生以後應該歸攝在如來藏的妙眞如性中，不屬於外法。既然「六入本如來藏妙眞如性」，又說六入都是虛妄而不是因緣生、不是自然性，那麼後面這二句「本非因緣，非自然性」，當然是說這六入既是虛妄的，當然都應該歸攝在如來藏的妙眞如性中。所以，一切大師與學人讀經時，都不可以斷章取義，都應該前後聯貫來讀。若能像這樣讀通了，也就不會有前後三轉法輪的法義互相衝突的矛盾認知存在了。

所以，在前面說了「云何五陰本如來藏妙眞如性」以後，接著解說了色陰乃至識陰的生滅以後，也解說這五陰全部都無法歸攝在所緣的各種因緣法之內，最後點出「本非因緣，非自然性」時，其實就是指稱「全部都屬於如來藏的妙眞如性」了；但是在指出「本非因緣，非自然性」而意指為「本如來藏妙眞如性」之前，卻又都各加了一句「是故當知色陰（或受想行識陰）虛妄」，清楚地指出五陰都是虛妄的，當然不該宣稱五陰是常住的眞如法。同樣的道理，見性等六種自性全都是識陰六識的自性，五陰中的識陰尚且虛妄，又如何可以說識陰的六種自性是常住的佛性呢？所以現代大師與學人的問題是，讀經時沒有智慧前後聯貫，因此成爲斷章取義而錯會經義，於是往往會引用《楞嚴經》中這幾句經文，來證明自己所「悟」的離念靈知或六識自性即是佛性，就不免成就大妄語業。

在這裡，要再一次指出這個近代大師與學人們一再誤會的法義：有情的身心都不是外法因緣能夠出生的，也都不是單憑父精母血就能在母胎中自然出生的，而是由於如來藏運用妙眞如性的緣故，才能在母胎中製造了五陰身心而出生。五陰、六入、十二處、十八界全都是由如來藏運用妙眞如性來出生，全都是虛妄法，卻不許歸攝到外法各種因緣之中，都只能歸攝在如來藏的妙眞如性中。而且，世尊在提示身心的陰入處界等每一法只能歸攝在如來藏之內以後，在指稱這些法「本非因緣，非自然性」之前，總是會先說一句

「是故當知虛妄」的開示。這是一切近代大師與學人們都不可以忽略不論的，因此，絕對不可以因爲世尊把五陰、六入、十二處、十八界、六種自性都歸攝在如來藏的妙眞如性裡面，就說這些虛妄法即是眞如、佛性，否則就嚴重誤會 世尊所開示的妙法了。這樣誤會的結果，將會落入外道自性見中，或者是落入外道常見中，絕無機會可以實證佛法的。

因此，讀這部經典的人，若是斷章取義：把前段或前句經文省略不顧，只是單取其中的一段或是一句，用來證明自己的開悟是正確的，就會成爲錯會經文而無法實證佛菩提了！因此，世尊在本經中，處處廣徵色陰等法都是虛妄的，卻常常在某一個段落的經文中，重新提出來說：「是故當知色陰虛妄，本非因緣，非自然性。」意思是說色陰確實是虛妄的，學人不該把「本非因緣，非自然性」前面的「當知色陰虛妄」一句省略掉，單取後面二句而說色陰或覺知心是常住的。對於識陰六識的自性（也就是見性、聞性、嗅性、嚐性、觸性、了知性）虛妄，應知也是一樣的道理。在《楞嚴經》中，世尊總是先說是故當知見性、聞性……虛妄，因爲已經七處、八處、九處徵心而說六識的見聞知覺性虛妄了，證明見性等自性本來就不是單憑因緣就能出生，亦非自然性的無因生，這當然是說六識的自性都是虛妄的；所以不該把「本非因緣、非自然性」解釋爲常住不壞的不變異法，因爲這六識的自性並不是由外法等因緣所出生的，外法因緣只是六識自性出生的助緣而已；是藉著外法因緣來幫助之後，六識自性等見性、聞性……等法，才能由如來藏以祂的妙眞如性功德來出生，所以不能誤會或單取「本非因緣、非自然性」二句，就說見聞之性是常住的佛性，因爲在「本非因緣」二句之前已經說過「見性虛妄」了！而且，六識的見性等自性只是凡夫所認知的佛性，絕對不是十住菩薩眼見佛性時所親證的佛性。

意思是說，見性等六種自性並不單純是**因緣生**，也不是**無因生**的自然本已存在的法性，而是要從如來藏心中，藉著如來藏的妙眞如性與無明種子、業種爲因，再藉著外法中的種種助緣，然後才能由如來藏出生識陰六識；識陰六識出生了，有如來藏所持的六識種子流注出來時，自然就會有見性等功能。所以是依如來藏才會有因緣法，才會有六識的自然性；若是離了如來藏心體以及如來藏的妙眞如性，就沒有因緣，也沒有自然性可說了。見性等六種自性是如此，受陰也一樣是如來藏的妙眞如性所出生的。

也許有人聽了就說：「好極了！那我現在知道了：我這個苦受、樂受、不苦不樂受就是如來藏。」那又錯了！因爲三受能陰蓋解脫智慧、實相智慧，所以才被稱爲受陰，當然不是善法，怎麼能說是常住的呢？而且，世尊已經先在前面詳細解說受陰的虛妄了，當然不該再說受陰是常住不變的如來藏心。可是，雖然說受陰是虛妄的，但受陰卻是從如來藏心中出現的；但是，如來藏在哪裡呢？不知道！因爲尋找如來藏心的所在，是一件很不容易的事情，古今絕大多數的學佛人往往是以錯誤的方法來尋找祂，那當然是找不到的。譬如有人說：「妄想也是煩惱，而這些煩惱種子都是從如來藏中流注出來的，所以妄想當然也是從如來藏中出現的啊！」於是心裡就想：「那我就按圖索驥，抓著妄想當線索，從這個妄想的前頭去找。」所以他就每天在打坐時不斷觀察妄想是從哪裡冒出來的，結果觀察了老半天，妄想竟然是憑空而生的，始終都找不到妄想是從哪裡冒出來的。

因爲找不到妄想是從哪裡冒出來的，有的人就認爲妄想是從一念不生的覺知心中出生的。然而妄想眞的是從一念不生的覺知心中出生的嗎？如果眞的是從一念不生的覺知心中出生的，那他應該是可以控制妄想才對。因爲是從覺知心自己出生的，那麼當你不想要讓妄想出生時，妄想當然就不會再出生了。可是明明不是這樣啊！當他打坐時決定要一念不生，可是才剛過了一分鐘、五分鐘、十分鐘，突然蹦起一個念頭，他沒有警覺而跟著那個妄念開始打妄想去了，等到後來想起來自己正在打坐，怎麼落到妄想之中跑到十萬八千里外去了！還是無法控制妄想的生滅，顯然妄想不是從覺知心中出生的；而是從如來藏中出生以後，覺知心被妄想牽著走的，所以妄想絕對不是從離念靈知心中出生的。

古今都有一種人想要從妄想的前頭去找到如來藏心的所在，其實都是不可能的；往往是發覺妄想的時候，覺知心已經比孫悟空的筋斗雲跑得還遠了。所以，想要從妄想的源頭來找到如來藏，一定是辦不到的；爲什麼呢？這都因爲如來藏是空性心，無色無形而無處所，只要意根與意識喜愛攀緣，如來藏就流注出妄想種子，於是打坐者就隨著妄想而流轉去了。如來藏空無形色，怎麼可能從妄想的前頭去找到如來藏呢！如來藏雖然說是空性，但不是一無所有的空；這個空性卻能出生六根與六塵，然後再藉六根與六塵來出生覺知心，然後才有識陰六識的見性聞性等六種自性，接著才會有受陰，所以受陰是眾緣所生法，不是常住法，所以說受陰虛妄。

假使受陰是眞實常住法，就應該樂受者恆處樂受境界中，苦受者恆處苦受境界中，不苦不樂受者恆處不苦不樂受境界中，都不會有其他種類相違的境界受；因爲他主張受陰是常住的，常住的就是不變動的，那才可以叫作眞實法。可是明明一天當中，或者僅僅是一個鐘頭裡面，就可能忽然苦受、忽然樂受、忽然不苦不樂受，三受變來變去，當然受陰是虛妄而不是常住的。可是受陰雖然是虛妄的，卻是從如來藏中藉著各種因緣而出生的；出生後就有自然的覺受體性發出來，不是外於如來藏而有受陰自己的自然體性。所以，不論是自然性或者說是因緣生的，其實仍然都是從如來藏而來的，不能離如來藏心體的妙眞如性而有自然、而有因緣，因此而說受陰本如來藏妙眞如性，但若是單指受陰自己的時候，卻不可說是外法因緣所生的，也不可說是自然就在的常住法，那時當然就不能說是如來藏的妙眞如性了。

【「阿難！譬如有人談說醋梅，口中水出；思踏懸崖，足心酸澀；想陰當知亦復如是。阿難！如是醋說不從梅生，非從口入；如是阿難！若梅生者梅合自談，何待人說？若從口入，自合口聞，何須待耳？若獨耳聞，此水何不耳中而出？想踏懸崖，與說相類；是故當知想陰虛妄，本非因緣，非自然性。（本如來藏妙眞如性也）」】

講記：接下來 佛又舉一個例子來開示。剛才是從觸覺上來講受陰的虛妄，但是又說祂是如來藏的妙眞如性。接著改從心思所想，來說想陰也是如來藏的妙眞如性所生。想陰之所以會成爲陰蓋，是說了知的功能會使人誤以爲能知的就是自己的眞實不壞我，我見無明就存在了，所以阿含中說「想亦是知」，即是這個意思。「譬如有人在講說醋梅的時候，口中就有水流出來了。」當他正在爲人解說醋梅的時候，他的覺知心中就會不斷地存在著醋梅很酸的作意，這時他會覺得舌頭下有一點酸酸的感覺，於是口水就出來了！所以古時候軍隊行軍，已經走很遠了卻都沒有水可以喝；聰明的將軍就請人畫一些酸梅的圖像，在士兵旁邊跟著走，或是放聲宣告說：「前面有梅山，那裡有許多梅子可以吃。」於是士兵們看見了酸梅圖、聽見前面梅山有許多梅子，於是望梅止渴，走路步伐就快起來了。這是曹操曾經用過的招術。

中國古時就有軍歌了，使用軍歌激勵士氣最有名的是管仲。雖然行軍很勞累，可是他想要乘勝追擊時，就必須比敵人走得更快更遠，每一天都可以多走一段距離，就可以追上敵人了。敵人一天能走多遠？我們的人也是這樣啊！可是若想要乘勝追擊，要快速追上敵人，那就只能編製軍歌來鼓舞士氣，使大家唱得忘了疲累，越唱越快，行軍的步伐也就跟著快起來，於是幾天下來就追上敵人了！同樣的道理，以望梅止渴的道理作爲譬喻，改爲用說的；當兩個人正在口渴時，正好談起酸梅來，當雙方正在討論酸梅時，談到後來不知不覺之間就有口水流出來了。那麼，口水爲什麼會因爲談梅而流出來？這其實就是想陰。想陰就是了知，由於喜愛了知，於是被了知之性所陰蓋而沒有解脫智慧；於是就把想列入五種陰蓋之中，成爲想陰。若是對想（了知之性）的自性虛妄有深入的觀察與體證，縱使想還在，也不會有陰蓋，所以阿羅漢們的想被稱爲想蘊而不稱爲想陰。

由於人類有想陰，也由於有記憶而知道醋梅是很酸的；所以當兩個人正在討論酸梅時，心中就會有「醋梅很酸」的作意存在著；由於這時跟醋梅很酸的法塵相應了，於是想陰的作用就會使雙方口中產生了口水，就沒有原來那麼渴了！又譬如「**思踏懸崖，足心酸澀**」，假使有人被蒙住眼睛，把他拉著走了一段路以後，告訴他說：「**你現在正好站在懸崖旁邊，別再往前走了，再走一步就會跌落萬丈深坑、粉身碎骨。**」這時他心中生起了站在懸崖邊的作意，深怕跌下萬丈深淵，於是他的腳心就開始又酸又澀了；等到別人把他的蒙眼黑布拿開時，才發覺自己好端端地站在平地上。假使有人果眞沒辦法想像我這樣的譬喻，那也可以自己爬上屋頂，探身往女兒牆外，望地面看去就夠了，還不必叫他站上女兒牆去，足心也就開始酸澀了！

舉了談論酸梅與踏在懸崖邊的例子來作說明以後，佛說：「**對於想陰，**

應該知道也是這樣的道理。阿難啊！就像是這個醋梅很酸的語言，」雙方討論梅子很酸的語言——醋說，「並不是從梅子中出生的，也不是從雙方的口中進來的，」卻可以使討論醋梅的雙方都因爲知道醋梅很酸而導致口水流津。「就像是這個道理一樣，阿難啊！如果能使人流出口水的醋說——醋梅很酸的言語——這些醋說若是從梅子中出生的話，梅子自己就應該可以討論了，又何必由人們來談論呢？如果這些醋說是從口裡進入而產生了口水的話，就應該是由嘴巴自己來聞見醋說才是，又何必要等待耳根耳識來聽聞醋說呢？假使認爲醋說是只有耳根耳識才能聞見，那麼聽聞醋梅時所流出的口水，爲什麼不從耳朵中流出來呢？」爲什麼耳聞以後卻是從嘴巴中流出口水呢？

「想像自己踏在懸崖邊的腳心酸澀的道理，和談論醋梅時口中水出的道理，是互相類似的。」全都是由於想陰的緣故，才會在談論醋梅時口中水出，才會在想像自己站在懸崖邊時腳心酸澀，全都是想陰的妄想作用而產生出來的；可是想陰在這種情況下，其實全都只是自己妄想出來的，並沒有實際上吃到醋梅或站在懸崖邊，全都是自己的覺知心針對妄想而不是實際面對那樣的環境，卻無端地口中水出、足心酸澀，「由於這個緣故，應當知道想陰了知性是虛妄的，本是從如來藏心中出生的，本來就不是單由因緣而出生的，也不是自然性——不是自然就已經存在的自性。」

然而近代的大小法師們卻往往斷章取義，單取「本非因緣、非自然性」二句，就說識陰六識的了知性是常住的佛性。我說「大小法師們」，並不是輕視他們，而是說大法師與小法師們。在古時禪宗裡，悟得很深的祖師往往這樣講：「大小臨濟。」那是輕視臨濟的開宗祖師義玄禪師，所以叫作「大小臨濟」，大小二字是具有輕視意涵的。但我們所講的大小二字，只是有大名聲的法師，或者小有名氣的法師。近代不管名氣大小的法師們，都是把想陰弄錯了！總是認爲沒有語言文字時仍然能夠了別，那就是離開了想陰的境界了！其實不是這樣，因爲了知就是想陰，想就是知，佛在阿含部的經典中曾經說過：「想亦是知。」只要是有知，那就已經落到想陰裡面去了。

那麼，請問：阿羅漢有沒有想陰？（大眾默然不答）阿羅漢有沒有想陰？當然還有嘛！只是不再稱爲想陰，改稱爲想蘊了！因爲阿羅漢們已經不再被想蘊所遮蓋了，已經看清楚想蘊的虛妄本質，使得想蘊再也無法陰蓋他們的智慧了，所以不再稱爲想陰而改稱爲想蘊。如果沒有「想陰」——想蘊，他們就不叫作阿羅漢，而只能稱爲屍體了。那麼諸佛示現在人間時還有沒有「想陰」？當然有啊！但仍然是被叫作想蘊而不稱爲想陰了，因爲都沒有陰蓋了。既然在人間示現時一定是要五蘊具足，才能度化眾生，當然得要有想蘊啊！如果不是五蘊具足的人，那一定是個殘障人士。殘障者怎麼可能已經成佛？不論是哪一方面的殘障都不許有，佛地得要示現圓滿之相。

所以凡是在人間示現成佛的最後身菩薩，一定都得先娶妻生子，示現圓滿的丈夫相。若不是這樣子，外道在諸佛創教及成名以後，一定會誹謗：「**他就是因爲沒有辦法生孩子，無法與女人共住，所以才會出家，諸根是不完美的。**」在五濁惡世時的娑婆世界外道們常常是這樣的，所以諸佛在這一類世界受生成佛時，一定得先娶妻生子，還要示現很雄猛有力；譬如 悉達多太子一箭射穿幾重石鼓、銅鼓，示現爲男子漢、大丈夫。意思是宣告眾生：「**我不是沒有能力，但是我不貪，所以出家了！**」是有力能爲而不爲，不是無力而不能爲所以不爲。

同樣的道理，百年來有許多大小法師們都誤會想陰了，以爲阿羅漢斷盡五陰貪著了所以就沒有想陰，因爲古德說阿羅漢們沒有想陰。但是，古德所說的並沒有錯誤，只是不懂解脫道的人們誤會了古德的意思。沒有想陰，意思是說想蘊已經沒有陰蓋的作用了，想蘊無法再遮障阿羅漢們的解脫智慧了，不能成爲陰蓋，所以才說沒有想陰，然而想蘊卻還是繼續存在著，否則阿羅漢們又如何能夠在人間生存呢？所以不能夠說：「阿羅漢們已經出三界了，已經斷盡我執了，所以沒有想蘊。」錯了！阿羅漢們尚未入無餘涅槃以前，仍然有了知，仍然能與心想中的作意相應，所以仍然是有想蘊，但不再被稱爲想陰了。然而，阿羅漢們都是知道的：想蘊仍然是從如來藏中以妙眞如性的功德所出生的。他們所不知道的是：如何現觀想蘊也是從如來藏中出生的。

只有入了無餘涅槃時才會沒有「想陰」，當阿羅漢們斷了我執、出了三界，只剩下如來藏獨住時，五陰都滅除了，哪來的「想陰」？但阿羅漢們入涅槃前如果沒有想蘊，他怎麼可以是阿羅漢呢？因爲一定是已經成爲不知亦不覺六塵的屍體了！而且，阿羅漢也不可能成爲植物人，假使色蘊無法被他所用時，他一定會設法入涅槃的。所有的阿羅漢們都有想蘊——了知之性，可是這個了知被稱爲想。這個想陰雖然是眾法和合所成而虛妄不實，但卻不是單純地從各種因緣的和合就能出生的，也不是自然性——不是自然而然就存在著，不是可以離開各種藉緣而能繼續自然地存在。不知道佛法的人卻往往說：「這個是很自然的，人打從出生以來就是這樣的，都是自然就能了知的，所以這個自然就能了知六塵的無念靈知就是眞如、就是佛性。」根本就不是這樣！固然人類生來就有這樣的功能性，可是這個功能性，必須要從如來藏以妙眞如性，藉著各種因與緣的和合來創造，然後才能夠出生這個了知性——想陰，所以想陰確實是虛妄的。可是，雖然說想陰是虛妄的，但想陰的本質卻只是如來藏的妙眞如性中的無量法性中的局部，本非因緣，也非自然性，所以還是如來藏的妙眞如性。

【「阿難！譬如暴流波浪相續，前際後際不相踰越；行陰當知亦復如是。阿難！如是流性不因空生，不因水有，亦非水性，非離空水；如是阿難！若因空生，則諸十方無盡虛空，成無盡流，世界自然俱受淪溺；若因水有，則此暴流性應非水，有所有相，今應現在；若即水性，則澄清時應非水體；若離空水，空非有外，水外無流。是故當知，行陰虛妄，本非因緣，非自然性。（本如來藏妙眞如性也）」】

講記：佛陀接著開示說：「阿難啊！就好像暴流一樣，」暴流就是很大、很多的水，前後相續而不斷地流動，「譬如暴流，前波與後浪相續不斷，但是前際與後際卻不會互相踰越，」後浪不會趕到前波的前面去，這樣一波接著一浪、又一波接著另一浪，一直不中斷地流過去，前際與後際一直都不會互相踰越的。佛說：「在行陰的運行過程之中，應當知道也是同樣的道理。」前一個身行、口行、意行先過去了，後一個身口意行才會接著上來，但是前後不同的身口意行等行陰都不會錯亂；後面的身口意行不會趕到前一個身口意行的前面去，就這樣子使得行陰持續不斷地進行著。

如果行陰是會前後錯亂的，那就麻煩了！我們就以身行的行陰來說，譬如說正在畫一個圓圈，如果是前後順序錯亂的話，那會變成怎麼樣呢？當某甲正在畫圓圈時，在這裡畫一小段線條，就得要再回來後面補畫一段線條，然後再回到第一條線那裡接著畫一小段，然後空出一小段而往更前面再畫一小段線條，然後再回到原處接著再畫一小段線條。這個畫圓圈的行陰的運行過程，本來是應該依照圓圈的前後順序畫成圓圈線條；但是由於後行陰追到前行陰的前頭去，然後再回來原處補畫依照順序應該先畫的線條，這樣不斷地前後錯亂，那你這個圓圈還能畫得漂亮又畫得快嗎？不可能的。

那麼再談其餘的行陰好了，譬如口的行陰：不論是誰，講一句話時總得要一個字又一個字順著講下去；後一個字的行陰是應該後一個字該出來的時間才能講出，不該把後一個字跳到前一字或前幾字的前頭講出來的，否則別人一定是聽不懂他在講什麼的。演講時也一樣，總不能夠把第一段講完時，不按順序接著講第二段，卻跳到最後一段先講，然後再跳到中間來講，那麼能有誰聽得懂他在講什麼呢？也就是說，口業的行陰一定要依照先後順序來進行，不該把口業的行陰前後順序先後顛倒跳來跳去的進行，否則，誰都聽不懂他在說什麼。否則，他的口業行陰就不能正確實現，當然也不能完成他想要表達的意思。意業也是一樣啊！正在思惟某一個法的時候，必定是有一個順序的；譬如寫文章、寫書的時候，一定有一個思路——依照思惟出來的前後順序來思惟、來寫作，才能成就思惟的功德而釐清某一件事情的來龍去脈。所以寫書寫久了，寫慣了以後，我們反過來讀別人的書，那時就能知道作者的思路是怎麼演變的，他的心行就被我看得清清楚楚了！那時我已經知道作者心裡在想什麼。譬如他為什麼會想到這句話？他寫出這句話的背景是什麼？他每一句話的心行都逃不掉你的鑑照，當你寫書久了以後就會知道。

不過，這是在上地能知下地境、下地不知上地境的情況下來說的。如果自己證境是在作者之下，就不可能知道作者寫出某一句話的思路心行了！如果你的證境在他之上，你當然會知道他寫這句話的意思是什麼？目的在哪裡？寫這句話的背後動機又是什麼？你就看得很清楚。但是，不論凡聖有情的心行如何、證境高低，意行的行陰一樣都是有次第、有順序的，不可能前後顛倒地跳過來又跳過去的。所以我在寫書的時候，不想讓人家來吵；我也不喜歡寫書時接聽電話，因為我寫的書籍所敘述的法義都不是粗淺的。假使正在寫某一個深妙的法義時，剛好寫到一半而必須接聽電話，那時思路一定會被打斷；也許電話接完以後，想要重新再寫上去時，已經忘了剛才是要寫什麼了！這時就必須把前二段、甚至前五段再重新讀過，才能延續剛才的思路來繼續寫下去。這已經顯示意行的行陰也是有一個先後順序或次第性的，不可以由後生的思路來取代先生的思路。

寫書時，我總是希望一氣呵成，所以就會一直寫、一直寫……，往往寫到三更半夜時還是在寫，忘了時間，一定要等到一個段落完成了才會停止下來。這表示意行的行陰是一定有先後順序的，不可能應該排在後面才出現的意行竟然跳越到前面行陰的前面來出現。不管是身行、口行、意行，全部都有先後順序的體性，不可能使前後順序跳來跳去；一定要符合原來應該有的先後順序，才能使行陰正常地顯現出來。所以當你有急事去處理，等一會兒再回來接著寫的時候，又得要把前一、兩段文字再讀過一遍，也就是把原來的行陰延續下去——把原來的意行（也就是思路）再延續下去，才能完成剛才的身口意行。行陰，不管是身行、口行、意行，全都是一樣的，必然都有一個先後順序；雖然如同前後波浪一般地相繼不斷，但是後浪一定不會超越前波，絕對不會互相踰越。

「阿難啊！就像是這個道理一樣，大河水急速暴流的流動性是前後相續不斷的，但這個大河水的暴流之性，既不是以虛空爲因而出生的，也不是以水爲因而出生的，而這個暴流的急流之性也不是水性，」因爲水是以溼爲性，而不是以暴流爲性；「但是這個暴流也不能離開虛空與水體。」如果沒有虛空，如果所有空間都被物質充塞的時候，大河水還能夠有暴流繼續前進嗎？當然是不行的！但如果只有虛空而無水體的話，也是不可能有水的暴流，所以世尊說暴流「非離空水」。這意思是說，暴流雖然必須要虛空及水才能成就，但暴流卻不等於虛空，也不等於水。而且，暴流的形成，除了要有虛空以外，同時還要有水，是虛空與水二者具足時才能有暴流；因此說，唯空、唯水都不可能成就水的暴流。

單單只有虛空時，不可能形成暴流；單單有水而無虛空的時候，也不能生成暴流；因此說暴流不是單憑虛空而生，也不是單憑眾水而有；所以說，暴流不等於水性。如果主張暴流就是水性，那麼杯子裡的水應該自然會有暴流，可是爲什麼杯中水都不會自行產生暴流？而必須有更多的虛空以及高低的差別？又如池塘中的水爲什麼也不會自己出生暴流？所以說暴流並不是水的自性啊！一定要有水、有虛空，還要配合地形的高低，也就是地心引力的差異性，才能產生水的暴流。

「同樣的道理，阿難啊！如果有人主張說，暴流是單憑虛空就能出生的。假使眞的是這樣，那麼所有十方無盡的虛空中，早就應該成爲無盡的暴流了，」可是事實上十方虛空中並沒有水在暴流啊！「那麼這樣一來，十方虛空中的無量世界應該已經都自然地被暴流淪沒而全部都溺在水中了。」所以不該說暴流是單由虛空就能出生的。但是也不該因此就主張說，暴流是單由水一個法來形成的，因爲「暴流如果是單單有水就能形成的，那麼這個暴流應該就不是由水來形成的了，」因爲水本身既然可以獨自形成暴流，那顯然不是水性；因爲現見水自身是無法形成暴流的，而水中的暴流竟然是能離水而自己有某一物可以成就暴流，那個事物顯然不是水，所以說暴流「性應非水」。暴流之性既然不是水，而是另有一物，那麼暴流自己就應該外於水而別有物質；暴流既是別有物質的法，「當然就應該有某一種物質的法相，可以被我們從水的暴流中所看到，如今合該出現在我們眼前而被我們所看到才是。」

假使有人因此就反過來主張說：「暴流本身就是水的法性，那麼當暴流進入一個很大的湖中而漸漸靜止下來時，水已經澄清了以後，那個能形成暴流的物質應該就不可能是水自體了。」因爲暴流既然就是水性，後來水的暴流已經不見了，而水還是存在著，顯然暴流不可能是水體。暴流固然是由水體形成的，但是單單有水體的時候，暴流還是不會形成的；一定要有水體往前流動所需的虛空，還要加上地形的高下不同，才可能形成水的暴流。然而，有了虛空、水體、地形高低差別而形成暴流時，暴流本身仍然不等於是水或虛空。假使水就是暴流，那麼池中水、杯中水、瓶中水……等密閉體中的水，就應該全都可以自己形成暴流而不斷地流動；然而事實上並非如此，所以不該說暴流就是水的法性——水性並不是暴流。假使因爲暴流必須擁有往前流動時所必須的虛空，就說虛空即是暴流，那麼，沒有水的時候仍然是有虛空的，那時爲什麼卻不能形成水的暴流？所以不該說水即是暴流、空即是暴流。

但是也不能因此就說：「離於虛空與水體，仍然可以有暴流產生。」因爲「空非『有』外」，也就是說，虛空並非外於種種物質的「有」而能單獨存在；事實上是由於水還沒有流到那個地方，而說那個空無水體、空無物質的處所是虛空，所以虛空是依無物之處而立名的，虛空並無實體，當然說「空非『有』外」。不能外於各種物質的有，而指稱何處有虛空；一定是依有物質的地方，來指稱沒有物質的地方是虛空，當然「空非『有』外」。「水外無流」，若是沒有水存在，也不可能會有暴流產生；因爲暴流是依水的廣大而快速流動來建立的，若是離了水體，當然就不可能還會有暴流存在了，所以「水外無流」。但是卻也不能因此就說水即是暴流，或說暴流即是水；因爲暴流並不是水，別的物質也能形成暴流。譬如許多車子在大道上快速地前進不斷，又譬如許多圓球也可以在斜坡的溝中快速地不斷前進，這都可以形成暴流的，卻都一樣必須有虛空及某一種特定的物質特性；而這些特定的物質不等於它們所形成的暴流，這些物質所形成的暴流也不等於這些物質。所以，水所形成的暴流固然必須有虛空及水體，但不可以因此就說「水以外的處所仍然能夠有水的暴流」。

同樣的道理，行陰這個暴流，不管是身行、口行、心行的行陰暴流，雖然同樣都是虛妄的，卻都必須有各種藉緣才能形成。換句話說，心行的行陰是必須要有完好的五色根與意根來配合，才能完成心行的行陰，但五色根與意根不等於是心行的行陰；口行的行陰是必須要有完好的五色根與意根來配合，身行的行陰也一樣要有完好的五色根與意根來配合，才可能完成身口的行陰，但完好的五色根與意根卻不等於身口的行陰。並且，追究到最後，五色根與意根也都是從如來藏心體中，藉著如來藏所擁有的妙眞如性，才能生起及存在；而身口意行的運作固然能夠產生行陰，而身口意行的運作卻是無法稍稍離開如來藏的妙眞如性。若是沒有如來藏藉著妙眞如性來支援及配合產生相分及受陰與想陰，單有五色根及意根、識陰等法，還是無法成就身口意行的行陰；所以說，五陰中的行陰並非單有外法的種種因緣就能出生，也不是單純的自然性——不是自己單獨就能存在的，事實上本來就全都屬於如來藏心的妙眞如性。

但是，單有如來藏就能有行陰出生與存在嗎？也不行！所以不能說如來藏離開了因緣與自然性而能夠產生行陰；意思是說，如來藏在出生行陰之前，必須先藉父精母血爲緣來出生五色根，再由原已出生的意根來配合，使藉緣具足；再以如來藏中的無明、業種及妙眞如性爲因，在如此因與緣具足的情況下，如來藏才能出生行陰。若沒有這些因緣配合，單單只有如來藏自身，也是無法出生行陰的。當如來藏在這種因緣具足的情況下，就能自然地出生了行陰。可是單有因緣或是單有如來藏的自然性，還是不可能有行陰出現的；得要如來藏配合著因和緣，然後才會有行陰出現。所以，行陰的出現，是在如來藏出生了意根、五色根及識陰等六識……以後，行陰才能出現的。而行陰出現時的運作，也都是由如來藏以其妙眞如性來支援才能成就的，所以說：行陰虛妄，本如來藏妙眞如性。

意思就是說，行陰就像暴流非空非水的道理一樣，行陰的出生及存在，一定要有一些因緣。首先要以如來藏的妙眞如性及無明種子爲因，與意根共同入住母胎中製造出了五色根，然後再藉五色根與意根來流注六識的種子出來，也就是使能見聞覺知的覺知心現前了，並且必須是色陰完好而不壞，然後加上如來藏流注出來的內相分六塵而產生了受陰，接著才有想陰（了知性），然後行陰才會出現，所以五陰中的行陰是排在最後面出現的。但是佛在這裡說法時是照著色、受、想、行、識的次序來講的，實際上行陰的出現卻是最後的；是由色陰、識陰、受陰、想陰的順序，具足這四陰以後，人類才會有身口意行的行陰出現。如果沒有能夠了知六塵的想陰（佛在阿含中說「想亦是知」），還能有身口意行的行陰嗎？當然不可能。因此說，行陰是虛妄法，是藉緣而生的法性；可是這個虛妄的行陰卻也是從如來藏心體中生出來的，而行陰出生的藉緣諸法，譬如色陰、識陰、受陰、想陰，也都是由如來藏心體出生的；然後，行陰再藉這四陰爲緣而輾轉出生，不能一剎那離開如來藏的妙眞如性而現行，怎麼可以說不是如來藏所擁有的體性呢？因此說，行陰雖然是虛妄的有生之法，將來也必定有滅，但祂其實也是如來藏的妙眞如性——從如來藏中出生而永遠都是依附於如來藏的妙眞如性的運作，才能生起、存在。所以說：行陰虛妄，非因緣生，非自然性，本如來藏妙眞如性。

【「阿難！譬如有人取頻伽瓶，塞其兩孔，滿中擎空，千里遠行用餉他國；識陰當知亦復如是。阿難！如是虛空非彼方來，非此方入；如是，阿難！若彼方來，則本瓶中既貯空去，於本瓶地應少虛空；若此方入，開孔倒瓶應見空出。是故當知識陰虛妄，本非因緣，非自然性。（本如來藏妙眞如性也）」】

講記：這一段經文中，是以虛空來譬喻識陰等六識的性質，因爲識陰六識都不是物質——連一點點的物質都沒有。虛空的本質，我曾經在《平實書箋》中寫出來；可是我那個時候沒有想起來《楞嚴經》中早就有講了，所以沒有把它引進書箋中來說明；否則，我就可以省下許多的口舌了！這裡，佛說識陰的法相以及本質，其實也是如來藏的體性之一，不是純然憑藉外法因緣就能出生的；也不是自然性的——識陰不是自己本然就已存在的，所以不是自然性，因爲識陰也是從如來藏心體中出生的。既然是從如來藏心中出生，而且時時依附於如來藏才能運作，當然不能說識陰六識不是如來藏的一部分啊！譬如眼睛雖然不等於身體，但也不能說不是身體的一部分啊！可是單單知道眼睛自己，不知道還有更完整的身體自己，就錯認眼睛是自己的全部，還錯認眼睛爲常住法，那就是愚癡人。同理，凡是學佛而不是學羅漢的人，一定要把身體（如來藏）找出來，整個身體（如來藏）究竟是怎麼樣的？一定要先找到，才能現觀及體驗，那時就是明心而開悟般若了；找到以後繼續進修而了知如來藏的更多內容，就是不退轉位的賢位菩薩；若是開始親證如來藏的各類種子，但是還沒有具足了知，就是諸地菩薩；當如來藏的各類種子，已經具足了知而無所不知的時候，那才是究竟成佛了。

若是只看見了眼睛（識陰六識—離念靈知）的虛妄，永遠都只看見眼睛自己的存在，可是身體（如來藏）在哪裡呢？始終都不知道；就如同見樹而不見林的愚人一樣，就永遠處於凡夫之境界中，也就是愚人之智慧境界。愚人就是指二乘無學，他們雖然說是聖人了，但那只是從學羅漢法的立場來說的；若是從學佛的人來說，只見眼睛局部（五陰局部）的虛妄，而看不見如來藏全體（身體全體）眞實常住猶如金剛的人，就是愚人。因爲他們都愚於實相法界而沒有實相般若（實相智慧），雖能遠離三界愛而成爲能出三界生死的聖人了，卻仍然愚於佛菩提道，不知不證實相般若，更別說是諸佛賴以成佛的一切種智了。一切種智就是如來藏所含藏一切種子的智慧。

佛陀接著開示：識陰爲什麼也是如來藏的妙眞如性？而不是因緣生、自然性？**「譬如有人取頻伽瓶，」**頻伽瓶是裝著淨水方便洗手的水瓶，就是中國禪宗方丈室裡的淨瓶，是弟子們爲了方便師父洗手而放在方丈室中的淨瓶，免得臨時需要洗手時還得要去浴室等遠處來回往返。至於頻伽，是天竺的一種鳥。爲了讓需要的人在洗手時容易均勻而且準確地倒水，就把淨瓶製造成頻伽鳥的模樣，所以就稱爲頻伽瓶。弟子們爲了使 世尊方便洗手，就安放了頻伽瓶在 世尊的房中，世尊就以頻伽瓶來作譬喻。**「譬如有人拿著一個中空無水的頻伽瓶，」**這個頻伽鳥形狀的水瓶，在頻伽鳥的嘴部及翹起來的尾巴各有一孔；**「這個人塞其兩孔，」**就是把兩個孔都塞起來，**「這時頻伽瓶裡面充滿了虛空，他就拿了這個頻伽瓶中裝著的虛空，」**「滿中擎空」是說瓶中充滿了虛空。於是「千里遠行」，**「走了一千里之後，送給千里外的好朋友說：『我送給你這一頻伽瓶所裝的虛空。』」**那麼他的好友究竟是有收到虛空呢？或是沒有收到虛空這個禮物呢？

世尊說了這個譬喻以後又立即開示說：「應該知道識陰也是像這個道理一般，」虛空能送人嗎？當然不行的，因爲虛空即是「無」的代名詞。假使有人說：「我把我的見聞覺知心送給你好了。」一樣是不行的，永遠都送不掉的。老是喜歡懲罰異教徒的上帝，能夠剝奪你的覺知心嗎？不行的。因爲，上帝其實不是萬能的；上帝最多只能使人的覺知心壞滅，因爲人類的覺知心是依色身而有的，他把別人的色身毀壞時就把別人的覺知心斷滅了！卻無法把別人的覺知心搶去據爲己有。並且，那個被上帝毀壞色身而使覺知心中斷的人，還是可以在中陰階段重新生起覺知心；入胎以後色身生成了，還是可以重新再擁有覺知心，上帝是搶不走的。因爲覺知心是附屬於如來藏的，而上帝連如來藏的所在都不知道，何況能奪走別人的如來藏或者覺知心。即使是成佛了，一樣無法奪走別人的覺知心或如來藏，因爲宇宙中根本就沒有一個方法可以把別人的如來藏或覺知心奪走。

所以像《但丁神曲》或者《浮士德》那些書中的哲學或文學理論，眞的是很荒唐，那都是在一神教教義熏習下的哲學家們所想出來的荒唐思想。這個人也是一樣愚癡，他說：「我把識陰送給你吧！」實際上根本就沒辦法送出去。他的七轉識永遠都是他自己所有的，只能依附於他的如來藏運作，所以他的七轉識不能拿來送給你，也不可能依附你的如來藏而運作；他是如此，你、我也都是如此。如果可以的話，譬如說上帝生氣了，把你的見聞覺知奪過去，那麼上帝就會有兩個見聞覺知，或者上帝的見聞覺知心變大了，那就變成兩個上帝或變成超級上帝。事實上是不是能夠這樣？事實上，上帝連因果都影響不了，他自己都還在因果律中無法脫離，都必須和所有凡夫們一樣地繼續輪迴生死，仍然無法醒覺來修證羅漢法，何況能成爲有力量合併其他有情覺知心的超級上帝？

同樣的道理，覺知心或如來藏本心，都是沒有辦法贈送給別人的，就像虛空無法送給別人一樣，所以無法「滿中擎空，千里遠行用餉他國」；根本就不可能把頻伽瓶中的虛空拿到遠方送給好友，因爲虛空是無；只因爲那個處所沒有物質存在，所以建立爲虛空，虛空只是一個人類所施設的名詞，用來顯示那裡沒有被物質佔住空間，沒有被物質擋住而可以從那裡經過。所以在聲聞法的《俱舍論》中說虛空是**色邊色**，是依附於色法而施設無物之處爲虛空；既是無物，只是用虛空這個名詞來顯示那裡是沒有物質遮住、擋住。既然只是名詞而無物，當然是不可能拿來送人的。假使有人愚癡到認爲名詞也可以拿來送人，而竟然有人願意領受而欠了對方一個人情，那麼這兩個人一定都是愚癡人。譬如某甲說：「某乙！我這裡有徒具其名的一千萬元美鈔，送給你吧！」某乙就很歡喜地接受了，感謝地說：「感謝您送給我一千萬元美鈔的名詞，我會用來改善我的生活。」這兩個人其實就是和那個送了滿瓶虛空給遠方好友的愚人一般。

所以 佛說：「阿難啊！識陰就像是這個虛空的道理一般，當遠方的友人收到頻伽瓶中的虛空，那個瓶中的虛空其實不是從某一個遠處的方所來的，也不可能把遠方送來的虛空放進此處的虛空中。」也就是說，遠方送來的頻伽瓶中的虛空並不是從遠方被送過來的，因爲那個遠方送來的頻伽瓶中空無一物，只是空無；而頻伽瓶被送到這裡傾倒的時候，其實也沒有虛空這個物品可以從瓶中倒出來，因爲虛空只是一個名詞而沒有任何一法。「同樣的道理，阿難啊！如果瓶中的虛空眞是從千里遠的地方被送來的，這個瓶子既然是從遠處裝了虛空來，在瓶子原來所在的遠處地方應該已經少了一份虛空；當頻伽瓶被送到這個遠方的國度來了，然後瓶中虛空被傾倒出來而進入了這個國度，那麼在遠處的這個國度中，把頻伽瓶的蓋子打開而傾倒出虛空來時，你阿難就應該當場看見瓶中有虛空被倒出來。」

然而事實上並非如此，因爲頻伽瓶中只是空無，那個瓶中的空無被建立名稱爲虛空的時候，其實仍然是唯名無實的，仍然是空無。而識陰的道理猶如虛空的道理一般，因爲識陰是無形無色的，不能被裝在某個瓶子中來送給別人，也不能被裝在身體中來送給別人；即使把身體贈送了，覺知心還是依附於那個人的如來藏而存在，不是依附於那個人的色陰而存在；只是表面看來似乎是依附於那個人的色陰而存在，但這只是愚癡凡夫的想法。「**由於這個緣故，應當知道識陰是虛妄的，**」因爲識陰是藉種種因緣而由如來藏心體所出生的。

任何人都不該說「**識陰從那裡來到這裡**」，祂根本無形無色，只是一個空相，怎麼可以說識陰來來去去呢？無形無色就不能夠說祂有來去。而且識陰是心，不是物質，是依附於如來藏本識才能存在的，所以識陰不是眞實法。然而識陰也不是單有外法因緣（譬如五色根、六塵）就可以直接出生的，因爲識陰的所有種子都含藏在眞識如來藏心體之中，要由如來藏心體來運作才能流注出來，識陰才會出現，所以 世尊說「本非因緣」。但識陰也不是自然而有的，是因爲如來藏執持著識陰種子的關係，所以在外法因緣具足時，如來藏才會流注識陰種子出來而有識陰的出現，所以 世尊說「非自然性」。

識陰無形無色猶如虛空，既無形色就不該說有來有去；所以從識陰來講，不可以說識陰有來有去。有形有色的法才可以說是有來去的法，所以有一些悟錯了的、落在意識心境界中的大師們，他們這樣說：「我們一念不生的覺知心—離念靈知—就是眞如、就是佛性，因爲祂無形無色，所以沒有來去。不來也不去的心，當然就是眞如心。」這是一半說對，一半講錯。「對」是因爲識陰眞的是無形無色，無形無色的法怎麼可以說有來去呢？「錯」是因爲識陰每天跟著六塵的變化而不斷地追隨新出現的六塵境界，所以跟著變化不斷的六塵境界而來來去去，不是沒有來去；「錯」也是因爲既然落到覺知心中，見聞覺知而了了分明的心永遠都是識陰或意識心，永遠都無法變成常住的眞心，那當然是夜夜離去、朝朝再來的有來有去心。但是識陰的體性就像虛空一樣，因爲無形無色，當然無法送給任何人，包括號稱全知全能的上帝都一樣。

識陰就如同虛空一般，如果虛空可以被拿來拿去，才可以說識陰也可以被取來取去。雖然識陰的現行是因爲以色身作爲藉緣，所以跟著色身一起來運作，但卻不能離於色身之外而運作；但是從識陰自己來說，識陰既不是色法，無形也無色，就不可以說祂有來去。所以，如果要講識陰可以被拿來取去，那就應該說虛空也可以取來送去。但在事實上是不可能被任何有情取來送去的，也就是說識陰這個法——我們的眼耳鼻舌身及意識（若是講廣識蘊而加上意根時），也就是從大乘常住法來說的時候——把識陰及意根攝歸於常住的如來藏時，這識陰仍然應該說是非眞亦非假。

「非眞」是說意根得要依我們的如來藏阿賴耶識才能夠存在；「非眞」也是說前六識如果沒有了五色根（五色根都毀壞了），以及沒有意根作爲俱有依，識陰六識就無法現前了；既不存在了，也就無法運作，當然不會有見聞覺知了；所以識陰六識全是依他起性，是虛妄而生滅的，所以說「非眞」。「非假」是從常住的如來藏攝受意根及識陰六識的前提來說的，因爲意根與識陰六識全都是如來藏所含藏的種子——全都屬於常住的如來藏所含藏的無量無數功能差別之一；既然都屬於如來藏的局部體性，而如來藏永遠常住不壞，不改其金剛性，就不能夠說永遠依附於如來藏的識陰六識都是假有的。如果識陰六識純粹是假有法，就不是依附於常住的如來藏而有，那就不可能從如來藏心體中現行而出生，就不可能生生世世一直都有識陰六識的見聞覺知功能，隨著常住的如來藏而生生世世現行不斷，所以說識陰「非假」。

但是，當我們說識陰非假亦非眞的時候，並不意謂識陰見聞覺知之性就是眞如心或佛性；當識陰的見聞覺知性從我們的第八識中現起之後，在色身中運作的同時，第八識另外還有祂自己眞實而如如的體性顯現出來，能在六塵外了別種種法；而這種了別性及眞實與如如的自性，是無始以來本有的本覺性、涅槃性，這樣微妙而不生滅的本覺性才是眞正的妙覺，才能說是眞如心，否則就會如同識陰一樣成爲妄覺性與生滅性；能這樣現觀的人，才能說是**證眞如**的大乘賢聖。當識陰六識的見聞知覺性正在現行運作時，攝受及支持識陰六識的如來藏，仍然有祂自己的法性、功能，不斷地現行、不斷地運作著，可以被證悟明心的人現前領受祂、操作祂，因爲如來藏恆時都有祂自己的體性在不斷地現行、運作著，所以被稱讚說具有妙眞如性。而前七識是無法自己存在、自己運作的，全都必須依靠如來藏的執持及剎那剎那不斷地流注七識種子來支援，才能繼續存在及運作，所以全都要攝歸常住不壞底如來藏心；因此說，前七識也是第八識的一部分體性。把前七識的功能與第八識如來藏的所有功能總合了，就是如來藏的妙眞如性的全部了！所以前七識的見聞覺知及思量作主等自性，全都只是如來藏的妙眞如性之局部。

如果錯認前七識作常住不壞底眞實法，就會如同世人一樣落到有滅有斷的虛妄法之中，就會被虛妄的前七識攀緣執著的自性所牽引，而不斷地輪迴生死痛苦無量。既然已經這樣成就我見、身見了，當然也無法發起實相般若智慧。如果能夠聽聞善知識說法，知道以及相信前七識的功能都只是常住心如來藏中的一部分——除了前七識以外還有另一個同時並存的第八識如來藏金剛心存在，可以讓我們找到祂而操作祂、運行祂，就知道實相法界的眞相了！這樣才能夠發起般若慧，才能夠轉依第八識的本來自性清淨涅槃，而不再如同證悟之前誤認前七識的體性爲常住不壞法。這樣才能證得解脫的果報以及發起般若智慧，乃至世世進修而圓滿一切種智，終於成佛了。

所以說，從二乘法來講，當然是說一切法虛妄、無常；但是二乘法所說的諸法空相都只是在講現象界中的諸法，也就是外法山河大地及六塵等法以及自己的蘊處界等法，不曾及於實相法界的層次與各種法相。可是，二乘法雖然講諸法的空相，不曾涉及實相法界的常住法性，但是也並不會落入斷滅空中，因爲二乘聖者都承認無餘涅槃之中實有本際常住不壞，因此而能確實斷盡我執，捨報時滅盡自我而入無餘涅槃。所以眞正悟得二乘菩提的阿羅漢們，永遠都不會否定大乘諸經中的第八識正理（編案：詳見平實導師著《阿含正義》七輯中的舉證與解說）。但是現在有許多南洋來的所謂阿羅漢們，都在宣揚「大乘非佛說」的邪見，但是大乘及本住法如來藏卻是四阿含（編案：包括《尼柯耶》）諸經中早就說過的，而他們都不承認有第八識，也否定大乘，這是違背四阿含諸經的，那麼諸位想一想：這樣的人可能是阿羅漢嗎？

因爲南洋那些所謂的阿羅漢們，都不知道無餘涅槃中的本際——不如實知佛在二轉法輪時期所說的無餘涅槃中的實際，所以他們以爲涅槃就是一切法空，如同斷滅空；他們也有人因爲恐懼墜入斷滅空中，所以又返身執取意識的細心爲常住不壞法——錯認爲無餘涅槃中的實際，妄自以爲這樣就可以安心了！所以他們都不承認有第八識實際——不承認如來藏本識就是涅槃的本際。這樣一來，他們自稱已經實證的無餘涅槃，就會變成斷滅空；因爲意識是無法常住的，無法去到下一世的。他們的無餘涅槃因此變成了斷滅法，由此就可以證實他們都不是眞正的阿羅漢，因爲眞正的阿羅漢絕對不會落入斷見中。凡是落入斷見的人都是斷見外道，怎麼可能是阿羅漢呢？所以凡是否定大乘法，凡是否定第八識的人都是凡夫，絕對不可能證得聲聞果，連初果都不可能證得。這是永遠不變的事實，也是阿含聖教中早已開示過的道理，而這個道理也是盡未來際都將如此的（編案：詳見《阿含正義》書中所舉證「於內有恐懼、於外有恐懼」而無法證得聲聞果的阿含聖教）。

所以阿羅漢證涅槃，煩惱永盡、後有永盡——五蘊、十八界全都滅盡而不再有後世的五蘊十八界了，全都滅盡以後卻不會落入斷滅空中。這是由於

他們全都聽聞　世尊說過的正法，都已了知無餘涅槃之中實有本際常住不壞，所以　世尊在《阿含經》中說涅槃是常住不變、清涼、眞實。若是沒有聽過　世尊這個正法，或是聽了不信受，那麼他將會恐懼將來入無餘涅槃時會成爲斷滅空——入無餘涅槃時是要把十八界的自己全都滅盡的——那是自我全然都滅盡無餘的。有恐懼的緣故，就會重新回到意識境界中，自行施設意識的細心或極細心常住不壞，作爲無餘涅槃中的本際常住不壞；但那已是落入我見之中了，不離識陰境界，連聲聞初果都不是，何況能是阿羅漢呢？所以，相信有第八識如來藏（入胎後能出生名色五陰的本識）常住不變，是聲聞法中的學人能否實證聲聞果的極重要關鍵。這意思是說，凡是否定第八識常住正理的人，永遠都是凡夫而不可能是實證聲聞初果的人。

無餘涅槃中的本際既然存在而常住，這是　世尊在四阿含親口所說的，也是我們正覺同修會中所有明心菩薩們都已經實證的；既是至教量所說，也是如今都還可以在現量上實證的心體，就不可以否定祂的存在與常住；所以眞正的阿羅漢都不會否定大乘諸經及阿含諸經所說的第八識如來藏，只有假名阿羅漢（冒稱的阿羅漢）凡夫們，才會說第八識不存在，才會否定大乘而主張「大乘非佛說」。因此，眞正的佛法，對初學者來講，一定先要證解五陰十八界的生滅無常、緣起性空，當然要先開示：蘊處界是緣生法，藉緣而生所以無常，無常所以是苦，無常所以是空，無常、苦、空所以無我，後有永滅而不再生起後有——連意識與意根都滅盡無餘了，就是永離生死輪迴的安樂涅槃境界，是純然無我的——一絲一毫的蘊處界我都不再生起、不復存在了。

但是對於修菩薩行、求成佛之道的所有學人來說，也就是對所有的菩薩們，佛就說五陰、十二處、十八界非眞亦非假，全都屬於如來藏心體的一部分，所以陰處界入雖然都是虛妄生滅的，實際上卻都是如來藏依自己的妙眞如性而出生的，本來就屬於如來藏的妙眞如性中的一部分；所以要教導一切新學菩薩們去取證自己的如來藏，不再一心求入無餘涅槃中，才能繼續進修而成就佛果，才能利益更多的有情共成佛道。這就是大乘法道之所以異於二乘法的地方，所以大乘的成佛之道是不共二乘法的，才會被定位爲別教。若是能夠經由別教的法而圓通了一切佛法，就能夠具足通教法、圓教法。

以上的經文，是講五陰及識陰六識的見性、聞性等六種自性非眞非不眞，接下來就要進入卷三來講六入的自性了。

【「復次，阿難！云何六入本如來藏妙真如性？阿難！即彼目精瞪發勞者，兼目與勞，同是菩提瞪發勞相；因于明暗二種妄塵，發見居中，吸此塵象，名爲見性。此見離彼明暗二塵，畢竟無體；如是阿難！當知是見非明暗來，非於根出，不於空生。何以故？若從明來，暗即隨滅，應非見暗；若從暗來，明即隨滅，應無見明；若從根生，必無明暗；如是見精，本無自性。若於空出，前矚塵象，歸當見根；又空自觀，何關汝入？是故當知眼入虛妄，本非因緣，非自然性。（本如來藏妙眞如性也）」】

講記：在前面講完六種自性及五陰都是虛妄法，卻又都是常住不壞的如來藏的妙眞如性之局部；接著從這一段經文開始，要講六入、十八界、四大了。於是在五陰、六塵講過以後，接著就講六入。六入，就是講眼入色塵、耳入聲塵、鼻入香塵，乃至意根有法塵進入而成爲意入；也就是說，六根與六識和合運作時就會有六塵進入身心之中，這六塵當然是有外相分六塵以及內相分六塵等兩類。從二乘法來講，六入都說是虛妄法，因爲這是三界中的有爲法，攝屬現象界中的有情蘊處界等緣生法。可是在《楞嚴經》中爲什麼卻說**六入本來就是如來藏的妙眞如性**呢？

如果不是有六入，人間就不可能使有情存在，那就像以前有人大聲疾呼說：「不要再用 DDT 來殺蟲了，假使繼續再用下去，十年、二十後的春天將會是蟲鳥全部死亡的景況，那就成爲寂靜的春天了。」爲了提醒世人，於是就寫了一本書《寂靜的春天》。那是大約二、三十年前的事。這就是有道德良知的人出來公開演講，提示大眾加以改變；那時大眾都還不知道這個禍害嚴重，所以說那位寫書的人確實是有遠見、有悲心。我們也一樣，學佛的眾生們都不知道走錯路了，還跟著錯悟的大師們走得很歡喜；那我們看見他們將來會走到的處所，知道他們越走就越遠離正法，於是就要趕快講出來，能救多少人就算多少人。

同樣的道理，如果沒有六入，那眞的叫作寂靜的春天，爲什麼呢？當春天來了以後，將會只有草木一直生長，卻都沒有有情存在了，不但人類都不存在了，連動物乃至細菌也都不再存在了！正因爲有了或多或少的六入，所以才能夠使有情生存；若是完全沒有六入，連細菌都不存在了，就沒有有情可說了！想想看，如果色聲香味觸都不見了，當然就不會有任一種法塵存在人間了，那你還叫作你嗎？那時動物或細菌還能成爲動物或細菌嗎？如果五塵都沒有了，法塵就不見了！沒有法塵的時候，還能了知六塵及自己嗎？那時你還能叫作你嗎？

當六塵全部消失不見了，這在人間只有幾個狀況會存在，就是睡熟了以及死亡了。如果遇到了意外而悶絕了，這六塵一樣就不見了。或者如果修禪定的人證得第四禪以後，他把覺知心滅了，可是不捨身境，所以就進入了無想定，覺知心暫時斷滅了，這時六塵也隨之斷滅了。剩下最後一種，那是阿羅漢或者三果身證者入了滅盡定，識陰六識全都斷滅了，所以六塵也隨之而斷滅了！這是在人間滅除六塵的五種狀況，除此而外就沒有滅掉六塵的時候了。至於涅槃，在無餘涅槃位是沒有六塵的，因爲連身根都棄捨而毀壞了，這時六根六識都不現起了，哪裡還有六塵呢？所以才叫作涅槃寂靜、涅槃寂滅。如果無餘涅槃裡面還有覺知，那涅槃寂滅就要改寫爲涅槃叢鬧，因爲還有覺知時就一定會有六塵或法塵存在嘛！那就不是絕對寂靜的涅槃境界了。

當你有覺知的時候，總是隨時會有法塵生起來，於是心中就覺得一個法又一個法，不斷地出生與演變；這對於修禪定的人來說，眞的是很鬧。如果依世俗人來說，只要有覺知心，就會不斷地聽到外面的聲音，並且也會有冷暖觸、香臭等香塵……等，這都是很喧鬧的境界，都是生滅不住而不是涅槃中絕對寂靜而常住不變的境界；我們就把這樣的涅槃叫作外道妄想涅槃，這不是 佛所說的涅槃。所以，六入在人間眾生身上是很平常的事，即使到了無色界，雖然沒有色身了，覺知心完全是安住在無色界的四空定中，雖然已經沒有五塵了，但還是有定境中的法塵，所以仍然還是有法塵的法入，並不是完全沒有六入。所以說，沒有識陰六入的境界，在三界中只有剛才所講的眠熟等五種狀況。三界境界外，就是無餘涅槃；三界中的識陰，除了眠熟等五種境界以外，全都有六入，只是六入的種類較多或者較少的差別而已，但是在人間，六塵諸入都已經具足了。

可是，爲什麼六入本來就是如來藏的妙眞如性？從二乘法的凡夫智慧來講，當他們讀到《楞嚴經》時通常會說是僞經，因爲從表面上看來是跟二乘法完全不同；其實是因爲他們還沒有通達二乘法，所以還不知道二乘法的理論仍然是基於八識論而主張有本住法第八識常住不壞的。他們必須等到後來有了實證的人出來解說以後，才終於恍然大悟說：「原來六入是如來藏的妙眞如性，原來六入本身仍然是虛妄性的，並不違背二乘法；可是卻比二乘勝妙太多了，那我還是改修菩薩道好了，我就不必急著取證無餘涅槃了。」也許他就因此而迴心於大乘了。

爲什麼說六入本如來藏妙眞如性呢？佛說：「阿難啊！譬如有一個人以他的眼根能見色塵的精明自性，用力瞪著虛空，很少眨眼；當他瞪得很用力、也瞪很久了，眼根產生了勞累的現象而開始眼花了，於是虛空就有了狂花之相；這時的見精與眼根勞累的狀況，其實都同樣是能知能覺之性由於眼根用力瞪久了而產生疲勞的法相；」「菩提瞪發勞相」，菩提稱之爲覺，眾生都有覺，但是這個覺，卻有眞覺、妄覺之分，這可得要先弄清楚才行。妄覺是三界中六塵萬法中的知覺，所知所覺的對象都是六塵中的各種法相；然而眞覺卻是如來藏的本覺，以及如來藏透過七轉識直接顯現的知覺，與七轉識對六塵的知覺同時同處。這兩種知覺，必須分清楚，千萬別含混籠統；但是這兩種知覺的分際很難加以判知，即使是眼見佛性的十住菩薩們，也不一定能清楚地判知，因爲只有地上菩薩才有能力判知二種知覺的本質、關聯與差異性。

至於一般人所知道的覺，乃至久修佛法數十年而自稱已經證悟菩提的大、小法師們，都同樣是落入妄覺之中，因爲他們所知道的菩提（覺）都屬於六塵中的知覺，所以都不是實證佛菩提者。雖然大多數人都沒有像那個愚人一般用力瞪著虛空，所以都沒有在虛空中看到狂花，可以自稱沒有瞪發勞相；然而正常人在一般情境下的所見，其實也是菩提的瞪發勞相，同樣是八識心王的全部知覺（菩提）和合運作時顯現出來的。「所以，六入中的第一種自性功能，也就是眼根與眼識共同運作而產生出來的能見之性，其實仍然是從如來藏中引生出來的；這個能見之性處於所對應的色塵相之中，有著色入的功能，其實是由於明暗兩種虛妄的色塵交互影響，」也就是明多暗少或明少暗多，或者有時明、有時暗，明中有暗、暗中有明，「在明暗相襯之中，產生了種種的色塵相；然後在明暗二塵互相凌逼侵奪而產生明與暗的變化當中，如來藏藉著自己本有的妙眞如性，把能見之性給引發出來；當這個見性在明暗二塵當中，吸取了明暗二塵而有色入時，這個能夠了別色入的眼根、眼識的功能，就叫作能見之性。」簡稱爲見性。

所以，離開了明暗二塵，根本就不可能有能見之性存在，所以能見之性並不是佛性，因爲這能見之性——見性——畢竟只是眼根、眼識和合運作而顯現出來的功能，本屬眼識的自性；眼識自身既然是生滅法，見性當然更是生滅法；如果眼識的見性就是十住菩薩眼見佛性時所見的佛性，那麼大家都可以不必用功修學佛法了，因爲能見之性既然就是佛性，而不是眼根、眼識看見另一個佛性，那麼當你看見了眾生有能見之性，也反觀到自己同樣有能見之性，那麼大家都不必依照 世尊的開示來修學定力、慧力，也不必累積廣大的福德資糧，早就都是眼見佛性的賢聖了！在這樣的定義下，普天之下的所有凡夫人類，有誰看不見自己有能見之性？那豈不是所有凡夫、外道們都可以自稱是已經眼見佛性的十住菩薩摩訶薩了？

其實，這只是妄覺之性，只是眼識藉眼根運作而產生出來的眼識自性，根本就不是佛性。因爲這種見性是由於明暗二塵互相凌奪當中，吸收了色塵相而產生了色入，能了別色入的內容，所以叫作能見之性，簡稱爲見性。佛又開示說：**「這個見的功能（見性）如果離開了明與暗兩個色塵，就沒有自體性，」**也就是說，離開了明暗等色塵時，見性就沒有功能存在了，見性的功能就無法運作乃至無法生起了。譬如看見了明，才可以知道自己六識中的眼識具有見性；假使光明離去了，譬如黑雲滿天的無月夜，把房中的燈都熄了，正在黑夜中又沒有月光，完全看不見了，這時只能看見暗相，仍然是見——見性仍然繼續在運作著。可是如果離開了明與暗，譬如眠熟位或悶絕位中，完全離開明與暗二塵了，見性就中斷而滅失了，不復存在了。所以見性是依明暗二塵才能有色入的，所以 佛說**「此見離彼明暗二塵，畢竟無體」**。

人類一定要先離開了五塵，才能夠入眠。如果不先離開五塵，就無法離開法塵，就不可能入眠了，因爲意識將會繼續存在，就無法成眠了！譬如明心以後，得要肯離開明心所證得的佛法法塵，肯放下親證的佛法智慧境界時，覺知心才能夠中斷而入眠。如果是眼見佛性了，覺得在一切事物上都可以看得見佛性，從來沒有體驗過這麼奇妙的智慧境界（因爲這不但是智慧，也是有境界的法相，卻不是三界中的境界相），佛性在山河大地上面恆時都在，太奇妙、太新奇、太殊勝了！覺得很歡喜、很興奮，住在眼見佛性的境界中，眞的是太享受了！當一天結束時，意識也認爲身體很累了，應該睡了，可是末那識意根卻不肯睡熟，所以你只好住在奇妙的佛性境界中躺個通宵。

眼見佛性後的一段期間裡，縱使意識不去刻意領受佛性，末那識也會逼著意識常常去領受佛性的境界，因爲實在太奇妙了！這就是說，當你眼見佛性的時候，這眼見佛性的境界也是法塵，是實證佛法而產生的法塵；這個法塵境界實在太妙了，所以意根不知不覺地被這個境界吸引而不肯暫時離開，因此就無法入眠了。那麼我們學的是菩薩道，不是聲聞道，當然得要了知這個道理；而能見之性所產生的色入，全都離不開明暗二塵；若是離了明暗二塵，就沒有色入可說了！

想要離開明暗或是離開六塵，在人間其實很簡單，只要睡著了就離開了。要是眞睡不著，請醫師打個麻醉針也可以睡著了！再不然，安眠藥吃一顆、二顆也可以睡著。但是聽說有人吃慣了，後來吃到五顆還睡不著；這是醫生講的，因爲後來產生了抗藥性，安眠藥對他就不太有作用了。而這些都屬於六入，只有覺知心的自己中斷了，六入才會中斷；可是外六入中斷了以後，其實往往還是有法入的，因爲意根還在啊！只是那個法入，當時並沒有意識來返觀——沒有意識的證自證分在運作，所以你不知道自己當時還是有法入。其實，正當睡著無夢時，還是有法入的；如果這時確實是沒有法入的，那你睡著以後就會永遠醒不過來了！不過這是後話，與這一段經文的法義無關，暫時不說它。

既然能見之性離開明暗二塵時就畢竟無體，「同樣的道理，阿難啊！你應該知道這個見並不是從明與暗而生出來的，也不是從眼根中生出來的，當然更不是從虛空中無因而出生的。爲什麼這樣說呢？這個見，如果是從光明中生出來的，當後來光明離去了，見就應該跟著光明離去了；那麼當暗相出現時，見已經不在了，當然應該是看不見暗相了；」可是當光明離去而暗相來了，見還是在啊！還是可以看得見暗相啊！「若這個見是從暗生出來的，當後來光明來時，見就應該消失了，當然應該是看不見光明相了。」因爲，見若是從光明或黑暗出生的，當光明或黑暗離去時，見必然是跟著光明或黑暗同時離去的，所以當見已經跟著暗去了，或是已經跟著光明去了，當然已經是沒有了見，又怎能繼續看見後來出現的光明相或黑暗相呢？可是，現象界中明明還是可以繼續看到後來出現的光明相或黑暗相，由此可知，見不是從光明或黑暗出生的，是從如來藏中，由妙眞如性的運作而出生的。

「那麼如果改說見是從眼根而出，這也有問題；因爲已經可以由眼根自己來看見，又何必要再由覺知心來看見？」那麼覺知心又怎麼可能看得見呢？「如果見是從眼根生出來的，就應該與光明或黑暗無關，不必藉著明與暗的凌奪交互才能看得見色塵；當然也不必一定是在明暗之中才能有見，所以見的當下一定也是沒有明相與暗相存在才對。」可是事實上卻不是如此。假使因爲見必須有明暗，就說見是從明或從暗出生，那麼也應該說見是從通或塞出生的，那麼可就天下大亂了！所以，見的功能—見性—其實是由如來藏的妙眞如性中出生的，明暗通塞與眼根都只是見的助緣罷了！但也不能排除所緣六塵與助緣諸法，如果見不需要各種所緣與助緣就能自己看見，那麼見當然應該跟明暗通塞及眼根無關，不管是明、是暗、是通、是塞或是眼根，都可以全部看見自己想要看見的一切色塵。

所以佛說：如果是從明生出來的，那麼暗來的時候，應該見性就跟著明離開而中斷了，就不能再有見，那麼暗來的時候為什麼又可以看見暗呢？由此證實見不是從明生，也不是從暗生，所以見不會跟著明或暗離去，是處在明或暗、通或塞之中，而獨立於明暗通塞的；所以暗來時可以看見暗，明來的時候也可以看見明，不會隨著明或暗的消失而離去，所以暗消失了以後，轉為明來的時候，仍然可以看見明；明去暗來時，情況也是一樣的。

如果主張見是從眼根中生出來的，那麼眼根就不需要靠著明暗來作助緣才能看得見啊！因為不管是明或是暗，眼根自己都可以有見，何必要依靠明暗來幫忙？假使這個主張可以成立，當某人車禍而毀壞眼根時，就永遠不該再有見的功能了，因為見已經離去了！可是他為什麼卻還能在夢中看見種種色塵呢？若說見是由眼根出生的，那麼某人車禍以後接受眼根的移植而重新看見時，他後來的見應該不是以前的同一個見，而是另一個眼根全新的見了！可是明明不是這樣。所以，不該說見是由明暗通塞或眼根所出生的，而是由如來藏以祂的妙眞如性來出生的。

但因為見性是由如來藏的妙眞如性所出生的，出生以後必需依賴明暗通塞及眼根等法作爲助緣，才能有見；因此說：「就如這個道理一樣，『見』這個精明性，本來就沒有自體性，」「本無自性」，「自性」二字是說自體性，也就是說祂有一個自己本來就存在的體性，而不是依止別的法才能出生或存在的體性。「如果有人因此而說見是從虛空生出來的，那麼這個見既是從虛空生出來，而不是從自己的眼根或明暗通塞生出來的，也不是從如來藏的妙眞如性中生出來的，而是從虛空中生出來的，那麼當見性向眼前觀看色塵中的萬象以後，這個見性不再向外去見色塵而回歸虛空自己的時候，那時應當是會處在虛空中而回頭來看見眼根才是。」可是看過外面的色塵而回歸以後的見，卻不曾也不會看見自己的眼根，由此證實這個見不是從虛空中出生的。

「而且，見若是從虛空中出生的，那麼虛空所出生的見，自己就可以有見的功能，由虛空的見自己去看各種色入，又與你阿難覺知心的色入有什麼相關呢？」實際上，虛空中並沒有自己的見存在，所以看過外面的色塵以後，反過來向內看的時候，見並不是在虛空中，所以都不會看見自己的眼根。正因爲見不是虛空所出生的，所以見一定是在自己五陰之中，不會離開色身而處在虛空中，不能從虛空中看見自己的眼根。由此看來，見既不是由明暗所出生的，也不是由通塞所出生的；既不是由眼根所出生的，也不是由虛空所出生的。這就表示：見是由如來藏的妙眞如性所出生的，眼根與明暗通塞都只是見的所緣、助緣，而不是能出生見的根本法；所以 世尊作了結論說：「阿難啊！你應當知道，眼入是虛妄的，」因爲眼入（色入）是必須有許多助緣才能完成的，不是自己本已存在的；而眼入功能的首要即是能見之性，但見性卻仍然不是由助緣或所緣出生的，仍然是要由如來藏的妙眞如性，藉這些助緣、所緣而出生的；並不是單有這些助緣、所緣，就能夠使見性功能出生，所以 佛說：「眼入並不是單憑因緣而生的，而且能見之性也不是自然性。」因爲見性並不是自然就存在著的，而是要有各種緣以後，才能從如來藏的妙眞如性中出生的；並且是要依附於如來藏的妙眞如性，才能繼續存在及運作，所以眼入雖然是虛妄的，但「本來就是如來藏的妙眞如性之一。」

由如來藏先出生了根塵作爲見性的助緣，然後如來藏才能出生六識覺知心，因此才能夠有眼入；根與塵固然可以說是因緣，但這兩個因緣卻無法離開如來藏而有，因爲覺知心出生時必須具備的根與塵兩個因緣，仍然是從如來藏中生出來的。必須先有根與塵從如來藏中生出來以後，見性才能夠隨後出生及存在，而這個能見之性仍然是從如來藏的妙眞如性中出生的；所以根與塵只是見性出生的因緣，見性仍然是如來藏的妙眞如性中的局部，所以說能見之性「非因緣生」，意謂「本如來藏妙眞如性」。

識陰總共有六個識，這六個識出生了就能夠見聞覺知嗎？事實上是必須要有六根與六塵作爲所緣才能出生及覺知的。當眼根與色塵被如來藏出生了，所以眼識才能出生；當眼識出生了才有能見之性出現，而這個見性也是從如來藏心中藉著妙眞如性的運作而生出來的。雖然見性的眼入功能是因緣生，眼識出生了**自然**就有這個見性而有眼入，可是眼入這個自然性仍然是如來藏的妙眞如性運作而直接從如來藏心體中出生的，不是單有根與塵作爲因緣就能出生的，所以不是佛門外道們所講的：「離開如來藏而有因緣，不需如來藏而有自然性。」事實上並不是這樣的。

如今佛門中的外道見者，譬如密宗應成派中觀的達賴喇嘛與印順法師，他們所講的都是**六識論**邪見所生的**無因論**假佛法。**無因論**的見解是說：一切法都不必要有如來藏爲因，單憑外法爲因緣就可以有根與塵出生；而識陰等六識單有根與塵爲緣就能出生，自然就會有見聞覺知等功能，於是見性、聞性乃至知覺性就具足了，所以不需要有如來藏爲因。這其實是**無因唯緣論**的外道見解，與 世尊在四阿含諸經中說的**有因有緣世間集**的正理互相違背。印順與達賴等人至今仍然是這樣堅持不改的，那我們當然要請問印順與達賴：「你們的十八界都是純憑眾緣就出生的嗎？是無因唯緣就能憑空而生嗎？」不！還是要憑業感而生。那麼又要請問他們：「**業感是憑什麼而生？業種是存在虛空來感應的嗎？**」這樣一問，印順與達賴可就答不出來了！

因爲答不出來，印順當然已知道自己的知見本質上跟斷滅論一樣，所以不得不再另外建立一個能夠貫通三世的法——意識細心，以免落入斷滅空中，因爲佛說入涅槃時意識是必須滅除的；而意識也是夜夜斷滅的，死後無法去到未來世，所以人人都有隔陰之迷。達賴喇嘛卻比印順聰明一些，他把意識細心再往上拉高一點，建立意識極細心。而印順與達賴都說意識細心或極細心是不可知、不可證的，達賴喇嘛在他的書中也說意識極細心不是他所能證的，只有諸佛能證。可是，意識細心或意識極細心，全都是意識心，始終不離意識心的範疇；佛在《阿含經》中早就說過：「**諸所有意識，彼一切皆意法因緣生。**」意思是說：不論是多麼粗、多麼細的意識，所有意識都是意根與法塵爲因緣才能出生的。所以不論是多麼細的意識，甚至於極、極、極……極細的意識心，仍然是意法因緣生。

正因爲是意識，不論粗細，本質全都是意識；既是意識心，當然還是要以意根與法塵爲因緣，而從如來藏中出生的。總不能說是藉意法因緣而從虛空中出生，也不能說是由意根與法塵來出生意識，因爲一切已有聲聞解脫智的聖者，都能現見意根與法塵是無法出生意識的，只能作爲意識出生的藉緣。所以印順與達賴的**無因唯緣論**假佛法，明知道自己落到**無因論**中，違背了現象界一直都存在著的因果律，理上與事上都講不通，於是只好另行建立一個本體論——意識細心是萬法的本體，是我見、我執、業種的執藏者；然後再來批評別人的如來藏本體論，說本體論是錯誤的；可是他們自己也一樣不得不建立意識細心、極細心常住說，一樣是本體論；只是否定了別人可以實證的本體論以後，再去建立自己不可實證的本體論，成爲自己掌嘴的窘事，可是卻都不知道自己已經掌了自己的嘴。

如來藏本體論才是宇宙中的實相，而且是在四阿含諸經中早就開示的正理——涅槃實際、出生名色的識、常住不變、眞實、寂靜（編案：詳見平實導師《阿含正義》的舉證），明白地指出五陰是由本住法如來藏識入胎來製造出來的，所以 世尊說這個本住的識是名色本、名色習、名色因[1]，很清楚地說明了名色五陰（含十八界中的意根與意識）出生之前，就已經有這個本住法存在，

1《寂志果經》卷一 佛云：「度智具足，生死已斷；已逮梵行，所作已辦，知**名色本**。」

所以四阿含中的法義也是**本體論**、**八識論**的正理（註）。並不是大乘經中才有說第八識本體是萬法根源的正理，大乘經只是把祂講得更深細而已。所以說，眼入也是如來藏藉根與塵為因緣而出生的；能夠出生根塵而有眼入，這也是如來藏的自然性，並不是外於如來藏而有自然性或有因緣生的功能。所以不是一般人或外道所說的因緣生及自然性，完全是依如來藏而有因緣生及因緣滅，也是依如來藏才能有入胎即可自然出生名色的事。所以，眼入固然是虛妄的，然而推究眼入的本質到最後時，仍然只能證明是從如來藏中藉著妙眞如性來出生的，因此 佛說：「眼入虛妄，非因緣生，非自然性，本如來藏妙眞如性。」（註：《中阿含經》卷二十四〈因品〉《大因經》：「阿難！是故當知是**名色因**、**名色習**、**名色本**、**名色緣**者，謂**此識**也！所以者何？緣識故則有名色。」詳見《阿含正義》中的詳解。）接下來 佛又說耳入：

【「阿難！譬如有人以兩手指急塞其耳，耳根勞故頭中作聲，兼耳與勞，同是菩提瞪發勞相，因于動靜二種妄塵，發聞居中，吸此塵象，名聽聞性；此聞離彼動靜二塵，畢竟無體。如是阿難！當知是聞非動靜來，非於根出，不於空生；何以故？若從靜來，動即隨滅，應非聞動；若從動來，靜即隨滅，

應無覺靜；若從根生，必無動靜，如是聞體本無自性；若於空出，有聞成性，即非虛空；又空自聞，何關汝入？是故當知耳入虛妄，本非因緣，非自然性。

（本如來藏妙眞如性也）】

講記：很多人都把《楞嚴經》這一段經文誤會了，斷章取義來附會自己的說法：「你看！佛不是這麼講嗎：『見性、聞性、嗅性乃至知覺性，本非因緣，非自然性。』當然就是我們大家的眞如佛性。」這樣子斷章取義，於是落入自性見外道的錯誤知見中，還振振有辭地指責眞正眼見佛性、實證佛性的賢聖呢！並不是末法時期才有這種情況，古時候就已經這樣了！佛陀的這一類開示，在《楞嚴經》中是常常可以讀到的，問題是大家都誤會「本非因緣，非自然性」的經文眞意了！本經中固然處處說五陰、十八界、六識自性、六入「本非因緣，非自然性」，但也都在這兩句話之前先指稱「當知見性虛妄、當知識陰虛妄、當知六入虛妄、當知……虛妄」了；既然先說是虛妄的，然後才說非因緣生、非自然性，當然就是由如來藏的妙眞如性運作之下而出生的，怎麼可以說如來藏所生的離念靈知是常住不壞的眞如心如來藏？又怎能說六識自性是悶絕以後仍然恆時顯現而不斷運作著的佛性呢？

而且，世尊在每一個段落（譬如五陰、六識性、六入、十八界開始解說之處），都已先說「云何五陰本如來藏妙眞如性？」「云何六入本如來藏妙眞如性？」早已把前提講過了，佛弟子讀經時怎可把這些大前提砍掉以後再來解釋這部經典呢？所以，六識自性都是虛妄的，五陰、十八界、六入全都是虛妄的，不該說是如來藏的妙眞如性本身，應該說是被如來藏出生而附著於如來藏的妙眞如性，歸屬於如來藏的妙眞如性，而五陰、六識自性、十八界、六入等法，全都是虛妄的。而且，在卷二之中早已說過：六識的見性、聞性乃至知覺性，全都是生滅法，卻又無法歸攝到所緣的根、塵……諸法之中——不是從所緣的根、塵等種種境界中出生的，只能歸攝在如來藏的妙眞如性中。這已經很清楚地說明見性、聞性……等六識自性，全都是有生之法，全都是從如來藏的妙眞如性中出生的。既是有生之法，當然不可能是常住不壞的眞如心或佛性。

言歸正傳，佛陀接著說：「譬如有人用兩根手指很快速地塞住耳朵的時候，由於過去幾年長時間運用耳根，每天沒有足夠的時間休息，於是由於耳根使用過勞的緣故，這時塞住耳朵以後，就會發覺耳根的勝義根中（也就是頭腦之中）會有聲音出現（特別是用力塞住耳朵的時候）；這其實是因爲耳根的勝義根與耳朵（扶塵根）都過度使用而太勞累所致；這其實也是由於動塵與靜塵等兩種虛妄的聲塵在耳根中交互運作，所以發起了聞性處在動靜二塵之中，來吸取動塵與靜塵的現象，這個就稱爲聽聞之性。」

一般人都不會發覺自己經過很多年在世間法中奮鬥以後，五勝義根太過勞累而使頭腦中出生了微細的聲音；即使外面沒有任何聲音，獨處於安靜之處時，把耳朵塞住以後就會發現到自己腦袋中有聲音。這其實是由於長年勞累而沒有足夠的睡眠來使五勝義根（頭腦）回復正常，日積月累以後，這個聲音將會越來越大，最後是在睡覺之前都會發覺這個聲音實在太大了，不必塞住耳朵也會聽得很清楚，這時就稱爲腦鳴。這與耳鳴是不同的，我正是因爲十幾年來熬夜寫作而產生了這種現象，這絕對不是耳鳴。後來，由於最近的重感冒一直好不起來，醫師要求我要多休息；於是每天睡夠八小時，這樣睡了三個月以後，重感冒好了，這種腦鳴的現象也就跟著消失了！這也提供給諸位參考，爲了正法的久住，爲了能夠更長久地爲正法做事，應該照顧色身而活久一些，就能爲正法效勞更久。

這種急塞其耳才引生的腦鳴，或者是多年勞累而引生的不塞其耳也會發生的腦鳴現象，其實都是「菩提瞪發勞相」，仍然是由如來藏的本覺，藉著勝義根的瞪發勞相而產生的。如來藏的本覺自性，從無始以來不斷的在運作著，從來不曾停息祂所產生的這種勞相；這種瞪發勞相，只是輕重有別而已，每一個人都是或多或少會有這種瞪發勞相。這種瞪發勞相要到什麼時候才會滅掉呢？等到入了無餘涅槃時就滅掉了！否則就要到達究竟佛地時才會滅除，即使是等覺菩薩位中，把耳朵急速地塞住時，一樣會有聲音；特別是以手指急速塞住及急速放開的時候。因爲這是菩提的瞪發勞相，當如來藏本覺引生的瞪發勞相還沒有究竟滅盡之前，這樣做的時候，還是會有這個現象的。

但是，如果是神經衰弱而產生的腦鳴或者耳鳴，就與這個瞪發勞相的「頭中作聲」是不一樣的，不能混爲一談。那是由於耳根的勝義根已經使用過度而太過疲勞了，晚上睡覺前或是獨處於很安靜之處的時候，根本不必塞住耳朵，就會有聲音的；但是，「這種急塞其耳，聽見了頭腦裡面的聲音，其實跟平常在聽外面聲塵時的聞性是一樣的，同樣是因爲有動靜二種妄塵互相凌替，所以發起了聞性，」也就是說，在動靜二塵之中來來去去而吸收聲塵之相，這個功能就叫作聽聞性，簡稱爲**聞性**。佛又說：「這個聞性，如果離開了聲音的動靜二相，畢竟無體。」動相就是聲音不斷地出現與來去，靜相就是完全無聲，也就是聲音變得很小而幾乎無聲了。

人間其實沒有完全無聲的地方，如果想要住在完全無聲的境界中，只有進入二禪或三禪以上的等至位中，才能夠完全無聲；初禪的等至位中還是有聲音的。也許有的人不信，爭執說：「你講的不對！我如果把房子外面全部都用鉛封起來，那時所有的聲音可都進不來了。」沒錯！如果用厚鉛去包住、封住整個房子，可以絕對的隔音。可是，等到弄好了以後進去安靜地聽聽看，還是會有聲音；那時將會聽到自己呼吸的聲音、心跳的聲音。如果是還沒有進來正覺同修會修學的人，他們首先會聽到自己覺知心中打妄想的語言聲音，其實還是有聲的。

所以，如果不是住在二禪以上的等至位中，是不可能無聲的。其實一切人都是聽不見靜相的，因爲完全的靜是一絲絲極微細的聲音都聽不到的。所謂聽到靜相，其實只是相對於喧鬧的動相來說的，只是聲音小了很多，如果沒有注意去聽，就聽不到了，所以叫作靜。「發聞居中」，是因於動與靜等兩種聲塵的交互凌替，才會發起人們的聞性；這是由於動靜二塵的凌替——在互相交替變化當中，引起意根與意識的注意，而從如來藏中產生了分別聲塵的自性——聞性，去攝取聲塵而作種種的分別，這種自性就叫作聞性。

由 佛陀這個開示中，我們知道聞性如果離開了動靜二塵，就不會繼續保持著聞性的存在；由此當然就可以證實聞性是依附於聲塵而存在的，並且是要依附於聲塵的動靜二相不斷交互凌替的現象，才能繼續存在的，所以聞性並沒有眞實體性可說。譬如突然間聽聞到一個聲塵，從這一刻開始，整天都是這樣的情況，都只有同一個聲音；而那個聲音不高也不低，一直都沒有任何變化，就只是同一個不變的聲音，那你能夠知道這個聲音的意義嗎？一定不知道。譬如有人對你講一句話，而他那一句話的聲音都是同一個發音，聲塵的高低也都是前後一樣，那你能聽懂他是在說什麼嗎？根本不能成立說那是一句話。

所以說，聞性能夠在一聞之下就了知男聲、女聲、悅音、噪音、風聲、水聲、說法聲或者是世俗聲，這都是因爲在聲塵之中一直都有動靜之相，當動相與靜相一直都在互相不斷變動，在動相靜相不斷變動的過程中，才能夠有聞性在其中聽聞而了別。如果聲音是前後永遠完全一樣，一直都沒有動靜的變化，就不能使那個聲音傳達出特定的意思，那麼這個聲音就只能拿來作兩個用途：一個是傷害你的耳根，另一個用途是令你睡覺。因爲，這個聲音把其他的聲音都掩蓋了，或是沒有其他任何別的聲音了，整天全部就只有這個單一的聲音，沒什麼可聽的；於是在覺得無聊時就睡著了！

在長久處於同一種聲音的情況下，聞性將會開始不再現起，最後則是消失不現而使得耳根開始退化，如同長期住在極深地洞中的生物一般開始退化。極深地洞中的生物，由於一直都只有暗相，暗相是長期而單一的，是永遠都不會有明相來交互凌替的，所以暗相一直都是沒有變化的；時間久了以後，見性就不必對暗相加以了知，於是眼識就常常不現起，乃至到最後根本就不再現起眼識了；時間久了以後，眼根由於不再使用了，也就跟著開始漸漸退化了，所以地洞中的生物，眼根都只剩下基本的雛型，眼皮已經閉合而不能張開來看色塵了。導致這種現象的發生，其原因就是因爲色塵沒有明暗的變化相。聽聞聲音的聞性，道理也是一樣的；由於聲塵的動相與靜相交互凌替，於是引生了耳識的了別性，出現在聲塵的動相與靜相之中，針對聲塵加以了別，所以才會有聞性的出生與存在。

由此緣故，佛說：「**同樣的道理，阿難啊！你應該要知道，這個能聞之性雖然離開了動與靜二種聲塵時就畢竟無體，也應該知道這個聞性並不是由動靜二塵或耳根來出生的，也不是由虛空出生的。**」如果聞性是由動靜二塵所出生的，就會有問題了，因爲聲音的動相與靜相並不是心；既不是心，就不可能出生聞性，聞性是心的功能，不是聲塵的功能。所以佛說「**當知是聞非動靜來**」，這個聞性是從有情各自的如來藏中生出來的。「**也不是從你的**

耳根生出來的，」因爲耳根是所生法，既是生滅性的，就不可能出生別的法，當然是從如來藏心中生出來的，因爲如來藏心是常住法，而且是心，常住的心才能出生聞性。佛又說：「聞性也不是由虛空出生的；」因爲虛空是無，既不是物質，也不是心，只是依物質邊際無物的地方，立名爲虛空，是表示那個處所沒有物質，只是一個名詞，又如何能出生聞性呢？當然聞性絕對不是由虛空生出來的。

佛陀開示說，聞性不是從動靜二相出生的，也不是從耳根出生的，更不是從虛空出生的；開示完了，隨即解釋理由：「爲什麼呢？如果聞性是從聲塵的靜相出生的，當聲塵的動相來的時候，聲塵的靜相已經滅失而不在了，那麼聞性當然應該跟著靜相離開了，那麼聞性當然就跟著消滅而不存在了，所以後來動相來臨的時候，就應該不可能聽聞到聲塵的動相。」譬如住在一個很安靜的環境中，一點兒聲音都沒有，只能聽到自己的呼吸聲、心跳聲，這正是靜相中的聞性；可是突然間，「ㄅㄧㄤˋ」的一聲響起來時，你應該是聽不見的，因爲聞性是從聲塵的靜相生出來的，不該與聲塵的動相相應；所以突然間有什麼物品摔到地上，很大的撞擊聲音出現的時候正是動相，如果那時的聞性是由靜相出生的，這時變爲動相了，聲塵靜相所生的聞性就應該聽不見動相時的撞擊聲。

可是，實際上卻是在聲塵中的靜相之中可以聽見聲塵，動相突然來到時還是一樣可以聽見動相中的聲塵；從這個道理以及現前的觀察之中，都可以證明聞性雖然是處於聲塵之中來作分別的，卻是不與聲塵混合爲一，所以不該說聞性是從聲塵的動相或靜相生出來的。所以如果有人主張說聞性是從靜相生出來的，動相來時聞性就該消失了，因爲靜相已經離去了；同理，若是主張聞性由動相生出來的，等一會兒靜相又來臨的時候，由動相所生的聞性也該消失而不能再聽聞靜相中的聲塵了。所以，世尊解釋說：「若從靜來，動即隨滅，應非聞動；若從動來，靜即隨滅，應無覺靜。」

然後 佛陀又說：「如果有人主張聞性是由耳根出生的，既然如此，聞性就應該是耳根專有，覺知心就不該與聲塵相應，那麼又如何能了知聲塵的動相與靜相呢？」這就是說，聞性能與耳根相應，也能與聲塵的動相靜相相應，並且也能在虛空中運作，其實是有原因的。我們就來說明一下這個原因，讓大家都瞭解，也讓佛教界從此以後更深入理解佛法的勝妙，理解到必須有如來藏才能使有情憑藉種種**因緣**而**自然**地生活在人間。聞性、耳根、聲塵、動靜相、虛空等五法之間，究竟有什麼關聯而能使有情眾生在人間正常地生活？而且都能在日用而不知之中活得好好地，在日用而不知之中好好地承受苦果——由造惡業的自己領受現世報或前世業果的感報。

耳根、聲塵、動靜相、聞性等四法，全都是由如來藏心的妙眞如性的運作而出生的；本來都屬於自己的如來藏心，所以當然是會互相接觸的，因此都是由如來藏心自己所生的聞性來接觸如來藏所生的聲塵、動靜相；耳根則是由如來藏所出生、所使用的工具，如來藏能攝受自己所出生的耳根（勝義根與扶塵根等二種耳根）用來攝受外聲塵而變現內聲塵，然後由覺知心識陰等六識來領受；由於覺知心的聞性所領受的聲塵是內相分聲塵，這內相分的聲塵與覺知心的聞性功能都是由同一個如來藏心出生的，本來就是自己如來藏整體中的一部分，當然是可以互相接觸的，於是聞性才能領受及了知聲塵的動靜相。

如果聞性是由內聲塵或外聲塵的動相出生的，不是全都由如來藏直接出生而可以互相聯結，那麼聲塵動相所生的聞性當然就不同於聲塵靜相所生的聞性，當然不能在動相與靜相的聲塵之中全部都能聽聞；必須是耳根、聞性、聲塵、動靜相的顯示全都是由如來藏出生的，全都直接聯結在如來藏心體的妙眞如性，由如來藏來整合及運作時，這三個法才能互相聯結而產生聞性的功能。如果否定了一切法（這四法）所依的如來藏，而主張聞性是由這四法中的一法或全部來出生的，那麼這四法互無關聯，又如何能夠互相接觸而產生分別聲塵的功德呢？因爲覺知心無法出生聲塵及動靜相，祂的聞性又如何能與聲塵及動靜相互相接觸而作了別呢？

假使耳根不是由自己的如來藏出生的，而是由別人的如來藏出生的；或者假使有一天人類可以製造出勝義與扶塵等二種人工耳根來（當然這是永遠都不可能的），那麼自己的如來藏縱使永遠都有妙眞如性，也是無法借用來攝取外聲塵而顯現內聲塵給覺知心的聞性來接觸的。耳根、聲塵、動靜相、覺知心的聞性等四法，必須全部都是由自己的如來藏所出生的，才能互相接觸而使聞性可以在耳根、聲塵、動靜相之中運作，而使覺知心可以聽聞各種不同的聲塵，全都無所遮障。這個道理是千古不易的，是誰都不能破壞的定律，也是法界中的眞相；眞正想要修學大乘佛菩提的人，對這些道理都必須要有所瞭解，否則是無法進入內門修學佛菩提的。

假使聞性不是從如來藏的妙眞如性中出生的，而耳根、聲塵、動靜相也與自己的如來藏無關，是各自獨立的；那麼聞性若是由聲塵出生的，或是由聲塵的動相出生的，或是由聲塵的靜相出生的，或是由耳根的扶塵根或勝義根出生的，而與覺知心的聞性沒有關聯，那麼覺知心的聞性就絕對無法了知一切動靜相中的聲塵。所以推究到最後，仍然必須攝歸自己的如來藏心；而如來藏心藉自己的妙眞如性所出生的耳根、聲塵、動靜相、聞性，其實全都是有生之法，所以也都是虛妄法；但是因爲已經攝歸於常住的如來藏心了，了知確實都是如來藏心的妙眞如性所出生的，了知確實都附屬於如來藏的妙眞如性了，當然要說：聞性產生的耳入，本非因緣，非自然性。意思當然是說：虛妄生滅的聞性，本如來藏妙眞如性。

聞性能不能從耳根中出生呢？答案是不可能！因爲，不論是扶塵根或勝義根的耳根，都不可能出生聞性的；一定是要先出生了覺知心以後，才能由覺知心的作用而有了聞性的功能。假使有人說：「**聞性是由耳根出生的，所以聞性是常住不壞性的金剛法。**」那麼，死人也有耳根，死人正當進入正死位的時候，或是剛死不久時，耳根仍然是完好如初，並無毀損，那時的死人也應該是有聞性的。可是事實上卻不是如此，可見聞性不是由耳根所出生的。若說聞性是由耳根出生的，那麼聞性顯然是與聲塵及動靜相無關的，又怎能接觸聲塵的動靜相而了知聲塵呢？那麼在覺知心的聞性之中當然不會有聲塵的動靜相，所以不該說聞性是由耳根出生的。

　　至於虛空呢？虛空本來無法，不可能會有作用，當然不可能會出生聞性。可是若沒有無物之處的虛空，而是充滿了各種物質時，聞性也不可能聽聞到聲塵的，只能聽聞到自己身中、心中的聲塵了，但那已顯示聞性不是由虛空出生的了。虛空只是作為傳播外聲塵，以供如來藏的妙眞如性作為出生內相分聲塵的所緣而已，所以虛空當然不可能出生聞性。如果有人說：「聞性是從虛空出生的。」那麼虛空中自己就有能聞的功能，那麼虛空還能叫作虛空嗎？祂就不叫作虛空了。而且虛空既然有了聞性，那麼有情身心就不該還有與有情身心相關聯的聞性了！這時虛空的聞性當然是由虛空自己來聽聞，又與有情身心有何相干？然而，聞性明明是與有情身心緊緊關聯著的，所以不該說是虛空出生了聞性。

　　同樣的道理，如果主張聞性是從耳根而生，就應該死人也會聽得見，因為死人也有耳根啊！而且也應該是由耳根來聞聲，又與有情的身心有什麼關係？為什麼卻是由有情的身心來聽見而不是由耳根自己來聽聞？如果耳根自己有聞性而聞見聲塵，有情的身心也一樣聽見聲塵了，那是否意味著一切有情的耳根有聞性時，覺知心也同樣有聞性，是不是每一位有情身心之中都有二個聞性？事實上是，耳根、覺知心的聞性、聲塵、動靜二相，全都是由自己的如來藏心運作妙眞如性來出生的，同樣都附屬於如來藏的妙眞如性的運作範圍之內，所以才能互相接觸而能了知，並且只有一個聞性而不是同時有兩個聞性。所以佛說：「**若從根生，必無動靜，如是聞體本無自性；**」就是說聞性本身其實是虛妄法，是由如來藏的妙眞如性藉著種種助緣才能出生的，本該歸攝於常住的如來藏心中。因此假使單單說聞性的時候，仍然是無自性的，因爲是生滅法。

當然聞性也不是由虛空來出生的，所以佛說：「**若於空出，有聞成性，即非虛空；又空自聞，何關汝入？是故當知耳入虛妄，本非因緣，非自然性。**」這意思是說，聞性其實是要有許多如來藏先已出生的種種緣，才能夠從如來藏的妙眞如性中出生的；所以耳入當然是虛妄的，不該說耳入是常住不壞的金剛自性。但是，如果能夠現觀耳入其實也是從如來藏中出生作用，把耳入攝歸如來藏的妙眞如性時，當然要說耳入「**本非因緣，非自然性**」了！因爲耳入本來就是如來藏的妙眞如性中的一小部分罷了！所以佛說「**耳入虛妄**」時，也就已經明白的表示說：聞性也是虛妄的，本來就只是如來藏的妙眞如性中的一小部分罷了。

我們所聽見的聲塵，其實是如來藏心藉由外耳根而在內耳根中生起了內相分的聲塵，然後才於根塵相觸的地方生起了耳識的種子，由意根在那邊操控著，所以才會有聞性而能夠聽見一切佛法；這並不是由外法因緣或父母因緣來造成的，而是如來藏所造成的因緣性，離了如來藏就無法出現這種因緣性了！所以是由如來藏以妙眞如性來呈現出因緣性。如來藏出生了各種因緣法以後，祂自然可以從妙眞如性中出生了聞性，於是人間有情就聞見聲塵中的動相與靜相中的各類聲音啊！於是自然就可以了知聲塵中的內涵啊！所以還是如來藏的妙眞如性所顯現出來的自然性，不是外於如來藏而有自然性或有因緣性。

所以當代所謂的大師們，一向主張：「**見性、聞性乃至知覺性都是常住的佛性，不是被如來藏所生的。**」在我們正覺同修會開始弘法以前，他們總是常常這樣說的，其實全都是誤解了《楞嚴經》的眞義。他們否定了如來藏妙心而主張見性、聞性乃至知覺性都是佛性，並且援引《楞嚴經》來說：「**經中都說見性、聞性乃至知覺性都是佛性，因爲《楞嚴經》中已經說過這不是因緣生，也不是自然性，當然是常住的佛性。**」其實全都錯了，事實上全都是如來藏的妙眞如性所生的，當然不是外法因緣生、因緣滅，而覺知心的六種自性出生了以後都自然能了別六塵，這種自然性也都是從如來藏而生的，全都是以如來藏的妙眞如性爲共因。不能無因而有因緣法，不能無因而有緣生、緣滅法；假使有人主張無因有緣的緣起法，那正是無因論外道，不是佛法，佛門中的一切六識論者卻都是這樣的無因論外道。

而且，在最後說「本非因緣，非自然性」之前，佛已經在這段經文的開始之處說了：「因于動靜二種妄塵，發聞居中，吸此塵象，名聽聞性。」這已經很清楚地說明聞性不是本有的，而是藉緣出生的，卻仍然是由如來藏的妙眞如性來出生聞性的，由此可見覺知心的聞性並不是常住法，必須歸攝於如來藏的妙眞如性之內，不能說是自然本有的常住佛性。爲了想要使讀經的人都能確實理解經文，所以在「本非因緣，非自然性」八字後面，我們就都加上一個小括弧及八個字：皆如來藏妙眞如性或者本如來藏妙眞如性。這樣提示一下，大家才會與前面的經文「云何五陰、云何六入本如來藏妙眞如性」互相對照或聯結，就可以避免斷章取義的誤會了。我希望未來繼續印行而流傳一萬年的《楞嚴經》中，都用括弧加上這一句「本如來藏妙眞如性」來提示學佛人，以免誤會而斷章取義，誤了道業。

【「阿難！譬如有人急畜其鼻，畜久成勞，則於鼻中聞有冷觸，因觸分別通塞虛實；如是乃至諸香臭氣、兼鼻與勞，同是菩提瞪發勞相，因于通塞二種妄塵，發聞居中，吸此塵象，名嗅聞性；此聞離彼通塞二塵，畢竟無體；當知是聞非通塞來，非於根出，不於空生。何以故？若從通來，塞自隨滅，云何知塞？如因塞有，通則無聞，云何發明香臭等觸？若從根生，必無通塞；如是聞體，本無自性。若從空出，是聞自當迴嗅汝鼻；空自有聞，何關汝入？是故當知鼻入虛妄，本非因緣，非自然性。（本如來藏妙眞如性也）】

講記：接下來這一段經文中，佛陀以善巧方便，舉例說明，想要讓大眾都能確實理解法義。這就像四阿含中 佛常常這樣說：「智者以譬喻得解。」說如果是有智慧的人，只要打個比方來說明，他一聽就懂了。在這裡，佛也是用譬喻的方法來說明：「譬如有人急畜其鼻，」是說有人閒著無聊，就用鼻子快速地呼吸起來；這樣急速而長時間的呼吸以後「畜久成勞」，「急速呼吸時間久了而勞累以後，鼻子裡面就嗅到冷觸了，」這是因爲當時的空氣比較涼爽、比體溫低。如果當時是中午而且是在沙漠中，「則於鼻中聞有熱觸」了。「正因爲鼻子有觸的緣故，才能分別當時是通暢或阻塞，是空虛或是被不淨物塞滿了；」都是因爲有呼吸，才能分別出鼻子是通、是塞、是虛、是實。如果是通，呼吸就很順暢；如果是塞，就覺得呼吸有困難了；如果鼻中是虛，就覺得呼吸很自然；鼻中若是實，就是被堵塞住了。如果都沒有呼吸的存在，根本就無法了知通塞虛實與冷暖了！譬如住在第四禪的等至位中，或如住在四禪後的無想定中以及四空定中，都是沒有呼吸而無法了知通塞冷暖之相的。

「就像是這樣的道理，能夠覺知鼻子的通塞虛實，能夠覺知各種香氣與臭氣，以及鼻子自身與鼻子的勞累之相，同樣都是八識心王的知覺被過度運作以後才產生的相狀；而透過鼻子的運作而顯現出來的嗅聞性，其實是在呼吸的過程中，由於有通塞等二種虛妄的法塵相，所以發起了對於香臭的嗅聞之性，才能在鼻根與香塵接觸時吸取香塵中的各種法相，這就是嗅聞之性。這個嗅聞之性若是離開了呼吸時的通塞二種法塵相時，這個嗅聞之性就不再有自體性了！所以應當知道，這個嗅聞之性並不是由呼吸的通與塞出生的，也不是由鼻根來出生的，更不是由虛空來出生這個嗅聞之性。」

「爲什麼這樣說呢？假使說嗅聞之性是由呼吸的通透法相生出來的，那麼當後來鼻根被塞住的時候，這個嗅聞之性就應該已經隨著通透的法相而消滅了，又怎麼能知道鼻根已經被塞住了呢？如果說嗅聞之性是由於鼻根被塞住的法相而出生的，當後來鼻根重新通透而無阻塞時，嗅聞之性就應該已經隨著堵塞的法相離去了，就應該不能了知後來鼻根已經通透時的法相了，那又如何能夠了知香臭等香塵的觸覺？假使說嗅聞之性是由鼻根所出生的，那麼就不必依靠呼吸的通與塞來產生嗅聞之性了，就與鼻根的通塞二法都不相干了。就像是這樣的道理，嗅聞之性本來就沒有自體性，」因爲是有鼻根、虛空、冷暖、通塞作爲所緣，才能夠從如來藏心體中，由如來藏以妙眞如性來出生嗅聞之性。「如果嗅聞之性是由虛空出生的，那麼虛空所出生的嗅聞之性當然是可以迴轉過來反嗅你阿難的鼻子，可是這樣一來，這個由虛空所生的嗅聞之性，自然應當是由虛空自己擁有嗅聞之性，那又與你阿難嗅聞之性的鼻入有什麼相干呢？所以應當知道，鼻入本身是虛妄的，本來就不是**單憑因緣**就能出生的，也不是無因無緣地**自然**而然就能有鼻入，其實都是因爲如來藏的妙眞如性才能有鼻入的。」

換句話說，鼻入是以如來藏的妙眞如性爲因，以鼻根、虛空、通塞、香塵等法作爲所緣，才能夠有鼻入，不是單憑外法作爲因緣就能出生的，也不是單有鼻根就能有鼻入。假使鼻息是停住的，是沒有在呼吸的，這時縱使點上一兩最好、最純的沈香，仍然是聞不見的，因爲鼻入已經中斷了！因爲沒有緣於通塞的出入法相。鼻入一定是緣於空氣通塞出入，才能夠聞出香臭之氣；所以鼻入也是不離動靜之相，通即是動相，息出息入的中間即是靜相；在通塞動靜二相的變化之中，如來藏以祂的妙眞如性發起聞性處在中間運作，這就叫作「發聞居中」。

「你阿難的鼻入聞香的自性，就是在通塞二相裡面去攝取香塵之相，這就叫作嗅聞性；你這個嗅聞之性必須要有通與塞二個法相作爲所緣，如果離開了通與塞這兩個所緣，畢竟沒有眞實體；」因爲嗅聞的功能並不是可以由如來藏的妙眞如性直接出生，縱使能直接出生嗅聞之性，也是無法運作的；一定要有通塞兩個所緣境界來配合，聞性才能運作，才會有鼻入而了知香臭。所以世間的一切法都不是單一的如來藏爲因就能運作，也不是單有各種外法藉緣爲因就能運作；一定都要有如來藏妙眞如性爲因，配合各種所緣才能運作，有情才會有六入而能在人間生存，並不是單一的這一個鼻識可以從如來藏心中出生；縱使能夠出生了鼻識，也無法使嗅聞性運作，還要配合其他所緣的各種因緣，以及如來藏的妙眞如性爲根本因，人間有情才能有鼻入。

佛陀接著說：「應當要知道這個嗅聞性，不是從通與塞二個法中生出來的；也不是從鼻根中出生的，更不是從虛空中出生的。這是什麼緣故呢？如果嗅聞性是從通而來，當鼻子塞住不通的時候，應該就沒有鼻入也沒有嗅聞之性了，那又怎能知道此時鼻子被塞住了？而且嗅聞性在鼻子被塞住時也應該同時消失掉了，但是後來鼻子能通時，為什麼又可以嗅聞種種香塵呢？」應該是後來鼻通時也不會有嗅聞性存在而不能再嗅聞到香臭才對啊！但是，因通而有的嗅聞性，當塞住鼻子時其實並沒有消失，所以還能知道鼻子被塞住了；因此後來鼻子通了以後，就能再嗅聞香臭了！

「假使鼻入是因通而有，後來塞住時就不該還有嗅聞性了，嗅聞性已經消失了；那麼後來鼻子又通了，嗅聞性既然已經不在了，就應該是無法再嗅聞香臭才對，那你阿難後來怎麼還能了知香臭等觸呢？」換句話說，鼻入的嗅聞性並不是從通或者從塞出生的，其實通塞及鼻根、香塵，都只是鼻入嗅聞性的藉緣而已，嗅聞性其實是從如來藏心中，由如來藏的妙眞如性來出生的；因爲嗅聞性是鼻識的功能，而鼻識是從如來藏中出生的；鼻識出生以後，鼻識的功能就會從如來藏心中，藉著妙眞如性的運作而產生了，這才是鼻入嗅聞性的根本出生處。鼻識的功能就是覺知香臭等觸覺，而鼻識是由如來藏的妙眞如性所出生的，當然都應該歸攝到如來藏心的妙眞如性中；因爲鼻識以及祂的嗅聞性，無法歸還到任何一個所緣法中，只能歸還到如來藏的妙眞如性中。

世尊又向阿難開示說：「鼻入的嗅聞性若是由鼻根所出生的，那麼鼻根自己就能自主而不會被通塞所鉗制，可以自己決定遠離通塞而仍然可以擁有嗅聞性，那麼大眾也就不必藉著通塞之相來嗅聞了。」然而事實上是不可能的，由這個道理就可以知道，嗅聞性不是從鼻根而生，而是以鼻根及通塞、香塵為緣，然後才能從如來藏的妙眞如性中出生的，「所以說，像這樣的嗅聞性本身，其實沒有自己本住不壞的自性。」假使鼻入的嗅聞性是有自性的——鼻入的嗅聞性是法爾而有、自己常住而不必依緣存在的——那根本就不需要有通塞之相，自然就可以聞見各種香塵的了，當然是不需要藉呼吸鼻入來了別香塵的，應該是自己不在通塞二相之中就可以聞見香臭了，而鼻識也是可以自己單獨存在而不必依靠鼻根、通塞、香塵等法才能出生。

所以說，鼻識的嗅聞性確實沒有眞實的自體性，必須藉著種種的因緣假合才會出生及存在，所以 世尊才會這麼說：「是故當知鼻入虛妄，本非因緣，非自然性。」所以一切人讀經時都不應該從這裡斷句取義，只取後兩句「本非因緣，非自然性」，卻捨棄了前一句「是故當知鼻入虛妄」，就舉出這兩句經文來強詞奪理。世尊明明是先說「是故當知鼻入虛妄」，然後才說「本非因緣，非自然性」，意思當然是回歸前面所說的「云何當知六入本如來藏妙眞如性」來說的。所以鼻入的嗅聞性沒有自性，是無常生滅法，不是常住法的佛性；而是要匯歸到如來藏的妙眞如性中，是由如來藏的妙眞如性藉著自己所生的鼻根、香塵，並且藉通塞二相爲因緣，才能自然出生鼻入的嗅聞性的。懂這個道理的人，當然應該知道鼻入以及嗅聞性是虛妄的，本來就是如來藏的妙眞如性所出生的。

大陸所謂八大修行人中的元音老人和徐恆志兩位師兄弟，他們派下的徒眾們總是主張：「我們能見之性、能知覺性，在《楞嚴經》中有講過，而且講得很清楚，『本非因緣、非自然性』，當然是眞實體，這就是常住不壞的佛性。」他們也在書中這樣說。這不但是斷章取義，而且是斷句取義，把完整的一句話拆開而單取其中的兩句話來用（註：句號之前的文字都屬於同一句，不該拆解而獨取其中的字句，應該完整地引用）。如今我們完整地說明 世尊的開示，遠離斷章取義、斷句取義，就顯出 世尊所說「鼻入嗅聞性虛妄」而且是「本如來藏妙眞如性」的眞義了。所以，六識的自性都沒有眞實體性，都是虛妄法，唯有如來藏心體以及祂的妙眞如性才是有常住自性的佛性。

世尊又開示說：「鼻入嗅聞性若是從虛空中自然出生的，那麼鼻入的嗅聞性應該是在虛空中而不在鼻根中，那麼嗅聞性就應該可以回來嗅嗅你的鼻子是香是臭了；假使眞的如此，就表示虛空自己有嗅聞性而能自己嗅聞香臭了，那又跟你阿難的鼻入何關？又與你阿難的嗅聞性有什麼關係？」如果虛空也有嗅聞性，而有情的鼻子也有嗅聞性，那可就有趣了！當你嗅聞到某一種香味時，認爲這是某一種香，但是不能完全確定，那時就可以向虛空中商量一下來確定了。然而這也表示從此以後，一定常常會有人在與虛空互相諍論、辯論香塵的屬性了！這可眞是新聞呢！

那麼，如果虛空有自己的嗅聞性，而不是由有情的鼻子配合通塞二相才有嗅聞性，那麼虛空自己已有嗅聞性，這個嗅聞性又與有情有什麼關係？它是它的，你是你的，與你無關，爲什麼要牽扯到各人呢？那如果說嗅聞性是從鼻根出生的，那死人也應該嗅得見了！可是明明死人是嗅不見的，得要到中陰身階段時，才能夠嗅聞而使中陰身有氣力，才會覺得自己的兒女還算是孝順，願意每天供養食物。若是在正死位中，根本就沒辦法嗅聞啊！因爲鼻入已經停了，鼻根就沒有用了！且不說正死位中，單說眠熟就好了！正當眠熟的時候，還有鼻入，也有通塞或者通止二相，但是鼻入之中已經沒有嗅聞性了，由此可見嗅聞性並不是鼻根生的，也不是虛空生的，更不是通塞、通止之相所生的。而鼻根、通塞、虛空都只是嗅聞性出生及存在的藉緣而已，都只是嗅聞性出生及運作時的助緣而已。所以眞的不該說嗅聞性是佛性，因爲嗅聞性只是在鼻入中存在，而鼻入是藉著虛空、香塵、通塞等法才能存在的；並且，鼻入與嗅聞性都無法歸還到虛空、香塵、通塞等法中，都只能歸還到如來藏的妙眞如性中。

因爲一切人明明都只有一個鼻入與一個嗅聞性，並沒有兩個鼻入、兩個嗅聞性；所以主張由虛空自然出生嗅聞性，或者主張由通塞等因緣來出生嗅聞性的說法，都是不正確的。假使有人繼續主張說嗅聞性是佛性、是常住法，是自然而有的；或者主張說嗅聞性是因緣生的，那麼他們就有義務提出證明，也有義務來反駁 世尊所說應當歸攝到如來藏妙眞如性的說法是錯在何處，才可以繼續提倡他們原來的主張；否則就應該全部回歸到 世尊所說「本如來藏妙眞如性」的正理中。而我們實證如來藏以後已經證實 世尊的說法才是正確的，並且同修會中還有一些人進而眼見佛性以後，也進一步證實見性、聞性乃至知覺性都是如來藏的妙眞如性；不但如此，在道種智的智慧境界中來觀察時，也是一樣證實六種自性全都是如來藏的妙眞如性，因爲全都只能歸還於如來藏的妙眞如性，根本無法歸還到這六種自性所緣的一切法中。

所以一切佛弟子都應該知道，鼻入本身已經是虛妄的，既不是因緣生，也不是自然性；所以由鼻入而伴隨著的嗅聞性，當然更是虛妄的了！雖然是虛妄的，可是卻不能就直接否定祂。因爲，從表面上看來，鼻入及嗅聞性都是因緣生的，不是自然性；可是進一步再依佛菩提來深入瞭解的時候，就會知道其實只是如來藏妙眞如性藉著各種自己所生的法作爲因緣，而從如來藏妙眞如性中出生的，所以世尊在提出「**是故當知鼻入虛妄**」以後，就開示說：「**本非因緣、非自然性**」，意思並不是說鼻入嗅聞性是眞實常住法，不是說嗅聞性有常住的自性，而是指稱鼻入嗅聞性是附屬於如來藏妙眞如性的；有什麼證明而我這樣說呢？確實是有證據的，也就是在開始要解說六入的自性，世尊已經預先提示說：「**云何六入本如來藏妙眞如性？**」接著所解說的各種道理及譬喻，就都是說明六入本如來藏妙眞如性的道理，當然六入不是因緣生、不是自然性，而是一開始就告訴你的「**六入是如來藏的妙眞如性**」。

所以，不論世間法或出世間、世出世間法，全都要在大前提下來作抉擇；不可以把大前提拿掉，而單憑某一段文字來作抉擇，否則一定會違背原來的本意，可就嚴重錯會了！同樣的道理，六入（見性、聞性、嗅性、嚐性、觸覺性、了知性）全都是虛妄的，都是因緣生的，但卻不可以外於如來藏的妙眞如性而單說是因緣生的；因爲這六種自性都是從如來藏的妙眞如性中出生的，只是直接從如來藏的妙眞如性中出生的，或是間接、輾轉從如來藏的妙眞如性中出生的差別；本質上都是從如來藏的妙眞如性中出生，無一不是從如來藏的妙眞如性中出生的，所以 世尊歸結這六種自性說：「**本如來藏妙眞如性。**」

就如同房屋的買賣，優先購買權是要有一定的前提的，否則就沒有優先購買權存在，地主當然是不能向房屋所有人主張優先購買權的。優先購買權的前提就是房屋所有人出售房子時，那個房子的地主與屋主之間是有土地租賃關係存在的，這時地主才會有優先購買權，這是優先購買權的前提；不能把租賃關係的前提拿掉而單看「地主對地上的房子有優先購買權」的條文，就無理地向屋主要求同一價格優先購買房子。同理，六入的見聞知覺性是否爲常住不壞的佛性？也是要看大前提來抉擇的，大前提就是如來藏的妙眞如性——六入的六種自性以及所緣諸法，全都是從如來藏的妙眞如性中出生的；差別只是從如來藏的妙眞如性中直接出生、間接出生、輾轉出生，無一不是從如來藏的妙眞如性中出生的。

世尊在五陰或六入的單元即將開始時，就已經先說「**云何五陰本如來藏**

妙眞如性？」「云何六入本如來藏妙眞如性？」然後才開始五陰或六入的單元，才開始解釋五陰、六入爲何本來就是如來藏的妙眞如性？一個又一個道理詳細地告訴你：五陰與六入爲什麼不是因緣生、也不是自然性。意思就是說，五陰與六入都是由如來藏妙眞如性藉著因緣而自然出生的，所以本來就是如來藏的妙眞如性，不是外於如來藏的妙眞如性而有因緣能出生五陰、六入，也不是外於如來藏的妙眞如性能夠有五陰、六入自然存在。所以我們修學佛法時當然要從根本上去獲取佛法知見，但是後來想要驗證而變成自己的佛法時，卻不可以將修學佛法時應該依止的大前提忽略掉，否則是無法修學成功的；那麼他所修學的佛法將會成爲佛學，只是世間宗教學問中的一種，永遠都無法實證佛法內涵的。

　　即使是修學二乘菩提解脫道的時候，也是一樣要在正確的前提下來聞思修，才會有實證的因緣，不單是修學大乘法的時候如此。譬如四阿含諸經中所說的二乘解脫道法義，其實都是依八識論的大前提來宣講的，才會說有本識入胎、住胎製造了名色五陰，意識覺知心及見性等六種自性就都函蓋在名色五陰之中了，才會有六入的現象出生，當然名色、六識自性、六入全都是本識所生的。這是擺明著說，四阿含諸經中的聲聞解脫道，也是在八識論大前提下來廣說及實證的；若是背棄了四阿含八識論的大前提，而想要實證聲聞解脫道的初果乃至四果，都是癡人妄想；違背四阿含八識論的大前提，而想要實證四阿含所說的聲聞果，絕無是處。

又如大乘法中證悟以後修學《成唯識論》時也是一樣，在每一個單元開始時都揭示出一個前提，然後在這個前提下來解說或辨正很多法義；但是爲了節省篇幅及印刷費用（因爲古時印刷費用極貴），所以揭示了這個前提以後，就不在後面的每一段都重新再揭示一次這個前提；由於這個緣故（當然也是因爲尚未證悟明心的緣故），所以就有很多人誤會論中的意涵，於是往往斷章取義、斷句取義。也正因爲這個緣故，我在講解以及寫書提出來討論時，就不斷地把前提再重複帶進來，以免聞者及讀者忘了前提，而誤以爲我是自己隨意解釋的。末法時就是這樣子，必須不斷地爲大家提示大前提，以免佛教界誤以爲我是斷章取義。

可是當年 佛講《楞嚴經》的時候，大家聽聞時都沒有這個問題，爲什麼末法時的現在就變成兩極化了呢？現在有一種很奇怪的現象出現了：眞悟底人引用《楞嚴經》來證明自己眞的悟了，悟錯底人也引用同一部《楞嚴經》來證明他們悟得眞。這眞是奇怪！但事實上並不奇怪，這是因爲悟錯底人已經把大前提丟棄了，斷章取義而單取其中「本非因緣、非自然性」二句，用來證明自己是眞悟了。但這二句聖教的大前提是「本如來藏妙眞如性」以及「是故當知五陰虛妄、是故當知六入虛妄」，他們卻都丟棄或忘記了。所以當我們對那一些錯引經句、斷章取義的人，把前提拿出來辨正法義的時候，他們就只好消聲匿跡而不敢回應了，於是唆使不知情的徒眾們，或是自己化個假名，上網亂罵一通，狡辯說他們才是證悟者。

這都是因爲他們一開始時都沒有瞭解到大前提，後來則是爲了面子、名聞、利養、眷屬，所以就無根誹謗我們；但我們把大前提寫出來以後，他們就只能口懸壁上，只能化名上網亂罵一通了！因爲事實上是這樣子，經文明明寫在那裡，誰都無法狡辯的。所以在見性等六種自性、五陰、六入、十二處、十八界的開頭，都會在這些大單元開始時先說一句「云何……本如來藏妙眞如性？」作爲那一個大單元的提示。並且在解說完畢時，每一個大單元中的每一個小單元末後都會這樣總結：「是故當知……虛妄」，然後才說「本非因緣，非自然性」。

所以，一切有智慧底人在讀經或講經時，都不可以說五陰、六入（六種自性）、十二處、十八界是眞實不壞的，因爲世尊一定會在每一個小單元結束時告知阿難「是故當知……虛妄」，然後才說「本非因緣，非自然性」。有智者把每一個小單元末後這三句，匯歸到那個大單元剛開始時所說的「云何……本如來藏妙眞如性」時，自然就會知道「本非因緣，非自然性」二句的意思，是說那個五陰中的每一陰，或如六入中的每一入、十二處中的每一處、十八界中的每一界，全都是附屬於如來藏的妙眞如性。這是絕對不可忽略的大前提，所有人研讀《楞嚴經》時都必須時時把握住這些大前提，才不會誤解經義而自以爲悟，無意間犯下大妄語業，斷送自己今世與未來世的大好前程。

可是我們看見大陸王驤陸傳下來的心中心法那些人，常常忽略大前提而斷章取義再加上斷句取義，老是把「當知見性虛妄、當知色陰虛妄、當知眼入虛妄、當知意識界虛妄」等結語故意忽略而不提出來，更忘了每一個大單元剛開始時 佛陀所說的「云何……本如來藏妙眞如性」，就只提出「本非因緣、非自然性」二句來說，誤導大眾一起誤會這些生滅法都是常住不壞的眞實佛性。可是經中明明在每一小段結束時都說「是故當知見性虛妄、是故當知眼入虛妄……」等等，爲什麼那些人還會強詞狡辯說見性、聞性、嗅性、知覺性是眞實不壞的佛性呢？

所以　佛說法時都有一些前提，就是說六入五陰固然都是有生有滅的虛妄法，沒有常住的法體——沒有眞實法體而說爲無自性；但卻都說是如來藏的妙眞如性所出生的，全都要匯歸爲如來藏妙眞如性中的一部分。這目的是爲了預防當時的阿羅漢們入涅槃，不肯發願三大阿僧祇劫廣行菩薩道，就無法成佛，也無法廣利眾生了。所以，在讓大眾瞭解五陰、六入（六種自性）、十二處、十八界全都虛妄以後，還要使大眾都知道這些生滅法其實都是常住不壞的如來藏妙眞如性中的一部分；這意思是說，既然是虛妄的，就不必執著，可以斷了我見與我執；但卻同時又是如來藏中的一部分，而自己的如來藏心體是常住不壞的，所以如來藏的妙眞如性就可以無量世中不斷地生起蘊處界，卻始終都不曾離開本來涅槃的金剛心如來藏；於是就不必入涅槃，在未來無量世的生死之中其實都沒有離開涅槃，卻可以繼續進修而成就究竟位的佛果。

既然確定蘊處界全都是如來藏妙眞如性中的一部分，那就要去找出如來藏的所在；一旦找出如來藏的所在以後，就知道蘊處界以及識陰六識的見性等六種自性全都是虛妄的。這已經是自己親證的，不再是聽來的，於是般若智慧生起了，有了實相境界的現觀了。然後就可以把蘊處界的見性、聞性乃至知覺性等虛妄法，叫作有爲法；接著進入內門正式開始菩薩的六度萬行，一步又一步地進修，漸漸把有爲法轉變成清淨性的無漏法，成爲無漏有爲法。將有漏有爲法轉變成無漏有爲法以後，就可以用無漏有爲法來利益眾生而無窮無盡，不再害怕無量世生死中的各種痛苦了！這樣才是眞正的菩薩道，才是眞正的成佛之道。並不是落入無因論或常見論中的凡夫們可以成佛的，也不是只證得蘊處界等一切有爲法全都虛妄的聲聞聖人所能了知的。

而且，這部經典不但解說眞如心，也解說眞如心在另一方面所顯示出來的佛性；佛性不離見聞覺知，但卻不是見聞覺知；並且是蘊處界全都不離佛性，否則根本是無法運作的。可是，佛性的實證，並不是大陸心中心法那些人所知道的六識自性；而這個佛性雖然無形無色，卻是可以用肉眼看得見的，這就是十住菩薩的眼見佛性境界，完全符合《大般涅槃經》中的聖教，絕對不是落入自性見外道境界中的六識自性。

此外，從眼見佛性者的現量境界來看這個法義時，也可以證明六識自性不等於佛性；因爲一切眼見佛性的十住菩薩們，都可以在眠熟者、悶絕者、入滅盡定者的身上看見他們的佛性；但是凡夫所見的佛性，譬如元音老人及徐恆志等一派人，卻都無法在那些人身上看見他們的佛性，只因爲那些人眠熟了、悶絕了、入定了，所以使得六識自性斷滅而不現前了，而那些錯證佛性的人全都落入六識自性中而不是實證佛性。

這已經很清楚地顯示十住菩薩眼見佛性時所見的佛性，並不是元音老人及徐恆志等一派人所說六入的見聞知覺性；這也證明大陸心中心法所證得的佛性境界，全都不符聖教與證量，全都是誤證佛性了。六入中的見聞知覺性只是凡夫菩薩所知的佛性，而十住菩薩所眼見的佛性，卻是可以在眠熟者、悶絕者、入定者身上仍然看得見的，而眠熟者等人的見聞知覺性在那時是斷滅而不存在的；這已經證明佛性並不是六入中的見聞知覺性，卻是與六入和合在一起而可以被十住菩薩眼見的，這樣才是《大般涅槃經》中 世尊所說的眼見佛性的親證現量。不但是平實個人在十幾年前如此眼見了，十幾年來一直享受著這個法樂，也幫助會中的十餘人這樣子眼見，證實了 世尊經中所說十住菩薩眼見佛性的證境眞實不虛。

【「阿難！譬如有人以舌舐吻，熟舐令勞，其人若病則有苦味；無病之人，微有甜觸；由甜與苦，顯此舌根不動之時淡性常在；兼舌與勞，同是菩提瞪發勞相；因甜苦淡二種妄塵，發知居中，吸此塵象，名知味性；此知味性離彼甜苦及淡二塵，畢竟無體；如是阿難！當知如是嘗苦淡知，非甜苦來，非因淡有，又非根出，不於空生。何以故？若甜苦來，淡即知滅，云何知淡？若從淡出，甜即知亡，復云何知甜苦二相？若從舌生，必無甜淡及與苦塵，斯知味根，本無自性。若於空出，虛空自味，非汝口知；又空自知，何關汝入？是故當知舌入虛妄，本非因緣，非自然性。（本如來藏妙眞如性也）」】

講記：「云何六入本如來藏妙眞如性」這個大單元，已經講了眼入、耳入、鼻入了，已經證明見性、聞性、嗅聞性都是虛妄法；既不是因緣生也不是自然性，全都是如來藏的妙眞如性。現在接下來要講舌入的知味性了，但是依舊要記得 佛在前面所說的大前提：「云何六入本如來藏妙眞如性？」佛又向阿難尊者等人舉例說：「譬如有人以舌頭來舔舐自己的嘴脣，」如同小孩子吃正在融化的巧克力或冰淇淋，有許多沾在嘴脣外邊，於是就用舌頭來舔嘴脣一般；有一個愚人就是這樣「熟舐令勞」，「這個愚人不斷地舔著，舔久了以後便有一些知覺性的瞪勞之相出現了；這時若是有病的人，那麼舔自己嘴脣久了以後，就會感覺到有一些微微的苦味；如果是沒有病的健康者，舔久了以後會覺得有一點點的甜觸。」

這種甜觸與苦觸是常常可以親自體驗的，譬如閉嘴久了不動，而且又是口渴的時候，如果突然想起來而舔舐自己的嘴脣時，就會覺得有一點鹹鹹的；若是生病時，舔舐起來就會感覺有些苦苦的；當你喝了一口水，那時又會覺得水是甜的。苦味嚐慣了以後，淡味就會使人感覺到甜，其實仍然是淡；譬如在外島的小島住一段期間，那裡的水是鹹的（現在不曉得怎麼樣，我們以前在烏坵的小坵當兵時，那眞是鳥不生蛋的地方，找不到一隻鳥；那時我們喝的水都是從石頭縫裡滲出來的，都是有一點點鹹味的），當大家都喝慣了以後就不再覺得鹹；後來退伍乘船回到台灣，在高雄上了岸，坐上火車回家時，在車上喝起白開水時，大家都說：「這水爲什麼如此甜？是不是現在鐵路局加了糖？」後來有人說：「不是這樣，是我們在外島喝鹹水習慣了，台灣的水淡而無鹽，我們就覺得是甜味的糖水了。」其實並沒有甜味，只是白開水。（以前搭火車時，只要付了二塊五毛錢，車上就會供應白開水，一直到下車爲止；據我所知，鐵路局從來沒有加過糖，一向都是白開水；後來還有加上茶葉的服務，那是題外話，且不談它。）那麼無病的人也是一樣，當嘴巴很久沒張開，譬如連續四、五個鐘頭都埋頭工作而不曾張開嘴說話，那時往往會覺得有些鹹；又沒有時間離開去喝水，於是不斷地咂著嘴，使唾液持續地產生時，到最後就會覺得有一點點甜觸，也是這個道理。

由這兩種現象（一個甜、苦，一個是淡），由甜苦與淡這二相，就顯示出這個舌根如果不動的時候，不覺得苦或甜，也沒有覺得淡；然而淡的法性雖然是常常都在的，事實上卻只是忽略而沒有覺得甜苦與淡；當你忽然發覺口中有苦、鹹、甜等味道時，才會發覺淡味消失了。但是後來喝了足夠的清水，剛喝時可能覺得微微的甜味，但是五、六分鐘以後還是會覺得淡，然後又會忘了淡味而專注在處理事情上面。所以，事實上是「**由於甜苦鹹等味道的存在與消失，來顯示淡味的時常存在；**」淡味是時常存在的，只因爲有甜苦等味道而使人忘了淡的存在；這就好像虛空是常在的，但是由於有時會因物品放在某處而把那個處所的虛空遮蓋了；當物品移走時，虛空又回復原來的樣貌了！淡性與虛空的道理是一樣的，只是有時被後來發生的甜苦等味暫時遮蓋了；當甜苦味被移走以後，淡味就不被遮蓋而又再度顯示出來了！所以 世尊才說：「**由甜與苦，顯此舌根不動之時淡性常在。**」

人們平常是不會發覺到口中淡味的，直到甜苦等味出現以後才會去喝水，剛喝水時是覺得微甜的，喝水後一小段時間則是淡味而不會加以了知的。但是愚人不斷地咂著嘴脣以後，「**由於嚐知甜苦味與淡味的功能**（知味性）**再加上舌根與勞累，才會產生微微甜味出來，這其實仍然是淡味，而這**

種微甜的淡味，同樣是本覺及妄覺的了知性在勞累時所產生的法相，」這叫作「菩提瞪發勞相」，「這其實是經由甜苦以及淡等二種虛妄味塵的交互作用，使得本覺與妄覺共同在舌根與味塵的中間發起了知味塵的功能，處於舌根與味覺之間來吸取味塵現象，這就是舌根的知味性。」這就是舌根與舌識和合運作時的能嚐性——知味性。

一定是由於甜苦味塵是有味道的，而淡性是沒有味道的，由於有味道與沒有味道兩種妄塵的交互作用不斷地在舌根中變化著，才會從本覺—如來藏妙眞如性—中發起了覺知，處在甜苦味和淡味當中吸收了味塵之相，然後我們就說這個叫作知味性，也就是舌入。但是，「這個知味性若是離開了甜苦與淡這兩種味塵，就沒有祂的自體性了。」就是說，知味性其實並沒有自己可以單獨存在常住不壞的法性。有自性的法，是說這個法不必依靠任何別的法，祂可以自己就直接存在，這才是有眞實體。這不是講有沒有物質性而說有無自性的意思，而是說，這個法是眞實的，不需依靠其他的助緣就可以自己存在。如果有某一種法，是要依靠其他的一個法或二個以上的法作爲所依，才能夠存在，那就是沒有自體性——簡稱無自性。

如來藏卻不是無自性的法，而是有自體、有作用的，也是不必依靠任何一法就可以獨自存在的，而祂也是阿羅漢入無餘涅槃以後所剩下的唯一法——在五蘊、十八界全都滅盡以後。並且，如來藏是能出生五陰、十八界的心，所以不但有眞實體，也是有自性的心，不是名言施設的名相；這是我們正覺同修會中許多人都已親證的實體心（雖然祂無形無色），卻能證實祂眞的能出生蘊處界等萬法。換句話說，如來藏可以藉由自己所生各種因緣的假合，間接及輾轉產生出很多很多的法。然而舌根的知味性雖有作用，卻沒有自體性，是藉如來藏所生的各種因緣而從如來藏心中出生的，不是實體法。所以佛說：「**舌根中的知味性，若是離開了甜苦與淡等二塵，畢竟無體。**」因爲舌根中這個知味性，若沒有如來藏妙眞如性來流注知味的種子（功能），知味性就不可能存在了！所以是依他而起、依他而住、依他而運作的法性，所以是虛妄法。

人們可以感覺到知味性存在，是因爲有如來藏的妙眞如性在支持著；而這個知味性雖然是出現在舌根中，卻無法歸還到舌根中，也無法歸還到甜苦或淡相中，更無法歸還到虛空中，所以仍然要歸還到如來藏的妙眞如性中，也就是 佛說的「**本如來藏妙眞如性**」。假使如來藏離開了，舌根尚且要跟著身體壞掉，何況還能有知味性繼續存在？縱使如來藏還在，身體還沒有壞掉，但是如果缺少了舌根——扶塵根壞掉了，譬如古時被處以割舌之刑者；或者勝義根（腦中掌管味覺的部分）因爲車禍而被破壞了，都不會再有知味性存在了。這表示知味性要有許多因緣才能聚合成功，但是這些因緣都具足時若沒有如來藏流注舌識的知味功能出來，這些因緣具足時還是無法知味的，所以歸根結蒂還是只能歸還到如來藏的妙眞如性中。

佛說：「就好像這個道理一樣，阿難啊！你應當知道，這個能嚐知甜苦以及淡味的覺知性，並不是從甜苦中出生的，也不是從淡味中生出來的；並不是從舌根中出生的，更不是從虛空中自然出生的。爲什麼呢？如果知味性是從甜苦味道中生出來的，當甜苦味道消失時，這個知味性就應該隨著甜苦一起消失了，那麼知味性就應該已經不存在了；可是甜苦味過去以後，變成淡味境界時，爲什麼還有知味性能知道這時已經變成淡味呢？如果說知味性是從淡性中出生的，當甜苦味重新再來的時候，淡性中所生的知味性就應當隨著淡味一起消失了，這時怎麼還能了知後來的甜味苦味的法相呢？」

由甜苦味所生的知味性，必然會在甜苦味消失時跟著一起消失；由淡味所生的知味性，當然會在淡味消失時跟著一起消失，不可能知道另一種味道的差別。既然知味性隨著甜苦味或淡味消失了，後來的不同味道境界出現時，當然就沒有知味性可以了知新味道了。如果有人主張說：「知味性有兩種，一種是由甜苦味所生的，當甜苦味出現時就由這個知味性來了知。第二種是由淡味所生的，當淡味又出現時就由淡味所生的知味性來了知。」但是問題又出現了：那是不是說知味性有兩個？若確實是有兩個知味性存在而可檢驗確定，才能證明知味性確實是甜苦味及淡味各生一個知味性；但是知味性卻顯然只有一個，所以這個說法就與事實不符了！若改為說知味性是由甜苦及淡味合生的一個自性，那也有問題：這個知味性應該是由甜苦味及淡味來自行了知的，不該是由有情的覺知心來了知的，那麼這個知味性又與有情有什麼相干？所以不該說知味性是由味塵來出生的。

佛又說：「如果知味性是由舌根出生的，那就不應該有甜苦以及淡味，因為舌根只是無情物，這個無情物的舌根不可能了知舌根自己所生的甜苦及淡味。」舌根既是無情物，怎能出生有情覺知心所攝的知味性呢？物是不可能生心的，也不可能出生心的種種功能。而且，知味性若是從舌根中出生的，那麼就由物質性的舌根自己來知味就行了，又何必由覺知心來領受味道呢？而且能夠幫助覺知心知味的舌根自己，根本就沒有自體性，是生滅法，又怎能出生知味性呢？只有常住法才能出生知味性啊！而且，縱使真的能由舌根來了知味道，那麼舌根就不必依靠外來的甜苦味或淡味才能促使知味性出生啊！所以 佛說：「斯知味根，本無自性。」因爲舌根也是由四大物質假合而成的，並沒有自體性，當然不可能出生知味性。

「如果主張知味性是從虛空中自然出生的，那麼就該由虛空自己品嚐甜苦淡等味道，不應當是眼前所見由各人的嘴來知味了；而且，當虛空自己擁有知味性而能自行了知舌根上的味道時，那個知味性又跟你的舌入有什麼關係呢？」應當是無關的嘛！因爲虛空自己的知味性一定是在虛空中才對。當舌根自己有知味性時，或是虛空自己有知味性時，那已是舌根物質或虛空自己的知味性，又與有情眾生的覺知心何干？假使還有人堅持說知味性是從舌根出生的，不是由如來藏出生的，那麼死人的舌根應該也會知道甜苦淡味才是；那麼當人剛死半天、一天，我們用果汁滴在他的舌頭上，那個死人就應該能了知味道才是。可是，爲什麼是覺知心來知道而不是由死人的舌根來知道呢？活人也一樣，爲什麼不是由舌根來知道，而是由覺知心的你來知道呢？

假使有人硬要主張舌根自己確實可以知道，那又爲什麼一定要有舌識（覺知心中的知味功能）來知道？事實上是舌根接觸了甜苦淡味時，由覺知心來知道，而不是由舌根來知道的。如果說：「**舌根自己也知道，覺知心也知道。**」那就應該一切人都會有兩個知味性才是啊！那麼以後每一次嚐到某一種味道時，覺得自己的判斷不太正確，就可以由自己的兩個知味性來互相商量、互相討論啊！但事實上明明不是這樣。所以 佛陀辨正以後，對舌入的知味性作了一個小結論：「**由這些道理，應該要知道舌入的知味性是虛妄的，本來就不是單由因緣性來出生的，也不是虛空中自然就能出生的，所以不是自然性。**」意思是仍然要歸結到如來藏妙眞如性所出生的心性。

由於嚐味所必須的因緣（舌根、甜苦及淡味、口水）全都是由如來藏的妙眞如性來出生的，而舌根自己以及口水也是物質，沒有能力出生心的作用所以無法了知味塵；至於甜苦及淡味也都是物質，一樣是無法出生心的作用來了知味塵；由此緣故當然就可以判斷這些因緣法是無法出生知味性的，所以說「**本非因緣**」。而虛空也無法自然出生知味性，因爲虛空是無，無不能生有——知味性是有作用的，虛空是無作用的，所以說「非自然性」。甜苦淡味的外相分是由舌根的扶塵根（舌頭）來接觸的，但舌頭不是心，不可能具有了知味塵的作用；甜苦淡味傳到舌根的勝義根（腦部掌管味覺的部分）時，在勝義根中顯現的甜苦淡味內相分，其實也是由如來藏的妙眞如性所顯現的，不是由舌根的勝義根顯現出來的，因為勝義根仍然是物質而不是心，不可能變現出心來接觸及覺知內相分的味塵，這已證明虛空及舌根都沒有自然出生知味性的能力，所以當然說「非自然性」，當然還是要歸還到如來藏的妙眞如性中。六入中的眼入、耳入、鼻入、舌入講完了，接下來就講身入：

【「阿難！譬如有人以一冷手觸於熱手，若冷勢多，熱者從冷；若熱功勝，冷者成熱；如是以此合覺之觸，顯於離知；涉勢若成，因于勞觸；兼身與勞，同是菩提瞪發勞相，因于離合二種妄塵，發覺居中，吸此塵象，名知覺性。此知覺體，離彼離合違順二塵，畢竟無體。如是阿難！當知是覺非離合來，非違順有，不於根出，又非空生；何以故？若合時來，離當已滅，云何覺離？違順二相亦復如是；若從根出，必無離合違順四相，則汝身知元無自性；必於空出，空自知覺，何關汝入？是故當知身入虛妄，本非因緣，非自然性。（本如來藏妙眞如性也）」】

講記：佛說：「譬如有人用一隻冷的手去觸自己另外一隻熱的手，」或許他的一隻手泡在熱水中工作，而另一隻手扶在冷冷的不銹鋼檯上；或者自己來作個實驗，一隻手泡熱水，另一隻手泡冷水，泡過以後，「當冷手與熱手相貼在一起時，如果冷手的冷勢比較強，當然是熱者從冷，」也就是熱手會變冷，冷手最多只是不再很冷罷了。如果冬天泡溫泉時，把一隻手泡在四十二度的熱溫泉中，另一隻手放在比較冷的石岸上，這時放在石岸上的冷手並不是很冷的，於是「熱手的功能很殊勝，」遠勝過冷手的冷度，當這兩手貼在一起時，「冷手就跟著變熱了。」「冷者成熱」就像是這個道理。「此時是以這個兩手貼合時所產生的互相覺知的觸，」也就是一定要經由貼合來使兩手各有覺知冷熱的觸覺，「來顯示兩手互相離開時的知覺。」

能知道觸覺的知覺性，是要經由合與離二法才能有觸受方面的知覺性；而這個觸覺上的知覺性，是要具有合與離二法才能成就的；意思是說，若不是有「合」觸，就不會有「離」觸；反過來說，若不是有「離」觸，就不會有「合」觸。也是由於有原來的「離」觸，才會有後來的「合」觸；有原來的「合」觸，才會有後來的「離」觸；所以「合」觸與「離」觸是相對待而相輔助的。假使寒涼的右手不貼住溫熱的左手，而是各自放在虛空中，就無法互相感覺另一隻手的寒或熱；假使不是兩手原來是合在一起而了知是合在一起的，當兩手互相離開時，就不可能了知原來的合已經變成離了，也就無法知道原來合在一起時的冷與熱已經產生變化了。所以才說「如是以此合覺之觸，顯於離知」。

「像這樣子把兩手貼合久了以後，兩手的冷熱互相涉入另一手的勢力如果是已經成就了，其實仍然是由於相觸時間久了而使知覺有一些累了；這時所知覺的冷熱相就有了一些變化，然而這時的身體及兩手的勞累，其實同樣都是菩提心（眞正本妙覺心）從無始以來的勞觸——如來藏的本覺性未能安住於涅槃之中，所以就在離與合的兩種虛妄觸塵中，發起了對於觸塵的知覺性，由這個針對觸塵作了別的知覺性來住在合與離產生的觸塵中，來了別各種不同的觸塵，這個能了別觸塵的功能就稱爲知覺性。然而這個處在合與離所構成的觸塵中的了別性——這個能知能覺觸塵的知覺性，若是離開了對觸塵貼合或遠離時的違心觸塵、順心觸塵時，畢竟是沒有眞實不壞的自體性。」這個對於身入觸塵能加以領受的知覺性，正是由於對違心境界的觸塵或順心境界的觸塵，在合與離的兩種法相中，才能產生知覺性；若是離開了對觸塵的合與離，就無法繼續存在對於觸塵的知覺性了。

所以，佛接著開示：「就像是這個道理一樣，阿難啊！應該要知道這個身體上能領納觸塵境界的知覺性，」也就是說，身入這個知覺性，「不是從離或合中生出來的，不是從違心的觸塵或順心的觸塵中生出來的，」譬如夏天時摸到一種涼的物品，就覺得很舒服，這就是順心的觸塵境界；若如冬天已經冷得受不了，卻不得不繼續摸著冰涼的物品，可眞是受不了，就變成違心觸塵的境界相。然而，「這個知覺性並不是從觸塵中的違順而有的，」因爲這個觸塵上的知覺性，本來就是從自己的如來藏妙眞如性中出生的。

「也不是由身根來出生的，更不是從虛空中自然出生的。爲什麼呢？如果說是從合而來，當貼合的狀況消失時，」譬如冬天時，本來把手貼合在暖爐表面，摸起來覺得很溫暖，這是因爲合而知道暖，所以就誤認爲是因爲合才有這個冷暖的知覺性；可是後來不得不把手離開暖爐時，冷暖的知覺性就應該已經隨著溫暖的離開而消失了——知覺性已經是不存在了；可是當手離開暖爐的時候，「爲什麼卻還有知覺性來知道現在已經變成離了？」而且還知道是變冷了呢！所以說，如果是因爲合而有冷暖的知覺性，那麼手離開暖爐時，原來的知覺性應該就跟著離去而不再有冷暖的知覺性了，可是爲什麼接下來卻又能知覺自己的手已經離開暖爐了呢？

「同理，違順之相也是一樣的道理。」也就是說，觸塵上的順相來的時候，若說這個知覺性是從順相出生的，那麼後來順相消滅了，這個順相中的知覺性就已經跟著順相離去而不存在了，隨後緊接著又出現違相的時候就已經沒有知覺性存在了，當然就不該有違心的觸覺境界的了知，就不該會知道後來變成違心的觸覺境界了。可是，人間有情為什麼卻都還能知道呢？這就證明觸塵上的知覺性，並不是由觸塵上的順心境或違心境來出生的；而是由另一個常住的金剛心來出生的，當然是由如來藏妙眞如性所出生的。

「如果主張觸覺上的知覺性是由身根生出來的，」手是身根，整個身體都是身根；「若是從身根生出來的，那麼身根自己就能知道離合之相，就不必由身根與外法離合，或由身根的這部分與身根的另一部分互相離合等違順之相，來使自己知道冷熱等觸覺了，」因為身根自己就能知道冷熱等觸塵，不必再經由離合之相來了知觸塵中的冷熱等覺受了！可是明明身根不能自己知道這些觸塵上的覺受啊！即使是對於天氣的冷熱覺受，也還是要由身根來與空氣離合，才會知道氣溫的冷熱等觸塵啊！又如兩手溫度差別不同時，也不需要由覺知心來知道，溫熱的左手不必貼合寒冷的右手，就能自己知道左手的溫熱了！但在事實上卻是不可能的，一定要有貼合或分離，才能知道冷熱的變化而不會錯誤地認知；由此事實就證明我們對於觸塵的知覺性，不是從身根中出生的，當然是由如來藏的妙眞如性來出生知覺性的。

而且，身根只是物質，不可能出生心法所攝的知覺性；假使身根物質是可以出生心法知覺性，那麼死人也應該可以出生心法知覺性；可是現見死人屍體是無法有知覺性存在的，死人是不知道觸塵的，由此可見身根原來就是沒有自體性的；而這個能知覺觸塵違順之境的知覺性，並不是由身根來出生的。如果還有人繼續堅持說：「身根自己就能知道觸塵，不必由覺知心來知道觸塵。」那就應該有兩個知覺性了，因爲事實上每一個人都是由覺知心來知道觸塵的。如果身根自己也能知道觸塵，那就是有兩個觸塵上的知覺性了，那麼可能大家都要精神錯亂了，所以說領受觸塵的知覺性，並不是從身根而出。因爲，知覺性如果是從身根而出，那個離合違順的觸覺法相，應該是由身根自己知道的，與覺知心無關，那他的覺知心又何必在那邊痛苦喊叫？所以當別人砍他一刀時，他就不必覺得痛苦了！

可是事實上卻沒有被砍了以後說：「這是身根在痛，跟我覺知心無關。」總是由覺知心在領受觸塵上的各種痛苦，然後就因爲痛而在覺知心中生恨，由恨變怨，怨了又惱，於是就去報復而造作惡業了！既然痛的覺受與隨後出生的恨、怨、惱等，全都不是出生於身根中，而是出生於覺知心中，所以事實上，觸塵上的知覺性並不是從身根生出來的，因爲身根只是物質，不是心，不能生心，所以是無法出生知覺性的。從這裡就知道說，身根本來就沒有自性，而且能從身根的冷熱痛癢等觸塵上領受順心、違心境界的知覺性，一樣是沒有自體性的，當然是虛妄法，卻是從如來藏妙眞如性中出生的。

「如果一定要主張知覺性是從虛空中自然生出的，那麼虛空自己所知道的冷熱違順離合等觸塵中的知覺性，又跟你的身入觸覺有什麼關係呢？」因爲既然是虛空自然出生知覺性，當然是跟阿難無關的——也就是跟我們覺知心無關，那我們就不該會知道身入的觸塵離合冷熱違順的覺受了！所以當然這觸塵中的知覺性絕對不是由虛空自然出生的，當然不是自然性。既然觸塵中的知覺性不是由離合出生的，不是由違順觸塵的相分出生的，不是由身根出生的，當然不是由這些因緣法所出生；既然也不是從虛空中自然出生的，而是由如來藏妙眞如性來出生的，當然不是自然性。

觸塵中的知覺性既是由如來藏妙眞如性所出生的，當然是有生有滅之法，就「應該要知道身入是虛妄的，本非因緣，非自然性。」當然是直指這個知覺性本來就是如來藏的妙眞如性。所以還是要回到卷三開始時的前提：「云何六入本如來藏妙眞如性？」這六入中的眼入見性、耳入聞性、鼻入嗅聞性、舌入知味性、身入知覺性等五種自性全都講過了，已經都知道這五入是虛妄的，是有生有滅之法，卻不是因緣生，也不是從虛空中自然出生的，所以也不是自然性，只能歸還到如來藏的妙眞如性中。接著就開始講六入中的法入、意入了：

【「阿難！譬如有人勞倦則眠，睡熟便寤；覽塵斯憶，失憶為妄；是其顚倒生住異滅吸習中歸，不相踰越，稱意知根；兼意與勞，同是菩提瞪發勞相；因于生滅二種妄塵，集知居中，吸攝內塵；見聞逆流，流不及地，名**覺知性**。此**覺知性**，離彼寤寐生滅二塵，畢竟無體；如是阿難！當知如是覺知之根，非寤寐來，非生滅有，不於根出，亦非空生。何以故？若從寤來，寐即隨滅，將何為寐？必生時有，滅即同無，令誰受滅？若從滅有，生即滅無，孰知生者？若從根出，寤寐二相隨身開合，離斯二體，此**覺知**者同於空花，畢竟無性；若從空生，自是空知，何關汝入？是故當知**意入虛妄**，本非因緣，非自然性。（本如來藏妙眞如性也）」】

講記：眼入見性、耳入聞性、鼻入嗅聞性、舌入知味性、身入知覺性已經說完了，剩下的是意入覺知性，就是要講到意根了！意根也有入啊！意根的入就是法塵入，一樣是必須有心性來了知的，這就是意識心的覺知性。身入的**知覺性**，是了**知**觸**覺**的自性；意入的**覺知性**，是覺**知**法塵的自性；這二者所了別的是不同的法，**知覺性**是了別觸塵，主要是說觸塵上的**覺性**；**覺知性**是了別法塵，主要是說法塵上的**了知性**，所以稱爲**覺知性**—能覺察各種法塵的**知**—側重於「知」上面。

法塵是依附於五塵而存在的，不能夠離於五塵而有單獨的法塵，如果說有離於五塵而單獨存在的法塵，人間境界中沒有這回事。除非是證得二禪以上的等至定境，才有可能在覺知心中只有法塵而無五塵——那叫作定境法塵，是定境而不是人間境界；但是在人間證得的這種定境，其實也還是要依人間的色身及五塵爲方便，才能證入。只有在證入二禪或以上層次的等至位時，才能離開五塵；卻仍然是要依人身及五塵爲方便，才能修學、才能進入等引位來引生定境。在眠夢中也是一樣的道理，仍然要依人身五勝義根及夢中的五塵才會有法塵境界；所以說，法塵是依附於五塵而有的，乃至二禪等至位中仍然是如此。

佛陀照例以譬喻來解說意入的覺知性：「阿難啊！譬如有一個人因爲身體勞累、疲倦而去睡覺，睡熟了以後體力回復了，於是就醒過來；當他剛醒過來時看到眼前的景象，於是就想起剛才是因爲疲累而上床睡覺，睡著的時候就喪失睡前的所有記憶，如今醒過來時看到自己是躺在床上，才又想起自己是睡前勞累才上床來睡覺的。」「覽塵」，覽塵就是觀看色塵；「斯憶」，是又想起睡覺這件事了；是睡醒時看見自己是躺在床上，才想起昨晚或者中午因爲勞累而在床上睡覺的事。但是正在睡著眠熟的時候，不會記得自己是在哪裡睡覺，這就是「失憶」。譬如出門旅行，第一個晚上在旅館裡睡覺；天亮剛剛醒來的時候卻忘了自己是在旅途中，在剛醒來的第一時間還以爲是睡在家中；可是第二剎那看見旅館中的房間，才想起來：「原來我出外旅行，昨晚是睡在旅館裡。」這就是「覽塵斯憶，失憶爲妄」，所以「失憶」後的所知是虛妄的。

又如有時看見了某一樣物品，才想起來：那是以前看見過的。或者很久以前買回來某種好用的工具，但是一直都沒有因緣取出來用；時間久了以後竟然忘記了，就以別的工具辛苦地做事；等到後來無意間看見那件工具時，才驚覺以前買回來這件好工具，自己竟然會忘了它，這也是「覽塵斯憶，失憶爲妄」。但是意根有時卻能夠從如來藏中把意識早已忘記的事情或物品、人名……等，突然再度想起來；那是由意根去把如來藏中的記憶再取出來，不是意識故意去想出來的。所以有時候意識覺知心一直在回想某一位幾十年不見的人，想要記得故人的面貌，卻是一直想不起他的面貌與名字。但是有一天，意識覺知心並沒有在想這個人的名字與面貌，卻可以無意間突然想起這個人的面貌與名字；這其實是意根在作用而產生這個狀況，但是許多學佛的人都不知道這個意根的存在，包括許多大法師、大居士都是如此；印順法師不正是這樣的人嗎？所以就否定了第七識意根，不承認祂的存在與功能。

又譬如幾十年不見的人，早就把他忘記了！二、三十年來也都不曾想起他，這也是失憶；但是後來偶然在某一場合中見到了，隨即知道他是自己的小學同學以及名字；這就是「覽塵斯憶」，是看見老同學的面貌色塵時才又記起來的。但是意根本身並沒有記憶，記憶是如來藏與五勝義根的事情，意根可以直接與如來藏中的記憶種子相應而流注出來，但是流注出來以後卻是要由意識覺知心來了別的。而意識所能相應的如來藏中的記憶，也只限於這一世伴隨著的色身勝義根所經歷過的事情—只限於如來藏心中與五勝義根有聯結的此世事相—所以意識無法回憶往世的事情；因為意識覺知心是這一世新生的，是依這一世的五勝義根為緣而生起的；而往世意識覺知心則是依往世五勝義根為緣而生起的，來世的意識覺知心也將是依來世的色陰五勝義根為緣而新生的，意識是無法來往三世的。由於每一世的意識覺知心都只能存在一世，所以覺知心無法想起往世意識所經歷過的事情；除非是在定境的等持位或夢境中，或者修得宿命通時，否則覺知心不論是有念或者離念時，都是無法想起往世的事情，因爲覺知心是這一世新生的，不是從往世投生過來的，都不曾經歷過往世的事情。

意根雖然是貫通三世的同一心，可以來往三世而不曾中斷過，除非像定性聲聞阿羅漢入了涅槃才會滅掉，但是意根卻沒有記憶的功能，也沒有了別過去一切記憶的能力。如果意根可以從前世帶著許多記憶來到這一世，而不是由如來藏來執持記憶種子；如果意根也有能力來分別各種的記憶，那麼世人就麻煩了：出生長大以後相親時，一見到對方就會產生煩惱了；因爲對方若不是自己往世的父母，也會是往世的子女或姊妹，難得見到多劫以來不曾互爲父母子女的異性；那麼想要組織一個家庭都將會非常困難，因爲意根都記得往世的事情，而每一個人過去無量劫以來的時間是無法計算的，都曾經與所有眾生互爲父母子女，這不就天下大亂了嗎？

而且，《百法明門論》及四阿含諸經也都要改寫了，第三轉法輪的唯識增上慧學經典也必須要改寫了！因爲別境五個心所法中的「念心所」講的念，就是能夠記住，能夠想念。這個念心所若是能與意根相應，那就會導致天下大亂；因爲意識覺知心有念心所，意根也有一個念心所，就會常常同時想起兩件事情，那該怎麼辦？得要意識與意根互相商量了！因爲意根若是也有念心所的時候，必然也是會思惟的，那可就是個大麻煩了，一切人都將會覺得無法生存了，總是每天要自己的意根與意識先商量好，要先取得共識以後才能做事了！那時必定會懷疑自己是不是得了精神分裂症？所以意根不該有念心所，事實上祂也沒有念心所，更沒有欲、勝解、定心所；祂只有慧心所，而且意根的慧心所功能又很差、很差，無法分別稍微複雜的事情，只能分別極簡單的事情——法塵有沒有重大變化。

可是意根很伶俐而善於攀緣，對五塵、法塵全都攀緣，並且還同時攀緣其他無量無邊的法塵；可是意識只能專注在某一塵上面，其他的五塵就歸意根管理；等到意根發覺另一邊有重大變化時，祂認爲先瞭解另一邊的重大變化是更重要的事情，於是就會把意識覺知心拉過來注意另一邊的變化內容；於是意識就把原來所專注的事物放開，換過來專注另外一個有重大變化的新事物，所以意識覺知心是專注性而且有侷限性的。意識雖然也不斷在攀緣著，卻還是專注性的——專注在所攀緣的事物上，甚至於是專注在所攀緣事物中的局部而不是全部。並不是說攀緣就不叫專注，好動兒、過動兒也都是專注，他的意識專注在不斷變來變去的事物上。

可是意根從來不會專注於一法，時時刻刻都攀緣一切諸法；而意識沒有辦法六塵全部同時注意，否則就無法詳細了知六塵中的詳細內容。意根才有辦法六塵同時攀緣，也是同時攀緣一切諸法而無所不攀；但意根卻是不知道自己的這種自性，因為祂不會反觀自己在做什麼攀緣；而意識也無法了知意根有哪些攀緣，除非有了道種智才能了知一部分；除非有了佛地的一切種智，才能全部了知。但是意根的普遍攀緣之中卻會有特別執著的部分，這會讓意識覺知心有所偏重；而意識本身的這種體性更是強烈，總是很專注地攀緣於某一個法的局部與細相，當然沒有辦法像意根一樣同時攀緣一切諸法。意根的攀緣性是極廣大、極深遠的，無所不緣，所以意根無法記憶任何事情；記憶這一世的往昔事物，一直都是意識覺知心的事情，與意根無關。

意根亂攀緣，所緣極廣大、極深遠，但具有主宰性（「思心所」特別強），卻不太會思惟判斷，所以親自經歷後想要攀緣的某一個法，由於意識沒有極強烈的意願想要記住，意根依循意識的判斷，就不會使如來藏記存在很重要的處所，於是時間久了以後就忘了；但是有一天你並沒有想要攀緣那個已經過去的法，當你處在很安靜而沒有事情可以忙的時候（譬如打坐修定時），意根卻往往突然就促使如來藏流注出來給你；所以當你正在打坐修定，決心不打妄想時，意根偏偏要攀緣而弄出一些不很重要的事情給你去打妄想，這就是意根。而意根的攀緣又是跳來跳去而沒有一定軌則的，所緣卻又極廣大、極深遠，而且反應非常地迅速，所以說祂很伶俐。

但是意根如果離開了意識，功能就少了一些，就無法如同清醒位一般在六塵上正常地運作，於是開始了跳躍式的思緒，不能循著人間事物的軌則來提供妄想種子，所以在夢境中常常是可以胡逗亂湊的，我們就說那是尿床夢。又如正在打坐的時候，意根突然間弄出一個妄想種子，既無語言也沒有文字；可是祂弄給你以後，你意識覺知心不能覺察時，就會以語言文字開始打妄想了！後來意識發覺自己是在打妄想，於是下定決心不要再打妄想，繼續打坐；可是才過了幾分鐘，意根又弄來另一個妄想種子，覺知心一不注意又跟著打妄想去了。這就是意根在作怪而導致禪定修不好，是一般人剛開始修定時的必經過程；但是修定者一定要透過意識去降伏意根的攀緣性，當然就得運用各種方法來降伏意根，所以佛門才有五停心觀的次第觀法，但都屬於對治法而不是四禪等根本禪定，更不是宗門禪的實相般若修證。

譬如抓來猿猴以後一定要用繩子把牠圈在木樁上，剛開始牠還是會跳來跳去，無法停住；可是被繩子繫縛久了以後，牠知道不論如何向外掙扎都是沒辦法擺脫的，於是死了心而乖乖地停留在柱子上。意根就像那隻猴子一樣，你要這樣一再地把牠降伏；時間久了以後，你隨便一坐，都是沒有妄想的，是自然而然就沒有妄想的。意根從此開始都不會再弄一大堆妄想給你，因爲意根已經被自己以意識的修定方法降伏了！其實，這應該反過來說：你意根已經利用意識把自己降伏了。這樣才是正確的說法。但是對初學佛法的人卻往往不能先講正確的法，因爲他們聽不懂的，得要先說意識才行。

這樣說明以後諸位就知道，「覽塵斯憶」是覺知心的事情；可是「失憶爲妄」卻是意識心斷滅時或昏沈時的事情，因爲意根是普遍計執一切法的虛妄心，根本不會記憶任何事情，只會攀緣各種三界中的享樂法及執著法。所以某人的意識覺知心剛剛學了善法，突然間卻又起了邪念，於是覺知心就責備自己說：「我怎麼可以起這個邪念？我竟然這麼邪惡，壞死了！絕對不可以這樣。」可是意根偏偏就讓他繼續出生這一類壞念頭。那就要靠長時間在歷緣對境時，不斷地在邪惡的境界裡面分析與觀察，讓意根不斷地瞭解：這是不對的，將來也會招來輪迴生死的苦果。這樣連續地歷緣對境來轉變意根，時間久了以後意根才會漸漸被降伏而轉變清淨；直到後來習慣於善法時，意根才不會再處處作主想要攀緣惡法、想要不斷地享樂而不顧慮未來世的後果。在佛法中的悟後起修就是這樣，修到後來就漸漸變成了清淨末那，修到成佛時就成為絕對清淨的末那識。

所以說，「覽塵斯憶，失憶為妄」，全都是要有意根與意識二心的運作，才會有這種現象存在；單有意根或者單有意識覺知心，絕對不可能有這種有情常常會體驗到的境界。可是「覽塵斯憶，失憶為妄」的事情，卻不單是意根與意識就能存在的，還得要有往世不斷熏習成功的習慣性——一世又一世不斷地在三界中經歷生住異滅的各種法相，把這些生住異滅的法相認作是常住不壞的有自體性法；心生顛倒而不斷熏習以後，產生了習氣種子而攝歸於如來藏中，成為意根專有的惡習，於是意根不論何時（醒著時，或是眠熟位、悶絕位、正死位、無想定中、滅盡定中），都會維持著這種普遍計度而全面執著的心性——是從來都不曾中斷過的攀緣心，才能使人在眠熟或悶絕以後還能喚起意識覺知心來，才能使人死後促使如來藏生起中陰身來，才能促使如來藏在母胎中製造色身出來，才能使如來藏在色身製造完成以後又流注出覺知心來；這個意根總是懂得攀緣而使如來藏完成一世又一世的無量生死過程，這個意根心，就稱為意知根——意識覺知心能了知諸法的所依根。如同見性所依的眼識，要依兩種眼根（勝義根與扶塵根）一樣，意識能了知諸法的所依根（俱有依）就是意根，所以意根就被稱爲**意知根**。

所謂「顚倒生住異滅」，是說凡夫眾生總是興起了顚倒想，於種種法中誤以爲事實上應該就是這樣，或應該就是那樣。其實總是顚倒想，與法界實相、與解脫境界全都顚倒，這就是顚倒想。凡夫眾生總是起顚倒想，全都落入現象界的虛假表相中，誤認爲確實是常住的，錯認爲自己是實有而常住的，都不知道五陰、十八界自己全都虛妄。世間人在這些現象界的事物中總是這樣錯誤認知的，父母對子女的教導是這樣，師長對學生的教導乃至佛門師長對徒弟們的教導也都是這樣。當他們還沒有證悟實相之前都以爲確實是這樣，二乘聖人對法界實相都還不免誤會呢！何況是世俗法中的凡夫們。所以往往心生顚倒而在生住異滅諸法中起了顚倒想，於是吸取這種顚倒想的習氣而「**中歸**」於自己，這就是「**吸習中歸**」。

「吸習中歸，不相踰越」，在三界中不斷以顚倒想來吸收攝取種種法塵，歸存到自己的覺知心中（其實都是歸存到如來藏心中），作爲自己對三界法的認知；而這些法塵種子吸收進來以後，存在如來藏心中時都會安排得很好，不會互相踰越而產生錯亂，使得這些法種流注出來時都不會互相擾亂；這都是意根的能力所完成的，有這種能力的作主心、思量心，而且能促使意識覺知心生起來加以了知的心，就叫作**意知根**。自己熏習過的哪些法種該放在何處？另一些法種又該放在何處？意識覺知心都不知道，這就是「流不及地」；但是意根自己會去引導如來藏收存，都不需要覺知心意識來操煩。有這種能力的心卻不會思惟及詳細分別諸法，而能夠在適當的時間促使覺知心生起而加以了知，當然是覺知心的所依根，這個心就叫作**意知根**。意根是很深奧的法義，所以我們在這上面說得比較多，希望大家可以有比較深入的理解。

「兼意與勞」，是說意根與塵勞同時具足時，「是其顚倒生住異滅吸習中歸」，把生住異滅的各種有爲法的法種吸習中歸，也就是由意知根（簡稱意根）與攀緣各種塵勞；「塵勞」是說如來藏心的本覺被意知根所影響而不能安住於本覺境界中，從無始劫以來都一直被意根這樣錯誤地熏習，於是如來藏就在意根的主導下，不斷地出生五陰、十八界的見分、相分等等有爲法，這就是如來藏心（菩提心）的瞪發勞相。意根自從無始劫以來一直都習慣於這種「菩提瞪發勞相」，也就是習慣於如來藏本覺被意根影響而產生的各種六塵中的塵勞境界；而意根自己也是處在這種菩提瞪發勞相之中，自得其樂。六塵中的各種境界相以及覺知心、作主心，全都是「菩提瞪發勞相」的結果，並不是如來藏的本覺所住的離六塵見聞覺知境界。所以才說：「兼意與勞，同是菩提瞪發勞相。」

也就是說，當意根處於勝義菩提心的本覺瞪發勞相中（意根自己也是菩提瞪發勞相之一），就會一世又一世地產生五陰、十八界及各種六塵中顯現出來的無量法。然後由於如來藏本覺的瞪發勞相而出生的陰界入等萬法中，會不斷地變生種種有生有滅的現象；世尊接著開示說：「在這種生與滅等兩種妄塵之中，吸引了意知根處在其中，於是吸取攝受了五塵中的各種粗糙法塵，促使如來藏妙眞如性出生了內相分六塵，而意知根就又吸攝內相分法塵，促使如來藏的妙眞如性又出生了識陰六識；這時由如來藏本覺中出生的識陰了知性，就處在意根及勝義根與內相分法塵中，向內執取內相分六塵。意根的了知性於是將自己的見聞功能向內逆流而刹那刹那不斷地攀緣著，這個無法被覺知心所逆流、所觀察到的意根的功能，就稱爲覺知性。」

「集知居中」，是說意根的了知性很微細，被勝義根與內相分中的無量法塵所吸引，所以把祂自己的微細了知性全都集中在勝義根與內相分接觸的地方，也就是處於勝義根與法塵之中。「流不及地，名覺知性」，是說如來藏妙眞如性出生了六塵，各種六塵總是出生了又滅了，不斷地生滅；這兩種生滅妄塵的生滅性，會把色聲香味觸等五入集合在一起，來顯示出其中各種法塵；意根向內吸收勝義根中各種生滅性的內塵（內相分法塵），這就是「見聞逆流」。這種「見聞逆流」的眞相，並不是一般人所能了知的，也不是二乘無學聖人所能了知的。一般人總是以爲意根及意識的見聞之性都是向外執取的，其實都是誤會；因爲意根集起意識的見聞覺知以後，都是向內執取內相分六塵，而不曾執取過外相分六塵，所以全都是由意根「集知居中，吸攝內塵」，但是一般人卻都誤以爲能知能覺是可以向外放出去的，也都誤以爲所吸攝的六塵全都是外塵。

由於不懂這個道理，不曾實證這種現觀的智慧，所以才會有「流不及地」的現象普遍出現。能見能聞，都是覺知心意識的事情，但是意識的能見能聞只能見聞自己的內相分，從來不曾見聞外相分六塵；可是有情都不能向內返流而觀察到這個事實，就稱爲「流不及地」。又譬如能見之性不能看見能見之性自己，能聞之性也不能返聞能聞之性自己，都只能聞聲塵、見色塵，這也是「流不及地」；當然，這只是從凡夫地來說的。若是從證悟明心的菩薩智慧來說，就應該說：意根的了知性是無法攝取外相分六塵的，只能向內逆流來吸攝內相分六塵，於是識陰六識就從如來藏妙眞如性中出生了，就開始有了知六塵細相的六種了知性了；這時雖然已經加上識陰六識覺知心了，而這七識之中的意識心縱使有證自證分的功能，能夠返歸內心自境來觀照覺知心自己，卻還是無法了知意根與意識的所緣都是向內返緣的，卻一直都誤以爲是向外攀緣外相分的六塵，這就是凡夫「見聞逆流」的「流不及地」，名爲凡夫的「覺知性」，也是大乘法中錯悟凡夫自以爲悟的「佛性」，全都落入六識的自性中，不離生滅性。

但是初明心的菩薩們也有「流不及地」啊！因爲初明心時只是找到如來藏心的所在，現觀如來藏心確實有妙眞如性，名爲**證眞如**；可是往往還不知道意識與意根緣於六塵時仍然是「見聞逆流」的，往往還是誤以爲是向外執取外相分六塵，這就是初明心菩薩的「見聞逆流、流不及地」，這也是初明心菩薩所領受的識陰覺知性。對於識陰的認知雖然很清楚了，卻往往還是不覺得識陰六識的見性、聞性乃至覺知性都是向內逆流的，所以仍然還有「流不及地」。若是悟得很深入，現觀到這個事實時，仍然是有「流不及地」的現象；譬如悟後尚未細觀意根的「見聞逆流」，或者根本尚未粗觀意根的「見聞逆流」，因此而無法詳細觀察到意根所在的處所；這時當然是無法觀察到意根對一切諸法的所緣全都是「見聞逆流」的，當然也是有「流不及地」。

但是意根這種「流不及地」，才是意根粗糙見聞能力的覺知性眞義；這樣深細現觀意根的所住處，深入了知明心菩薩所不知的意根深細住處以後，才算是眞正遠離「流不及地」的聖位菩薩，才能眞正認清楚意根處於意識同在的境界中的見聞覺知性，也才能眞正認清楚意根在沒有意識陪同的境界中的覺知性；這樣細觀「流不及地」以後，所見的佛性就有了更高的功能，可以開始少分感應有緣眾生的心想，這已不是十住位的眼見佛性菩薩所能了知的；繼續次第進修而增長這種感應能力，也能促使諸地滿心現觀的因緣逐漸生起，這才是諸地菩薩所隨順的佛性境界。

對於眼見佛性的十住菩薩而言，「見聞逆流，流不及地」是說，他的意識心見聞覺知等六種自性不論如何逆流反觀，都無法觀照到「本覺瞪發勞相」所生佛性的本質意涵，也無法了知自己在山河大地上所看到自己的佛性—佛性與六塵中同時同處的知覺性—究竟有什麼分際與差異。眼見佛性的十住菩薩們對這個分際與異同，都是講不出來的；對於佛性的本質也是說不清楚的，只能受用眼見佛性的智慧快樂境界，只能眼見山河大地及五陰身心全都虛妄如幻（是在眼見佛性境界中，眼睛所見的身心、世界完全虛幻，不必再作觀行而自然成就了十住滿心位的如幻觀），所以生起解脫正受而獲得解脫受用；但是這樣的十住菩薩對於自己所見佛性的實質意涵（佛性是什麼本質），仍然是無法了知的，這當然也是「見聞逆流、流不及地」。而眼見佛性的十住菩薩們的意根，卻也在五勝義根與內相分中不斷地逆流，這個能夠逆流返觀內相分六塵的意根作用，也就是意根的覺知性。所以，能見、能聞、能覺、能知的自性並不是佛性，眼見佛性者是以六識心的這些自性來看見佛性的——佛性與能見聞覺知的六種自性同時同處。

從諸地菩薩隨順佛性的境界來說，也親見意根及意識二心的覺知性全都是逆流的，卻仍然對意根還有許多不知之處，這也是諸地菩薩所隨順的佛性境界中的「流不及地」，這也是意根覺知性的局部；必須到達佛地以後，才能具足了知而不再有「流不及地」。再從見性菩薩的所見來說，意識的覺知性由於有證自證分，所以才能夠在自己有智慧時，深入了知見性、聞性、嗅性、嚐味性、觸覺性的本質，了知識陰這五性返流時都是無法到達意根知覺性的所在，因爲這五性都沒有證自證分，所以無法返觀自己的覺知性，這也是凡夫們的「流不及地」。

前五識的覺知性是對五塵來作了別的，卻無法了別法塵；而能夠了別法塵的意識覺知心，卻可以同時了別五塵以及五塵的細相；但是意識覺知心藉著前五識的五種自性，卻可以在眼見佛性時，藉這五性來看見如來藏藉五色根所顯現的佛性。這個佛性卻是菩薩從「菩提瞪發勞相」所出生的知覺性，從來不對六塵了別，卻又能直接與六塵相應，這是由如來藏的本覺直接出生的，這就是「菩提瞪發勞相」出現之前就已經存在的六塵外的知覺性。這個「菩提瞪發勞相」之前的如來藏妙眞如性，是一直都與有情「瞪發勞相」後之六識及意根的覺知性同時同處的，卻是一切明心菩薩們仍然無法看見的，二乘不迴心聖者及所有三乘菩提中的凡夫就更別說了，根本就是連聽都不曾聽過的。

所以說，最基礎、最低層次的「見聞逆流」，都已經是一般大師們所不知道的，乃至三明六通的大阿羅漢們都還要聽聞 世尊說明以後，才終於有極少分的瞭解，卻還是無法現觀的；至於明心菩薩們及諸地菩薩們，也都各有不同層次的「流不及地」，唯有諸佛才能完全離開「流不及地」的全部無明。所以，對於覺知性的意涵，深淺之間的差異極大，千萬別因爲悟了如來藏或者進而眼見佛性了，就自以爲成佛了，就以爲自己眞的很了不得。至於凡夫菩薩們所知道的佛性，不外乎六識的見性、聞性、嗅性、嚐性、觸性、了知等六種自性，他們全都不知道自己這六種自性都屬於生滅法——是「菩提瞪發勞相」所生的世間法，並不是十住菩薩們所眼見的佛性；他們也都不知道這六種自性其實本就是完全逆流，是從來都不曾緣觸外六塵的。由於對這種法界中的眞相完全無所知的緣故，當然是完全不懂「流不及地」的具足凡夫。

至於落入離念靈知心中的人，根本談不上佛法的實證，因爲與常見外道的落處完全相同；只是多熏習了一些佛法名相，以及了知聲聞法的表相罷了；而他們所以爲的眞如或佛性，其實也都只是識陰六識的六種覺知性，有時則是在識陰六識六種覺知性的變相上廣作文章，卻還繼續堅持說：「覺知心只要一念不生時，就是證眞如了，就是見性了。」其實仍然是完全不知「見聞逆流」的道理，當然也是具足「流不及地」的凡夫，根本就不懂識陰覺知性的生滅無常，不懂識陰覺知心六種自性的苦果本質，何況能知道意根「集知居中」的覺知性。

「此覺知性，離彼寤寐生滅二塵，畢竟無體；」縱使有人知道了意根「集知居中、吸攝內塵」的聖教，但是他們心中所知、所思惟的內涵，其實都還是落入意識心的層次中，從來都不曾涉及意根的覺知性。特別是密宗應成派中觀師們，總是把意根否定而堅持六識論，不承認有第七、八識；或是將第七、八識曲解爲從意識心中細分出來的，因此他們的所知就都只能被自己侷限在意識的範圍內，始終無法提升自己對聲聞解脫道的認知層次，就更別說是實修及親證了，所以他們永遠都無法對意根的覺知性有所認識，更別說是親證了！然而，意識是由意根與法塵爲因緣，才能從如來藏（阿含所說入胎出生色身與覺知心的本識）中生出來的；既然意識是以意根及法塵爲緣才能出生的，顯然意根是在意識尚未出生以前就先存在了，怎麼可能是從後生的意識中細分出來的？那些應成派中觀師的說法，豈不是閩南人所說的「空嘴嚼舌」的世俗人？正是從根本來扭曲法義大是大非的愚癡人。

意識覺知心以及識陰的六種自性，全都是生滅有爲之法。譬如識陰六識的六種自性（見性、聞性乃至身識的知覺性與意識的覺知性），全都是由六識心作用出來的功能，屬於六識的自性；而六識全都要依靠六根與六塵才能出生，六識中的前五識還得要先有意識出生了，配合意根的運作，這五識才能出生，何況眼識的見性功能乃至身識的知覺性功能，豈不是更末端的枝末法？怎能說是勝義菩提心如來藏的佛性——如來藏的妙眞如性？而十住菩薩所見的佛性卻是如來藏本覺的另一種顯現，連明心菩薩都看不見，何況未斷我見而仍然墮入識陰六種自性中的凡夫菩薩們，怎能看得見呢？話說回來，識陰六識的覺知性既然得要先有意根與六塵作爲因緣才能出生，顯然意根與六塵是先於意識而存在著的，怎麼可能是由後生的意識來出生先已存在的意根？或細分出先在的意根呢？

難道當代那些自命為阿含專家的應成派中觀師們，全都沒有讀過四阿含嗎？四阿含諸經中　世尊處處開示說：「眼、色因緣生眼識……乃至意、法因緣生意識。」也說：「諸所有意識，彼一切皆意、法因緣生。」意根明明是先於意識而存在的，怎麼會是由後生的意識來細分出先在的意根呢？而且，世尊在四阿含中也說過：由於本識入胎、住胎而出生了名與色。名中總共有六個識：意識、前五識。意根則是帶著本識入胎的心，不歸識陰所攝。所以名中六識都是由本識入胎、住胎以後才被本識如來藏出生的，顯然這個能出生色陰及名等六識的本識，正是第八識如來藏，而本識也是早在意根之前就存在的，又怎麼可能從後生的意根為緣而由本識所出生的意識心中細分出來呢？那些弘揚六識論的應成派中觀師們，是不是顛倒到極點的愚癡人呢？

「此覺知性，離彼寤寐生滅二塵，畢竟無體」，由以上所說的聖教，以及由眞正證悟者（錯悟者不算在內）在現量上的觀察，都可以證實意根攝入法塵後所生的意識的覺知性，根本就是生滅法，不但得要依止意根、法塵、如來藏才能存在，還得要依止於清醒位中的「覽塵斯憶」，以及眠熟位的「失憶爲妄」等現象，才能證實意識覺知性的生滅性；意識既是生滅性而不離寤寐二塵，顯然意入是必須依賴意根的恆存不斷才能存在的。所以說，意根以法塵入而產生的意識覺知性，離開那寤寐生滅二塵，畢竟是沒有眞實不壞的自體存在的。

凡是無法執持記憶種子的心，常常會把一些事情遺忘，就表示這個覺知心不是持種的心，因爲如果記憶種子是由覺知心自己執持的，一定不可能會忘記；既然覺知心常常會忘記很重要的事情，顯然覺知心不是持種心；但是後來卻又會突然記起來，不是由覺知心來思惟而想起來的，可見覺知心不是持種心；既不是持種心，我們就說這覺知心不是眞實心。因爲如果是眞實心，當你親自經歷過某些事情而遺留下來成爲記憶種子，又是自己執持的，當然是隨時隨地都可以直接取出來而完全能夠知道的；可是現在想要記起來某些事情時，偏偏卻記不起其中的內容，這就表示過去經歷的事情所留下的記憶，並不是由覺知心自己來執持的，所以覺知心顯然不是持種心，當然是虛妄生滅心。換句話說，除了意識覺知心以外，還有另外一個心在幫我們執持各種記憶種子；能夠執持記憶種子而不會每天睡著不在了就遺失種子的心，才是眞正的常住心，那就是我們大家都有的第八識如來藏。

由於我們有意知根—意根—的關係，所以才會有內相分的法塵進入意根心中；當內法塵進入意根心中，也就是內法塵與意根相觸的時候，意根就會引生如來藏中的意識種子出來，於是才有覺知心現前；這個覺知心就處於意根與法塵中間，來吸取內法塵或內六塵而詳細了知其中的內容；這就是說，先有意入之後，才會有覺知心居於意根與法塵等六塵中間，來吸取內相分六塵——內塵；這時處於意根與法塵之間來了知六塵的心，就稱爲覺知性。但是意根也有「流不及地」，是說意根無法反照自己及如來藏；意根每一刹那都與如來藏直接接觸，卻總是把如來藏的功能認作是自己的功能，這就是道種智中所說的「意根恆內執我」。

意根從無始以來不斷有法塵入（意入），而意根是很難理解的；若不是有意根恆時存在著，每當晚上眠熟而使前六識都暫時斷滅而不存在時，所有人都將無法在第二天早上醒過來，因爲意識等六識都不存在而成爲無法了，無法是不可能出生任何一法的；必須是有意根恆時相續存在著，而且祂也有稍能了知法塵大變動的覺知性，才能感覺到天亮或有聲音而喚醒意識覺知心，由意識處於意根與法塵入的中間，來了知是否應該醒過來了，或是要繼續睡眠。但是，這個意根卻不是六識論的一切應成派中觀師們所能知道的，他們因爲無法了知或觀察不到，就乾脆否定祂；一般的參禪人也是一樣地無法了知，總是錯把半夜被意根喚醒過來覺知狀況的不完全的意識覺知心，錯認爲是意根或眞如心。這是古今禪門中很常見的現象，不足爲奇。

既然連意根都無法證知，也無法理解，當然就是完全不知「見聞逆流」的凡夫或愚人，當然也是具足「流不及地」的凡夫知見。一般參禪人都只能知道覺知心的自己(前六識)，可是到底意根在哪裡呢？可都不知道了！這表示他們的「流不及地」狀況是很嚴重的。所以你若是問一般人：「**你還有一個思量性的意根，這意根在哪裡？**」他們一定都不曉得。莫說一般人，連名聞全台而號稱「導師」的印順法師，一樣是無法了知的；於是意根的境界就成爲他們的「流不及地」，這個「流不及地」叫作覺知性之根—意知根—意根。而意識覺知心其實正是住在意根及勝義根顯現的內相分相觸之處，意根與法塵相觸後出生的覺知性就是覺知心等六識；但是意識「流不及地」的意知根，講的就是意根以及祂本身的微細覺知性。由於意根有這種功能極差而能普遍攀緣的覺知性，這種覺知性又不會返觀意根自己，所以人們才能有睡眠啊！也正因爲如此，所以明天早上才能再度醒過來啊！

這個意根的覺知性和意識的覺知性大不相同，意識的覺知性，一旦睡覺眠熟了就立即消失了，不會再出現了，除非被人大聲喊叫或大力搖動，才能再生出來而醒過來；意識覺知性在悶絕時也不會出現，正死位中、無想定中、滅盡定中也都不會出現，但是意知根卻一直都在而不會返觀自己。可是睡夠了，體力恢復或色身正常以後，意根由於有法塵入（意入）的緣故，就會喚起意識覺知心來了知，才會醒過來；所以說意根是意知根，也就是說，意識覺知心其實是附屬於意根的；但是一般參禪人乃至大法師們，卻都把意根否定，只承認覺知心意識自己，當然是落在意識境界中，不曾離開識陰六識的範圍，正是標準的凡夫知見。

常常有人悟錯了，就說離念靈知就是我們的眞實心，就是眞如；鬼神這樣想，常見外道也是這樣想。但是這裡面有個大問題：如果離念靈知就是常住眞心，那麼離念靈知當然是不應該會中斷的。他們聽到這個問題時都辯解說：「對啊！不會中斷啊！」那麼請問：「當你睡著無夢的時候，你的離念靈知在哪裡啊？」「不知道！」有的人卻會說：「離念靈知是讓我能夠時時刻刻處處都能作主啊！」我說：「你騙人！」他說：「我哪有騙人？」我說：「明明騙人啊！因爲這個離念靈知，當你一睡著了以後就消失了，你悶絕時也消失不見了，還能作什麼主？」他說：「沒有啊！並沒有消失，我離念靈知只是睡著而不了知，並沒有消失啊！所以我還會醒來。」我說：「你錯了！你若是把離念靈知當作是眞實心，認爲是沒有中斷的心，那就不叫作睡眠了！或者眠熟以後應該仍然是清楚明白才對。所謂的睡眠就是意識中斷了，對六塵無知了，才可以叫作睡眠。」必須這樣子，色身才能滅除疲勞。

所以他們都不瞭解這個道理，離念靈知如果是眞實心，卻常常會變成有念靈知，那時眞心就又變成妄心了！又再用功制伏妄念，所以又沒有語言文字妄念，再度成爲離念靈知時又變成眞心，那就是眞心與妄心變來變去，就是有變異的心，這當然一定是會中斷的生滅法。也許有人說：「我的神通很厲害，所以這個離念靈知不會中斷。」但我會告訴他：「不論離念靈知修成神通如何地廣大，還是敵不過一位醫師；當醫師在他身上打一劑麻醉針以後，他有大神通的離念靈知就中斷而不見了，所有神通也都不見了！所以神通無法支持離念靈知心來抵抗麻醉劑的。」這就是說，離念靈知只是意識住在深淺不等的定境狀態；然而不論是離開定境或住在定境中，離念靈知或有念靈知永遠都是意識覺知心，不會因爲有神通或離念了就不再是意識，所以仍然是無法轉變成眞如心如來藏。離念靈知即使擁有大神通，一樣是敵不過一記悶棍的；當他的神通正在運作時，有人從他後腦勺猛敲了一記悶棍時，他就昏迷了！當意識中斷時神通就跟著不見了！所以神通再大也沒有用，還是敵不過一棍啊！因爲意識是會中斷的，所以說離念靈知不是眞心。

離念靈知既然會中斷，睡著了就不見了；這時若是無心，那就不可能再出生離念靈知心而醒過來的，因爲不存在的時候就不能稱爲離念靈知心了；中斷而不存在時就不可能無中生有——不可能無因無緣而使離念靈知自己出生。由此緣故，當然是離念靈知心中斷而不存在時，一定還有另外的心仍然存在，才會由那個另外的心來作因緣而使離念靈知重新出現，才能醒過來嘛！因爲離念靈知斷了以後變成無，「無」怎麼可能明天早上又無中生有，而讓離念靈知重新出生呢？那是不可能的事，否則就成爲無中生有。如果離念靈知滅了以後可以無因而有，就應該明天早上醒過來的時候，是醒在別人的身體中，而別人卻醒在他的身體中；或者無緣無故一覺醒來就變成大富翁或成賢成聖了，因爲可以無因而有、無中生有嘛！

在人間，一定是有一個常住心的自己，一世之中相續不斷地在自己的色身中安住，所以別人的心都進不來，而你也去不了別人的身上，才能夠使世間的因果不會錯亂啊！否則，明天早上某甲富翁醒來是住在我身上，而我蕭平實明天醒來時卻是在他身上，那他不是要大呼冤枉說：「欸！**我本來是大**

富翁，怎麼現在變成不是大富翁的蕭平實呢？這沒道理啊！」那我蕭平實的覺知心也要抗議說：「眞沒道理！我本來有開悟智慧的，怎麼會變成某甲富翁而沒有開悟智慧？」這眞是沒道理，因爲開悟這件事遠比富有更重要啊！這時可就兩個人都不樂意，都希望互相換回原來的身分呢！

所以，一定是在覺知心離念靈知之上，還有另外一個意根恆時存在不滅，而這個意根能引生如來藏中了知六塵的種子——意識覺知心，由這個覺知心意識居於意根與法塵中間來了知六塵，才能夠眠熟以後每天早上都能再醒過來，所以絕對不可以否定意根的存在，尤其是祂恆而不斷的特性。而且意根並不是完全沒有覺知性，可是意根的覺知性並不是離念靈知；意根的覺知性很差，而且從來都不會反觀自己是否存在。而離念靈知其實只是意識的心所有法（簡稱心所法），也就是定心所與慧心所綜合的境界，所以離念靈知並不是心，而離念靈知位的覺知心則是意識心。

意根的覺知性與意識的覺知性大不相同，所以意識無法了知意根的覺知性，這就是意識覺知心的「流不及地」。在這段經文中所說意入的覺知性，就是在講意根本身的覺知性，但是這個意根微劣的覺知性仍然是三界中法，還不是能出三界外常住的法。可是眾生對祂都已經不瞭解了，而 世尊也因為聲聞解脫道的實證並不需要親證意根及觀察意根，所以也不為聲聞聖人詳細說明，只說有這個意根可以接觸法塵而使意識覺知心現前；只要願意使自己全部滅失，意根就跟著意識永遠滅失而處於無餘涅槃中了，所以阿羅漢們也不很瞭解意根。直到後來迴小向大而證悟如來藏以後，才開始跟著 世尊繼續學法而深入證解意根。

且不說凡夫眾生們都不瞭解，即使是不迴心阿羅漢們，也還不能瞭解；至於在當代大乘佛教界或佛學界中，被高推為證量最高的佛學泰斗印順「導」師，當然是完全不瞭解的；所以印順認為在 佛陀住世的年代所說的解脫道中，只有講過覺知心等六個識，沒有所謂的第七識意根。印順既然否定了意根的存在，當然是對意根的覺知性更無法了知的；於是印順就另外施設一個法，叫作細心，也就是從意識細分出來的微細心；但這個意識細分出來的細心卻是無法實證的，所以說是不可知、不可證的意識細心。那麼這個細心，究竟是意識的細心呢？或者是意根呢？如果說是意識的細心，那當然還是意識心，仍然是要意根與法塵為因緣才能出生的，仍然是生滅法。若想要避開意識的生滅性而改說這個細心是意根，那就有七個識而不是六個識了，那麼印順的六識論就自己推翻了。

印順假使又說這個意識的細心在睡著無夢時是不曾、也不會中斷的，這個說法可就跟 佛所說的相違背了！因爲 佛說意識心不論是如何的微細，都仍然是「意、法因緣生」的生滅法，仍然是會中斷的生滅心：「**諸所有意識，彼一切皆意法因緣生。**」請問：是印順說的對？或是佛說的對？您究竟是要相信佛所說的聖教？或是要相信印順所說的錯誤說法？而印順的說法也是經不起現象界考驗的，更經不起聖教的檢驗。

如果說這個細心仍然屬於意識心（因爲是從意識心中細分出來的），那麼請問印順：「你不承認這個意根，而佛說人類有十八界，你印順這樣子說出來的佛法卻是只有十七界，究竟是十八界正確？或是十七界才對？」我想印順法師是永遠都無法回答這個問題的，因爲他若是狡辯說「意識的種子就是意根」，那還會再出生別的一堆問題，仍然是印順永遠都無法解決的。但是印順若不辯解這個問題，接著還是會從原來這個問題再衍生出很多的小問題來。譬如：印順假使不承認有意根，不認爲意根是意識的所依根，那麼意識覺知心是否具有每天早上都是無中生有的法性？那就是無因生的了！這可就落入**無因論**外道見中了！印順該怎麼面對這個問題呢？印順如果認爲意識心是常住不斷的，卻又明顯違背現象界中意識夜夜斷滅的事實，也違背 世尊的聖教。假使印順不得不改為承認是有意根的，那麼意根是有色根？還是無色根？意根如果不是有色根，那麼意根就應該是心，不然怎能叫作意識的所依根？

如果印順改說意根是有色根，請問意根是哪一個有色根？有色根總共只有五種，究竟是哪一種有色根？依照印順在書中所說的，說意根是大腦或是腦神經；既然如此，那麼假設他的說法正確，大家讀了他的書以後也迷迷糊糊地相信意根就是大腦或腦神經；那可就有趣了：請問你們各位當過媽媽的人，你們的兒子女兒來投胎的時候，有沒有帶著大腦或者腦神經來投胎？根本就沒有！從來都沒有誰看見有大腦或腦神經來進入母親的肚子中投胎啊！由此可見意根不是有色根，絕對不是大腦或腦神經啊！那麼意根既然是無色根，阿含中也說是「意」，「意」即是心而不是色法，因為色法永遠都不會有「意」。也有阿羅漢造論說意根是無色根，而且又是覺知心的所依根，那當然是心嘛！否則怎能有「意」？意根再加上識陰六個識，那是不是共有七個識了呢？得要這樣子，十八界才能圓滿嘛！才能符合 佛說的十八界可以同時現前一起運作的聖教。

意識夜晚眠熟而中斷以後，不可能第二天早上無中又生有而自己重新出生；既然中斷而不存在了，當然不可能警覺自己再出生。若是中斷而成爲無法以後，不可能無中生有，當然要有另一個繼續存在而不曾中斷的意根來領受法塵——意入，察覺到身體疲勞消失以及天亮等法塵上的重大變動，所以喚醒意識覺知心來確定這一點；於是意識覺知心出生而確定這一點了，意根就使意識覺知心的功能完全出現，就完全清醒了！所以到了早上要能夠讓你覺知心醒來，意根一定是常住不斷而且是要有一分覺知性的；若是身體的疲勞仍很嚴重，即使法塵有大變動而不得不喚醒意識，意識還是不容易清醒過來的；意根還是會從意識覺得仍然很疲勞的覺受中，決定繼續睡眠，於是覺知心就不容易醒過來，就會繼續賴床了。由此可以證明意根還是有祂自己的覺知性，只是意根的覺知性很差，也不會反觀自己，所以睡眠之中的意根不可能知道自己仍然存在。

再繼續睡了兩、三個小時以後，意根才會讓你醒來；然而祂是怎麼知道身體疲勞似乎消除了？也知道天好像是亮了？一定是意根有法入——意入，而意根也能作最簡單的了別（雖然沒有反觀自己是否存在的能力），才能在法入有大改變時把意識喚醒（這就是意入的功能）；然後意識就一分一分地漸漸現行，最後就完全醒過來了！這表示意根確實是有祂自己的覺知性。如果沒有意根的極弱劣覺知性在眠熟以後繼續存在，當眠熟而使意識中斷了以後就會成爲無法；無中生有是不可能的，那又怎麼可能使已經不存在的意識覺知心，無因無緣而再度出現、而醒過來呢？所以一定是有意根的覺知性常住不滅，才能警覺到法塵的大變動，由意根的作意而使意識覺知心從如來藏中重新出生而醒過來。

只不過意根的覺知性很微細，功能很差，而且沒有證自證分而不會反觀意根自己，所以絕大多數的人都不瞭解意根的存在，都誤以爲睡著無夢的時候是根本沒有覺知的；或者如同有些錯悟的凡夫菩薩們總是說：**「意識在眠熟時還是存在的，並沒有斷滅、消失，只是在睡覺而已。如果沒有意識在覺知，怎麼可能半夜會起來小解？怎麼可能早上還會醒過來呢？」**這其實只是誤會一場。其實是由於意根還有極弱劣的覺知性相續不斷，還能了別重大變化中的法塵，才會喚醒意識覺知心；但意根卻不會反觀自己、了知自己，所以意根當然也不會知道自己當時是在眠熟的境界中。假使沒有意根的弱劣覺知性一直存在著，而意識覺知心已經中斷而消失了，又怎能促使如來藏流注意識種子出來而再度醒過來呢？

所以，意根其實還是有覺知性的，只是意根的覺知性不像意識能反觀自己。意識有一個證自證分心所法，可以用這個心所法來返照自己，就能覺知自己現在是否繼續存在？也能反觀自己對於現在的境界是不是有所瞭解？能檢查自己現在是否正在了知五塵與法塵？意識覺知心都可以返照而證實自己是否正在這些境界中，這就叫作證自證分。但是意根沒有證自證分，不能返觀自己，只能在五塵所現的法塵大變化上去作了知，完全沒有反觀自己的功能；所以意根從來不曉得自己存在，總是以識陰六識及如來藏的功能作爲自己的功能（因爲意根從無始劫以來一直都被意識這樣誤導），總是把意識作爲自己，反而不知道自己遠比意識更眞實，也不曉得意識只是自己所擁有的功能，當然更不知道自己也有極弱劣的覺知性而不能反觀自己。

這個意根，打個比方，就好像有一個人專門在察看別人在或不在，卻從來都沒有能力反觀自己在或不在；意根就好像這樣，專門外緣意識的功能性作爲自己的功能性，再把意識當作是自己；因爲自從無始劫以來的每一世意識都是這樣誤導意根，而意根永遠都沒有能力思惟對錯，於是被每一世意識的錯誤認知所誤導。而意識是懂得觀察自己的，當別人說我們錯了，我們會檢討，也能覺察錯在何處？若是檢討以後沒有錯誤，也能知道是爲什麼而沒有錯？能思惟種種事，也能反觀自己在或不在，更能檢討以往所學的法義正確或錯誤，來修正自己以前的錯誤認知及修行方向，這樣才是意識覺知心，這都由於意識有**自證分**及**證自證分**。但意根是絕對不會檢討自己的，而且連自己是否存在的事都不知道，因爲意根沒有具足五個能了別六塵境界的**別境心所法**，而只會不斷地攀緣，所以又名遍計所執性。

意根永遠都會認定自己是正確的，絕對不反觀自己，除非有意識來幫助祂；但意識如果觀察錯了，就會對意根作出越幫越忙的麻煩事來。正因爲意根有這個特性，所以意根的覺知性，對眾生來說，根本就是完全無所知的境界，當然不免處在「見聞逆流，流不及地」的愚人及凡夫境界中。而意根不斷向外攀緣時，其實一樣是逆流的，但是連意識都不知道這個事實眞相，何況不會思惟分別的意根，又怎能了知這個眞相呢？而意根就這樣住在這個無明境界中。「地」就是境界，意根正是住於這個境界中；當眾生眠熟而無覺知心時，其實是還有意根在覺知著，但因爲意根不會反觀自己存在或不存在，覺知性也很差而無法了別自己是否正在眠熟位中，所以一般眾生都無法了知自己睡著無夢時，意根哪裡去了？也不能理解覺知心自我是到哪裡去了？都是因爲眠熟位中沒有意識的證自證分來返照自己，所以正在眠熟位時是不知道自己正在睡覺的。

但是離念靈知可以返照到自己的存在，既然能知自己存在著，而無法住在眠熟位中，那麼離念靈知就是無法睡眠的心；當離念靈知心中斷而不存在了，才可以入眠，這才是眠熟的境界；而眠熟境界中仍然有意根繼續存在而不中斷，但是眾生並不理解這個事實。這就表示眾生的意識是沒有了知實相法界智慧的，這當然是「見聞逆流，流不及地」。假使有一天遇到眞善知識時，實證意根與如來藏了，終於有能力現觀這個事實，於是智慧打開了，那時才是獲得一分「見聞逆流、流可及地」，那就是意識所能親證的智慧境界，卻仍然不是意根所能親證及安住的。所以，「見聞逆流」而「流不及地」的境界，才是意根的覺知性。這不是阿羅漢們所能了知的，是親證八識心王的菩薩們才能次第少分了知的，當然更不是眾生所知道的；在這個見聞逆流而流不及地之中，仍然有極微細的覺知性，才是意根的覺知性。正因爲有這個覺知性，才能吸引內塵法入而流注意識心對六塵的覺知性出來，那已經是大家所知道的覺知性了！而意根的覺知性是眾生的「流不及地」，唯有諸佛才能完全了知。這樣說明以後，已經爲諸位證成一個眞理：確實有第七識及第八識的存在，不是只有六識。

講到這裡，證實是有意根了，於是 世尊接下來開示說：「**此覺知性，離**

彼寤寐生滅二塵，畢竟無體；如是阿難！當知如是覺知之根，非寤寐來，非生滅有，不於根出，亦非空生。」佛在這裡爲意入做了結論：「這個意根所含攝的覺知性——也就是意入——意根依據法入而從如來藏中出生了六塵中的意識覺知性，假使離開了寤與寐，或者離開了生與滅等法塵，」寤是醒過來，寐就是睡著了；「如果離開醒與睡，或者離開生與滅，」醒過來就是意識出生了嘛！睡著了就是意識斷滅了嘛！「若是離開了寤寐與生滅，這個覺知性畢竟是沒有眞實體存在的。」

醒過來時就了知六塵中的諸法生住異滅，都能觀察諸法不斷地生滅、不斷地演變；可是睡著了以後——意識覺知性斷滅的時候，就不了知六塵中的一切法了！意根所含攝的六識的覺知性，一定是因爲醒與睡、生與滅等兩種法塵的存在，才能夠讓六識等覺知心有所現行與運作；而識陰六識覺知性之所以能夠現行與運作，全靠意根在作用；若是沒有意根在寤寐與生滅等法塵中運作，就不可能有六識心的覺知性現前及分別。而這個意根以及祂的法入—意入—正是六塵中的六種覺知性的俱有依或所依根，卻仍然不是覺知性出生的根源；這個前五識的俱有依以及意識的所依根（意根），一樣是從如來藏的妙眞如性中出生的，仍然不是從寤寐二法中出生的，也不是從生滅二塵中出生的，更不是自己出生自己，當然也不是從虛空中出生的。

意入，是在睡著無夢時仍然繼續存在的，而且是醒過來以後仍然繼續不斷的；如果醒過來以後就沒有意入，問題可就嚴重了：當你現在正在聽我說法時，後面人家不斷地拍著你的背，你也不會覺知到的。因爲你現在的意入將只在聲塵法入上面，背後有人拍你的背，觸塵上所顯示的法塵你將覺察不到。可是當你專心在聽法時，後面有人拍你的背，你還是立即覺知到了！這其實不是你意識覺知心立即覺知到的，而是先有意入；是意根先覺察到身觸的法塵有大變動，認爲應該先了知這個大變動，所以第二個剎那就把覺知心移轉到背後的重大法塵上面，在第三個剎那時，你的覺知心已經知道有人在拍自己的背部了！這其實是後知後覺的了，最早覺知背上的觸塵有大變動的，其實是意根；所以第一剎那的觸覺法入是意根所領受的，不是由意識覺知心來領受的，意識等六識覺知心其實是掌控在意根作意下來運作的。

不過，這是說這一世出生以後，熏習過人家跟你拍背這個法，才能這麼快速地了知有人拍了自己的背部。如果是嬰兒剛剛出生，第一次被人拍背時是不知道那個意思的，得要經過一段時間的熏習以後才能快速了知那是有人在爲自己拍背。這就是說，醒著的時候還是有意入啊！並不是睡著無夢的時候才有意入。因此說，這個意入是醒睡等二種情況下都有的；但是，意入的存在與功能，卻要從寤寐及生滅二塵中來了知，也是依於寤寐及生滅二塵，才會有意入的存在；若不是有寤寐生滅二塵，意入就沒有存在的可能與必要了，也就不會有六塵中的覺知性（六識的覺知性）生起的可能，也沒有覺知心存在的必要。所以 世尊才說「**此覺知性，離彼寤寐生滅二塵，畢竟無體**」。

意入本身也必須是生滅性的，必須是不斷生滅輪替的過程，才會有意入的功能；如果意入是只有第一剎那的狀況而都不演變，那麼這一剎那的狀況將會一直保持不斷而成爲永恆不變的狀態，那就沒有意入的功能可說了！就好像電影放映出來時，一定是片子一格又一格不斷地拉過去，如果把影片停格，還能叫作電影嗎？那時只能稱爲幻燈片了！同樣的道理，法入（也就是意入）一定是要持續生滅、不斷地演變，來顯示每一剎那的法入狀況，這樣的意入才能夠讓被意根喚起的覺知心來了知實際上的狀況，所以意入一定是生滅變異的。如果意入不是相續生滅而繼續演變的話，這個法入就不能存在；因爲並沒有必要時時加以了知，久之，意入就會被中止而滅掉了，所以世尊才說「**此覺知性，離彼寤寐生滅二塵，畢竟無體**」。

同理，意根所掌控的覺知性（集知居中而在六塵中運作的六識覺知性），也是一樣的情形，一定是要在生滅二塵當中去接觸；如果這個覺知性沒有接觸生滅二塵，久了以後意入就不會存在了！一定是在寤寐生滅當中接觸生滅性的法塵變動，意入才有可能相續存在。雖然如此，但是意入所出生的意識覺知性，究竟是從哪裡生出來的呢？總不可能是意根自己就有這種覺知六塵的功能吧？假使是意根自己擁有能覺知六塵的功能，那麼眠熟時的意根應該仍然是清楚分明而不昏沈、也不會無記才是，應該是整個眠熟中的狀況都很清楚才是。

然而事實上並不是如此，所以就得要探討藉意入出生的意識等覺知心能了知六塵的覺知性，究竟是從哪裡生出來的？於是 佛就說：「**如是，阿難！應該要知道這個能覺知六塵諸法的覺知性，並不是從寤寐而來的，不是從清醒以及睡眠而來，但也不是從生滅而有的，**」換句話說，寤寐與生滅二塵只是意入出生六塵中的覺知性的助緣，而這個有情對六塵的覺知性，並不是從寤寐及生滅而有的；「**但也不是從意根中出生的，並且不是從虛空中自然出生的。**」佛陀作了這個結論，同時爲後面即將宣說的法義作了一個前提，然後 佛就開始去證明它：

「**何以故？若從寤來，寐即隨滅，將何爲寐？必生時有，滅即同無，令**

誰受滅？若從滅有，生即滅無，孰知生者？若從根出，寤寐二相隨身開合，離斯二體，此覺知者同於空花，畢竟無性；若從空生，自是空知，何關汝入？是故當知意入虛妄，本非因緣，非自然性。（本如來藏妙眞如性也）」佛說：「這六塵中的覺知性，雖然是以意根的法入作爲藉緣，卻不是從寤寐而有，也不是從生滅而有，亦不是從意根中出生的，更不是從虛空中自然出生的（非自然性）；我爲什麼這樣說呢？如果說是從清醒中出生的，那麼意根所掌控的六塵覺知性應該是睡著了以後就會滅失的，那就表示睡著以後不可能還有意入，就應該說是死了，那你要說什麼叫作睡眠呢？」因爲既然是睡著了就斷滅了，斷滅時就是沒有心存在，那應該說是死了或是空無，又怎麼可以叫作睡眠呢？一定是還有一個心在，而不再有六塵的覺知性繼續運作，才能使色身完全休息而叫作睡眠。總不能說石頭、木塊睡著了，因爲石頭與木塊都無心嘛！沒有心就是無情，不能夠說無情也有睡眠啊！所以當覺知心滅了而沒有別的心繼續存在著，那個色身就應該說是屍體而不是睡著的有情，那又怎能說是睡眠呢？

睡眠，一定是因爲睡前有一個心清醒著，而且一直在運作著；但是完全睡著了以後，這個清醒的心已經不在了！卻仍然有意根失去了清醒時的覺知心陪伴，以祂自己的覺知心繼續不斷地作極粗劣的了別，這才可以說清醒的心斷滅了，而意根正在睡覺的境界中。若是沒有一個本來清醒的覺知心在睡熟了以後消滅了，就不能夠說是有滅啊！若是平時沒有覺知心清醒著，而在眠熟以後中斷了，那麼睡眠就不應該是有壽命的人該有的法性，而且清醒與睡眠就應該是沒有關聯的兩件事了，怎麼會被合起來作爲一對而互相比較顯示呢？在清醒位中一定是有個常在的心（意根）存在，同時也有另一個會中斷的心（覺知心）存在；而這個覺知心有時會中斷，才可以說有睡眠也有清醒、有生也有滅。

如果說這個覺知性——意根所掌控的六識對六塵的覺知性，不是從如來藏心中出生，而是從清醒出生的；那麼睡著了以後，這個覺知性應該是隨著清醒的消滅而離去了；這時如果是沒有意根存在（如同應成派中觀師主張的六識論），或者意根的覺知性也跟著滅了，那麼這時當然是完全沒有心存在，是與死人完全相同的，那麼請問印順派中的所有應成派中觀師們：**「你們明天早上還能醒來嗎？除非你們主張可以無中生有。」**童話故事中，吃了毒蘋果的睡美人，後來還有醒過來的時候，而應成派中觀師們睡熟以後卻將是永遠都不會有醒過來的時候了！因爲那時他們的身體已經沒有心存在了嘛！

那時是沒有覺知心也沒有意根及如來藏存在的，應該成爲屍體了！

縱使他們主張還有如來藏在身中，所以不會成爲屍體而仍然是有情；但是若沒有意根極微細而難以覺察到的覺知性——意入，他們怎麼知道說：「天似乎亮了！身體好像不累了！我現在是否該醒了？」然後才喚醒意識來判斷是否該清醒過來？或者悶絕了以後，意根覺察到悶絕位中的法塵有變化而喚醒意識來判斷：「現在悶絕的這個苦受已經過去了，我該醒了。」當悶絕位中覺知心中斷而不在了，若是沒有意根微細的覺知性——意入，又怎麼知道應該醒過來？所以一定要有法塵入（意入）時時存在才行。而意入的基本條件就是意根恆時存在不斷，並且是時時刻刻都有祂的微細覺知性不中斷地運作著，使意入恆時運作而不中斷，才能使意根的覺知性喚起意識明顯的覺知性作了判斷，然後才再度完全醒過來。

但是，意根的微細覺知性（意入）固然是恆時不斷地存在著，當然不是由生滅寤寐二塵所出生的；即使是每晚都會中斷的意識明顯的覺知性，都同樣不是從清醒或眠熟等生滅二法而有的。所以 佛說：「如果覺知性是從清醒而有的，那麼在晚上睡著時，清醒所生的覺知性當然是跟著消失了；當清醒所生的覺知性消失了以後，已經沒有覺知性存在了，如同死人一般只剩下屍體；」那麼明天早上怎麼可能知道應該清醒過來的呢？又是如何使覺知心生起而繼續有覺知性呢？難道眞的是無中生有嗎？

所以「晚上睡著了以後，清醒所生的覺知性滅失了，應該是沒有心存在而如同屍體一般，那麼你阿難是要把什麼法認定爲睡覺呢？那你阿難如果一定要說覺知性是因爲『生』而有的，那麼覺知性或法塵『滅』了的時候，覺知性就應該跟著一起消滅了，這時就成爲空無、斷滅空，這樣又是誰在領受覺知心消滅的境界而說覺知心消滅了？」那又如何能在眠熟後有一個心來使覺知心重新再出生而醒過來呢？這就是說，意根微細的覺知性（意入）是恆時存在的，才能說意識覺知性滅失了；如果不是有一個意根恆時存在著，意識覺知性斷滅以後就成爲空無、成爲斷滅空了，那是依誰而說意識覺知性滅了呢？又是依誰而說這時是在睡眠呢？當然是要有一個心仍然存在，才會依這個心來說意識覺知性現在滅了，這當然要說是意根的意入了！若意識覺知性滅了而眠熟以後就沒有別的心存在，成爲斷滅空了，這將是如同死人一般，根本無所謂覺知心滅或生，那麼眠熟時又是依誰而說覺知性滅了呢？

「如果主張意識覺知性是從『滅』這個法出生的，當眠熟位過去了，意識覺知性又重新出生時，那麼從『滅』而生的覺知性就該斷滅了，又怎麼能了知『生』位所出生的覺知性呢？如果主張意識覺知性是從意根心中出生的，然而覺知性的寤寐二相卻是隨著色身的眠熟而關閉，也是隨著色身的清醒而開張出來；當然這樣的覺知性若是離開了寤寐二相，必然是與虛空中妄見的花朵一般地虛幻，畢竟是沒有眞實永遠不壞的體性存在了；」也就是說，縱使還有意根微細覺知性（意入）存在不滅，所以眠熟後還能促使如來藏中的意識覺知性再度現行而醒過來，但是還得要有法塵及寤寐生滅二相，才能顯現出意識覺知性在清醒位中確實存在啊！假使離開了寤寐生滅二相而說有覺知性可以了知，理上是不能成立的。

而且，假使主張意識明顯的覺知性是從意根中出生的，這是會有問題的。怎麼說呢？若說覺知性是從意根而生的——是意根自己有這個明顯覺知六塵的功能，那麼意根自己就應當知道自己正在眠熟、正在定中……，那又何必要有意入而喚醒意識覺知性來了知自己剛才正在眠熟位中呢？那麼佛陀詳細解說意根的法入（意入）就變成沒有意義了！因爲意根一定是與法塵入互相對待的嘛！既然意根自己就有明顯的覺知性了，那又何必有法塵上的意入來喚醒意識覺知性呢？意根自己就可以知道全部法塵了嘛！根本就不需要眠熟位中的法入來使意識覺知性斷滅，來保持眠熟位中修復色身的功能了。既然如此，這個法入又與意根有什麼關聯呢？所以不應該說意入這個法以及意識的覺知性是從意根中生出來的。

佛又開示說：「如果主張意入與意識的覺知性是從虛空中出生，而說意入是自然性，不是由如來藏妙眞如性所出生的，那麼虛空自己既然有法入、意入，這些意入的內容當然是應該由虛空來了知的，那麼這樣的意入、法入，又與你阿難自己的意入有什麼相干呢？」那當然是虛空的意入，跟有情的意入顯然是無關的啊！所以，「由這些辨正所分析出來的道理中，你阿難就應該要知道意入也是虛妄的，」因爲意入也是被生之法，雖然意入是恆時存在的，但意入既然是被生之法，在未來進入無餘涅槃而滅掉意根時，意入當然是可以隨著被滅除的；那時意識覺知心的覺知性就無法再出生了，當然一樣都是有生有滅之法；「所以意入本來就不是單憑色身五根、意根、寤寐生滅二塵等法作爲因緣，就能出生的法；既不是虛空所出生的，當然也不是自然性。」這意思就是說，其實意入以及意入所引生的意識覺知性，全部都是如來藏妙眞如性所出生的，全都應該歸攝於如來藏的妙眞如性中。

世尊在前面已經講過五陰、六根都是如來藏的妙眞如性所生，歸攝於如來藏的妙眞如性中；也講過識陰六識的見性等六種自性以及六入，全都是如來藏的妙眞如性；接下來要從十二處來講六塵等一切法都是如來藏所生，應該歸攝於如來藏的妙眞如性中。十二處，就是把眼根、色塵合爲一對來講二處，乃至意根和法塵合爲一對來說二處，總共有十二個識陰六識出生時的所依處所。由於有十二處才會有六入，十二處就是指十二個處所，有色根共有五個處所，加上意根就是六根，共有六處，而六塵也是六個處所。這六根與六塵兩兩相對、互相對待，所以產生了六識；是因爲六根對六塵而有六入的緣故，所以六識才產生了；然後才會有六識的覺知性存在與運作，才會有眼識的見性、耳識的聞性乃至意識的了知性出現，所以六識的見性、聞性等六種自性都是虛妄法，全都是從如來藏妙眞如性中出生的，不是因緣生，也不是自然性。

【「復次阿難！云何十二處本如來藏妙眞如性？阿難！汝且觀此祇陀樹林及諸泉池；於意云何？此等爲是色生眼見？眼生色相？阿難！若復眼根生色相者，見空非色，色性應銷；銷則顯發一切都無，色相既無，誰明空質？空亦如是；若復色塵生眼見者，觀空非色，見即銷亡；亡則都無，誰明空色？是故當知見與色空俱無處所，即色與見，二處虛妄，本非因緣，非自然性。

（本如來藏妙眞如性也）」】

講記：佛在這裡先講眼處以及色處。佛說：「是什麼緣故我說十二處本來就是如來藏的妙眞如性呢？阿難啊！你暫且觀察一下，這個祇陀樹林以及祇陀樹林裡面的水泉、池沼；你的意思怎麼樣呢？你所看見的色塵諸相，是由色塵而產生了你的眼見呢？或是由你的眼根而產生了色塵相呢？阿難啊！如果是由你的眼根產生了你所見的色塵相，那麼這個見應該是空無而不是物質之法，而色塵是由眼所生，非心所生，與心所生的見無關，當然見不應該能觸及與見無關的色塵，所以見應該是看不見色塵的；如果見是空無而看不見色塵，色塵的眞實性就應該不存在而歸於銷滅。」那麼阿難當時就應該看不見色塵了！

這意思就是說，我們能見之性（也就是眼入之性）存在之時，如果是從眼根而產生了色塵相，那麼見是存在何處呢？又與色塵有什麼關聯呢？若見與色塵無關聯，見就不該能看見色塵；必須是見與色塵都由同一個如來藏心所生而有關聯，見才能看得見所見的色塵。而且，色塵若是物質的眼根所生，不是心所生，就與見無關，那麼見不依附於色塵時又是依附於何處？見既然不依附於根塵二處而與眼根、色塵無關，就不可能見到色塵，沒有見的功能存在，那麼見就是空無；見既是空無，不存在，又怎能看見色塵呢？那麼你阿難眼前所見的色塵應該不存在了，但卻明明還可以看得見色塵，顯然與現象界中的事實不符。因此不該說色塵是由眼根所生的，而是由自己的如來藏心所出生的，這已經證明十二處中的色塵一處是如來藏從祂自己的妙眞如性中出生的。而前面經文中也開示過，六根本如來藏妙眞如性，這就證明眼根與色塵二處都是如來藏的妙眞如性所生，本應攝歸如來藏的妙眞如性中；否則，「見」就不應該能看得見色塵。

若說色塵是眼根所生而不是如來藏所生，那麼眼根產生的色塵相，應該是眼根自己所擁有的色塵相，也是與心無關的物質啊！那麼心所有法的見就應該看不見一切色塵，因爲眼根是物質，而見是心，性質相異而不能互觸；並且不是由同一心出生而不能互相聯結，成爲互相無關的法，當然心所攝的見就不可能看見眼根所生的物質色塵了。一定是眼根、色塵、見等三法，全都是如來藏所生而歸於同一個有情，才能由如來藏所生的見，藉如來藏所生的眼根來看見如來藏所生的色塵。若色塵是由眼根所生，你應該看不見色塵相，因爲是你眼根自己所生的色塵，而見不是眼根能見，是心能見。若是眼根自己能看見，不需要心來看見，那麼見就不需要存在而歸於空無了；能見之性既是空而不存在，又如何能看見眼前的色塵？所以「色性應銷」。

因爲色塵既然是由眼根自己出生的，眼根自己就能看見，不需要覺知心六識心來看見啊！如果眞的是這樣，顯然見性沒有存在的必要，應該早就歸於空，人間就不再有見的現象存在了。假使眞的是這樣，就應該覺知心看不見色塵相，而是由眼根直接來見。如果覺知心眞的看不見色塵相，那麼你所看見的色塵相就已經不存在了，就不應該說是看見了色塵相。從另一個層次來講，因爲所看見的色塵既是眼根所出生的，就該由眼根自己來見，與眼根無關的覺知心的見，就不可能看得見色塵；若是覺知心的見沒有看見色塵，那麼當時覺知心中所知的色塵應該是不存在的，因爲色塵是眼根所出生的，而見不能見到色塵。既然見性不能看見色塵相，也就沒有所謂見性的事情可說了；既沒有能見色塵的事，又是誰能瞭解到歸於空無的見性呢？

「空亦如是」，是複製上一句經文，將經文中的眼根改爲虛空就成爲這樣：「若復虛空生色相者，『見』空非色，色性應銷；銷則顯發一切都無，色相既無，誰明空質？」假使是由虛空出生色塵相的話，虛空是空無，應不可能出生色塵；縱使虛空眞的能出生色塵，應該是由虛空所生的見來看見色塵，不該由與虛空無關的覺知心能見之性來看見色塵；而見性並非物質，根本就看不見物質的色塵，則不應該有色塵上面的見；若是見性不與物質自性的色塵相觸，即是不能見色，那麼十八界中的色塵自性應當已經銷磨不在了，色塵相應該已經不能在覺知心上看見的了。如是，色塵銷磨歸滅之時，就已經顯發覺知心及色塵相都不存在了，那麼這個時候，又是由誰來明白見性的空無色質的自性呢？

又譬如說，假使眼根眞的能出生色塵，那麼眼根就應該是色塵了，因爲色塵是依眼根而出生的，所以眼根就是色塵的自性；既然眼根即是色塵，當見性看見虛空的時候，色塵法相既然消失而不存在了，應當就是色塵法性已經銷歸斷滅了。眼根中的色塵法性既然銷歸斷滅了，那不就是很明顯地表示說，眼根與色塵以及一切色質之法全都已經沒有物質法相了嗎？到了這個時候，物質相與色塵相都不存在了，而見性卻是要依眼根與色塵爲助緣才能從如來藏中生起的，顯然這時也是不可能還有見性存在的，那麼又是誰來明白現在所見的虛空無法的本質呢？而且，從另一方面來說，色塵法與虛空法是互相對待而顯現出來的；若離了色塵物質等法，也就是說，色塵物質佔據某處的法相既然不存在了，又如何能顯示無物之處的虛空？那時全面空無的虛空，是不會有人能了別說那些無物之處即是虛空，因爲完全無物而只有虛空時，是不會有人來了別這裡是虛空、那裡有物而沒有虛空的；到那時，又有誰會來了知虛空的本質呢？那時虛空的存在是全無意義的，因爲已經沒有物質來顯示何處有虛空了。

所以，不該說是由眼根出生了色塵相，也不該說是由虛空出生色塵相，因爲這兩種說法都會有矛盾而無法自圓其說。其實，色塵相是由如來藏的妙眞如性藉緣出生的，眼根也是由如來藏的妙眞如性藉緣出生的；能見之性更是由如來藏的妙眞如性藉緣出生的，而且是如來藏的妙眞如性先藉緣出生了眼根與色塵以後，才能再藉眼根與色塵爲緣來出生見性；所以說，眼根、色塵、見性等三法，都應攝歸如來藏；而這三法也被攝爲一團、一聚，專屬同一個如來藏而歸同一個有情所有。必須眼根、色塵、見性都是專屬於同一個有情，才能由此有情覺知心的見性來看見並非物質的色塵相（因爲有情所見的色塵是由各自如來藏的妙眞如性變生的內相分，似有物質而非物質，是自心所變才能被自己的覺知心所觸而看見），因此應該說：眼根處、色塵處本如來藏妙眞如性。眼根及色塵二處本如來藏妙眞如性，其餘的耳根、聲塵乃至意根、法塵等十處，道理也是一樣的；所以在這個單元一開始處，佛陀才會這樣提問：「云何十二處本如來藏妙眞如性？」由此證明十八界中的六塵都是如來藏變生的內相分，不是指外六塵等外相分。

世尊又開示說：「**如果還有人主張是由色塵產生了眼見，所以眼入是由色塵出生的；**」不是主張由眼根出生，也不是由虛空出生，而是主張各人的眼見都是由色塵所出生的，那麼問題又來了：「**觀空非色**」。既然主張由色塵產生了眼見，那麼色塵應該是與眼入一體的，那就應該是由色塵自己來看見，成爲色塵看見色塵自己；那麼有情所看見的就變成空無，不可能由有情的覺知心見性來看見色塵。所觀既然空無而不能看見色塵了，那麼見性就應該已經銷磨亡失而不存在了；因爲見性已經是色塵自己所擁有的，就與覺知心的見性無關了，有情覺知心就不該還有見性。因爲這時並不是由有情看見了色塵，因爲此時眼入是由色塵所生的，當然不是由覺知心所有。那麼，既然是由色塵自己看見了，眼入已歸色塵所有，又關你什麼事呢？那你的所觀變成空無，所看見的並不是色塵——沒有辦法看見色塵，那麼有情眼入的見——能見之性，早就應該消失不在了。

既然見性已經銷亡而不存在了，也就沒有能見者。可是明明每一個人現前都繼續有眼入、繼續有見性存在而可以看見色塵，那又是由誰來看見色塵呢？豈不是應該變成自己的眼處、色塵、見性一切也都成爲空無了？那就是沒有覺知心的見性，也沒有有情的眼入與色塵，只剩下外色塵來看見色塵自己，那麼現在又是由誰來看見了虛空與色塵？又是誰知道看見了自己與色塵邊際就是虛空？還能有誰知道這些呢？「由這個道理，應該要知道：見性眼入以及色塵、虛空，都沒有自己眞實的處所。就在色塵以及見性上面要了知，見性與色塵兩處都是虛妄的；見性與色塵本來就不是單憑外法因緣所生的，本來就不是自然性所出生的，其實都是各人如來藏的妙眞如性所出生的。」意思是說，各人所擁有的眼根、色塵，全都是由各人自己的如來藏妙眞如性所出生的，都不是外法；當然是所生法而虛妄無常，當然也不是外法因緣所生，也不是自然就會出生的。

在這段經文開始時就已經說明十二處（眼等六根、色等六塵）都是如來藏的妙眞如性，因爲這十二處全都是如來藏的妙眞如性藉諸因緣所生的，不是本來就在而不生不滅的，當然是虛妄法；而且出生以後也都要依靠如來藏的妙眞如性來支持才能運作，當然應該攝歸如來藏的妙眞如性中。所以眼根與色塵二處固然都是因緣所生法，卻是由如來藏妙眞如性藉諸因緣來出生的。因此說，假使主張眼根出生見性，是錯誤的說法；若有人主張由色塵出生見性，也是錯誤的說法；或者主張由虛空自然出生了見性，也是錯誤的；

因爲見性是要以如來藏妙眞如性所生的眼根與色塵爲助緣才能出生的，而眼根與色塵卻又是由如來藏的妙眞如性所出生的，所以眼根、色塵二處，以及二處爲緣而出生的見性，當然全都是如來藏的妙眞如性。所以都不是外法等因緣和合所生，也不是無如來藏因，卻能自己出生的自然性。

或許有人仍然主張說是自然有的，如果眞的是自然就有眼根與色塵及見性，那麼眼根、色塵、見性三法，既是自然生的，不是由各人的如來藏出生的，那就應該與各人無關了！那麼各人的眼根就不應該有所見，或者眼根的所見都是自然所擁有的，不是有情各人所擁有的見；那麼一切所見就應該都歸於自然所有，是自然有眼入而不是有情有眼入了，那麼見性與眼入就跟一切有情無關了啊！那又與有情的覺知心見色功能有什麼相干呢？所以說，眼根與色塵二處，本來就不是因緣所生，本來就不是自然性，都應攝歸有情各自如來藏的妙眞如性中。

換句話說，都因爲如來藏的妙眞如性，才會有**眼根與色塵爲緣出生眼識見性**的因緣性；都因爲如來藏的妙眞如性，才會有眼根與色塵具足時就能自然顯現見性的自然性。若不是有情各自都有的如來藏，若不是一切如來藏都各有自己的妙眞如性，就不會有因緣所生法的眼根與色塵，也不會有因緣所生法具足以後自然會出生的見性功能。因此 世尊說：「即色與見，二處虛妄，本非因緣，非自然性。」意謂色塵與眼識的見性全都是虛妄的，本來就不是單純由外法因緣就能出生的；也不是有眼根與色塵後就能自然出生的——非自然性，其實都是有情各自的如來藏妙眞如性藉緣而自然出生的。接下來又講耳根（耳處）以及聲處等二處。

【「阿難！汝更聽此祇陀園中，食辦擊鼓，眾集撞鐘，鐘鼓音聲前後相續；於意云何？此等爲是聲來耳邊？耳往聲處？阿難！若復此聲來於耳邊，如我乞食室羅筏城，在祇陀林則無有我，此聲必來阿難耳處，目連迦葉應不俱聞，何況其中一千二百五十沙門一聞鐘聲、同來食處？若復汝耳往彼聲邊，如我歸住祇陀林中，在室羅城則無有我；汝聞鼓聲，其耳已往擊鼓之處，鐘聲齊出，應不俱聞，何況其中象馬牛羊種種音響？若無來往，亦復無聞，是故當知聽與音聲俱無處所，即聽與聲二處虛妄，本非因緣，非自然性。（本如來藏妙眞如性也）」】

講記：這一段經文中，佛說：「阿難啊！你再聽聽看，在這個祇樹給孤獨園裡面，每當城裡人們飲食準備好了就擊鼓，我們這裡聽到城裡擊鼓以後，等到鼓聲停了，就撞鐘集合所有的比丘、比丘尼們；正當鐘或鼓的聲音前後相續不斷時，你阿難的意思如何呢？這個鐘聲與鼓聲，是聲音來你的耳根這裡呢？或者是你的耳根前往聲音的地方去聽聞到呢？」當然我們現在都瞭解聲音，都知道是物質被敲擊而振動空氣，空氣聲波就傳出去。古人沒有學過自然課、物理課，沒有這種知見。但我們現在可以把這個道理運用進來觀察看看：是聲音來我們耳根裡？或者我們耳根去聲音那裡？

佛又開示說：「阿難！如果是聲音來祇陀林中進入我的耳根，假使我聽到撞鐘以後隨即去室羅筏城中乞食，那麼在祇陀林中就不再有我釋迦牟尼了，這時鼓聲必定已經來入你阿難的耳根處所，與你阿難同時都在祇陀林中的目連與迦葉二人，就應該都同樣沒有聽見鼓聲了！因爲鼓聲聲塵只有一個，當然是只能來到你阿難的耳根中；然而事實不然，是所有人都聽見的，不只是你阿難一人。」假使由於鼓聲聲塵是只有一個，就該是只有一個人能聽見，餘人是聽不見的；「何況祇陀林中共有一千二百五十位大沙門，怎能同時聽聞一個鼓聲聲塵而一起來到飲食之處？」祇陀林距離城中並不遠，走路大約一、二十分鐘就到了，兩處之間又沒有房子阻隔，所以城中擊鼓時，祇陀林中都聽得到。

假使 世尊一聽到鼓聲時就立即前往城中應供，在祇陀林中就沒有 世尊了，就應該 世尊已經聽不見由城中到達祇陀林中的鼓聲了；因爲鼓聲聲塵只有一個，而且 世尊已來到城中而不在祇陀林中了。這時應該是改由阿難尊者來聽見祇陀林中的鼓聲，而其餘的人都聽不見，因爲阿難所聽見的鼓聲是外聲塵而不是阿難的如來藏妙眞如性所出生的屬於自己的內聲塵——不是各人的如來藏妙眞如性都各自變化出自己所聞的鼓聲聲塵。然而事實上並不是如此，其餘的阿羅漢們還是一樣都聽見了鼓聲，所以並不是外面的鼓聲來進入 世尊的耳中或進入阿難的耳中，也不是外面的鼓聲來進入其餘阿羅漢們的耳中，而是藉外面的鼓聲爲緣，由各人如來藏的妙眞如性來變生各人自己的鼓聲聲塵，來讓各人的聞性所聞。

所以，如果是外聲塵來進入耳根中，這外面的聲塵既然進入某人的耳中了，旁邊的人就應該聽不見，因爲聲塵只有一個來源，所以聲音也應該只有一個而進入某人的耳根中，就不該同時進入別人的耳根中；所以，各人都能聽聞的聲塵，其實都是各人自己的如來藏妙眞如性所變生的，因此各人都有自己所聽聞到的聲塵，都屬於自己獨有的內相分的聲塵。這樣的聲塵當然要攝歸各人如來藏的妙眞如性中。而耳根有扶塵根，最重要的則是勝義根的耳根；勝義根的耳根即是腦袋中掌管聽覺的部分，有情所聽聞到的聲塵都是內相分的聲塵，這個內相分聲塵是在勝義根中顯現的；是由扶塵根的耳根吸取外聲塵，再由如來藏妙眞如性依據外聲塵來變生內相分聲塵於勝義根中，然後由覺知心中的耳識來接觸及了別；所以耳根與內相分的聲塵都是如來藏妙眞如性所變生的，世尊當然要說「耳處、聲處本如來藏妙眞如性」了！所以不該說「聲來耳邊」，而是「聲塵本是如來藏妙眞如性」。

同理，也不該說是耳根前往城裡發起鼓聲的處所；「如果聲音響了以後，是耳根前往聲音發出的處所來聽聲音，當我乞食後歸來祇陀林中準備進食時，在室羅筏城中已經沒有我釋迦牟尼存在了；那麼當你阿難聽到鼓聲時，你的耳根已經前往擊鼓的地方了；後來祇陀林中的鐘聲全部響出來時，你應當就聽不到了，何況你阿難這時還能聽到祇陀林中的象馬牛羊等種種音響呢？眾人所聞的聲音如果是只有一個外聲塵，而外聲塵及耳根並沒有來往，那你也就沒有音響可以聽聞了。」這就是說，一定是有聲塵來往，但是這個有來有往的聲塵並不是被有情所聽聞的聲塵，因爲外聲塵只有一個，而眾生所聽到的聲塵卻是各不相同，有大有小、有各種不同的差別，顯然大家所聽聞到的聲塵是各自如來藏妙眞如性所變生的內聲塵，不是心外的聲塵來入各人的心中。

而各人所聞到的聲塵，都是各人的如來藏妙眞如性所變生的；既是所生法，當然是虛妄性、無常性的。而各人的耳根（不論是扶塵根或勝義根）也都是自己的如來藏妙眞如性所變生的，當然也是有生有滅的無常法、虛妄法；所以耳根與聲塵二處，全都不是因緣生，也不是自然性，而是各人的如來藏妙眞如性。而如來藏妙眞如性無形無色，沒有方所；所生的聞性以及聲音也一樣沒有常住不壞的處所，因此 佛說：「**即聽與聲二處虛妄，本非因緣，非自然性。**」意思就是說，耳根與所聽的聲音，這二處都不是單純由因緣所出生的，也不是自然性所出生的，當然是如來藏的妙眞如性所生的，是附屬於如來藏妙眞如性。

聞性的存在，是必須有因緣與自然性的；但是聞性所憑藉的因緣與自然，卻都同樣是從如來藏妙眞如性中出生或顯現的；而且聞性所憑藉的耳根、聲塵具足以後，聞性自身也是從如來藏妙眞如性中出生的。當聞性憑藉耳根與聲塵而從如來藏妙眞如性中出生以後，在每一剎那不斷運作的過程中，也都是要依靠如來藏妙眞如性的運作來支持的，並不是聞性出生以後就可以自己運作的，所以聞性也不是自然性，當然要說「**耳根、聲塵、聞性都**

不是因緣生，不是自然性，是如來藏妙眞如性」。

單有耳根或單有聲塵，都不可能有聞性而聽得見聲音，一定要有耳根、聲塵、聞性，並且背後要有如來藏妙眞如性支持著，才能夠聽聞聲音。假使有人說：「單有聲音就行了，聲音自己可以聽見。」問題是，聲音若能聽見聲音自己，那就是聲音自己有聞性，那聲音所聞見的聲塵內容又干你什麼事？顯然你是不應該聽到聲音的，因爲是由聲音自己聽見的。若說聲音是從耳根中出生的，那就是耳根自己聽見聲音，不必外面的聲音進來，那麼外面擊鼓撞鐘又干你什麼事？若說聞性是從耳根中出生的，那麼聲音應該是由耳根聽見而不是由覺知心的聞性來聽見；但是這些說法，都不符合眼前的現量境界，當然是錯誤的說法。

因此，耳根、聲塵、聞性，全都是由如來藏妙眞如性出生的，單有因緣、單說自然性，都是不能成立的；所以說，「耳根、音聲這兩處虛妄，聞性也是虛妄」，本來就不是因緣所生，也不是無因無緣的自然性；是因爲如來藏的妙眞如性持續在運作，所以有了耳根，有了聲塵，所以才有聞性而有耳入；都因爲有了如來藏妙眞如性，所以耳根與聲塵中才會自然而然出現了聞性，所以應該知道都是如來藏的妙眞如性。

【「阿難！汝又嗅此爐中栴檀，此香若復然於一銖，室羅筏城四十里內同時聞氣。於意云何？此香爲復生栴檀木？生於汝鼻？爲生於空？阿難！若復此香生於汝鼻，稱鼻所生，當從鼻出；鼻非栴檀，云何鼻中有栴檀氣？稱汝聞香，當於鼻入；鼻中出香，說聞非義。若生於空，空性常恒，香應常在，何藉爐中爇此枯木？若生於木，則此香質因爇成煙；若鼻得聞，合蒙煙氣；其煙騰空未及遙遠，四十里內云何已聞？是故當知，香臭與聞俱無處所；即嗅與香，二處虛妄，本非因緣，非自然性。（本如來藏妙眞如性也）」】

講記：接著繼續講鼻處以及香處。佛說：「阿難啊！你現在來嗅一嗅這個香爐中所燃起來的栴檀香，這個香如果是點燃一銖，」一銖是很輕的重量，一銖是等於二十四分之一兩，一兩是十錢，所以一銖比一錢少，也比半錢少一些；這數量並不多，大約是一個小茶匙。但因爲是上好的栴檀香，所以很香。現在要買到好的沉香很難，已經貴得不像話了！我學佛早期曾經有過一罐沉香，可是現在要找到那種品質的沉香已經找不到了！有時花了幾千塊錢，八、九千元或六、七千元買回來的，也都沒有那麼香了。不曉得那是何處出產的沉香，現在已經找不到那種香了！

若眞正是上好的沈香或上好的牛頭栴檀香，確實是很香的，只要點上一些，只要煙一生起來，香味就已經熏到很遠的地方去了！因爲眞正上好的香是很濃烈的，一點點就可以熏到很遠的地方。若是能夠找到眞正的好香供養到應身佛，那個福德很大。我們早期有一位同修，他有一段時間出了問題；後來 佛有對他開示（當然免不了要教訓一番），然後告訴他是什麼因緣今生可以遇到我而得法；所以他後來雖然被夥脅而不得不離開了，也還不敢誹謗我，原因就在這裡。那時 佛有示現他的往世因緣，讓他知道：他在 釋迦牟尼佛應化人間的時候，還只是一隻小鳥而已；但是牠很聰明，不曉得在哪裡找到一小塊的沉香木，知道那是好東西，就叼了那一小塊香木飛到 佛前去供養；就因爲這個關係，所以他今生不但生而爲人，而且還可以明心。所以，供養應身佛的功德大到什麼地步，眞是不可想像。如果不是那個因緣，現在應該還在旁生道裡，還在無明中輪迴，更別說明心啦！連當人都當不了。所以，供佛的功德無量無邊，這個只有親自體驗的人才會知道。我會有今天，也是當年在佛世時懂得供佛。你們可別想說：「禮佛只是禮節，沒什麼特別意義啦！所禮拜的也只不過是木雕泥塑的佛像。」可別這樣想，那個功德是一般人想像不到，何況是對應身佛呢！

以前那種眞正好的沉香木，現在是不容易找得到了。譬如丁香那一類的樹木，現在如果想要買一棵自己種，非得要花上很大把的銀子，否則是買不到的；據說撒哈拉沙漠還有一些丁香或乳香樹，但是很難找到；能找得到的，都是已經有人看守著。現在想要找到上好的沉香木，只有這麼粗的沈香木，只要這麼一節，非得要幾十萬元去買，否則買不到。所以，眞正好的沉香木已經很難找得到。現在所能找到的，大多是一般的品質；香得不得了的極品，現在很難找到，大概都被用掉了。但是一定還有人藏著不肯賣，屯積起來。

「上好的牛頭栴檀香，只要燃上一些，整個室羅筏城四十里周圍之內同時可以聞到香氣。」這當然是極品之香，而且以前房子少、人煙稀，不會製造許多的廢氣，空氣新鮮；又沒有高樓大廈擋著，當然城內城外都聞得到香氣；「那麼你阿難且來探討看看，你所聞到的香氣，以及室羅筏城周圍大眾所聞到的香氣，是出生於栴檀木中呢？或者是出生於你的鼻根呢？或者是從空中出生的？」現在 佛陀提出三個問題來了。然後 佛就說：「阿難！如果這香氣是從鼻根中出生的，你因此說是鼻子所出生的，」「稱」就是說明、指稱，「那麼這個栴檀香應該是從你的鼻子中散發出來的，可是鼻根既然不是栴檀，爲什麼鼻子中可以自然散發出栴檀香氣來？」那就不應該等到點了栴檀香木以後才有香氣散發出來啊！因爲香氣若眞的是從鼻子散發出來的，那麼鼻根自己就可以聞見香氣了，根本就不需要點燃鼻子外面的栴檀香木啊！

如果眞的是由鼻根自己散發出栴檀香氣，好不好呢？我告訴你：不好！因爲你將永遠只能聞到栴檀香氣，別的香味可就全都聞不見了！這時，「常」就眞的不好了。常，一般學佛人總是說：「我修學佛法，就是要追求一個常住法啊！」那是正確的看法。但是，得要先弄清楚，自己所要追求的常，究竟是什麼常？不該是想要把無常的變成常。如果善知識教的法門是把無常的變成常，你一定不可接受；譬如無常的栴檀香氣，如果眞的可以變成常，那就永遠只能聞到栴檀的香，別的味道都聞不到了！那時吃飯都不曉得飯香，吃菜時也不曉得菜香，都只能嗅到栴檀香味；別人家送來鮮花給你，你也聞不到花香；除了栴檀香氣以外，什麼都聞不到。當人家說：「這個東西很髒！應該掃除。」因爲它很臭，可是只能聞到常味的人卻因爲沒有辦法聞到它的臭味，所以就不曉得它又臭又髒。這樣的常，好不好呢？當然不好。

常，當然也有好的，是要在妙眞如性所依的如來藏心體恆常上面來實證，這個才好嘛！如果覺知心也是常而不變，當覺知心知道某一個法以後，就應該永遠只知道同一個法，別的法統統不能了知，只能與那個法相應，因爲常而不變，那就沒有人想要這個常了！大家想要的都是隨時可以變換而了知不同時地的不同諸法，可是，如果現在跟這個法相應（了知這個法），等一下又跟另一個法相應（了知另一個法），那就不叫常了！可是現今各處道場都是把隨時了知不同諸法而非常的覺知心，認作是常；那其實是沒有看穿覺知心的無常性，把無常法性中的覺知心或離念靈知誤認爲常了；這都是因爲缺乏正確的佛法知見所致，也都是由於欠缺解脫道五蘊、十八界的知見所致。這樣看來，某些法如果是常，可眞是不好呢！

如果栴檀香氣是從鼻根中出生的，應該永遠只能聞到栴檀香氣，別的香味都聞不到了！所以如果說香氣是從鼻根中出生的，鼻子既然不是栴檀香木，爲什麼鼻子中會有栴檀香氣跑出來？不應該這樣子啊！因爲栴檀香氣是把栴檀木燒了以後才能聞得到的，如果鼻子不是栴檀香木，而且又沒有被燃燒，爲什麼鼻根自己會出生栴檀的香氣？

「稱汝聞香，當於鼻入；鼻中出香，說聞非義。」「如果自稱是嗅聞到了栴檀香氣，那應該是在鼻入當中聞到的，」是從外而來的香氣，才能說是鼻子聞到了香氣；「這麼一來，剛才說鼻子裡面自己能出生栴檀香氣，而說是鼻根聞見了香氣，這個說法是沒有道理可以講得通的。」因爲既然是鼻子去嗅見了，應該是從外面嗅進來的，才可能嗅得見啊！譬如點了極品沉香時，卻把鼻根捏住，沒有外面的空氣帶著香塵進入鼻中，還能夠聞見嗎？當然是聞不見的，那外面空氣中的香氣就跟你無關了。因此，所謂鼻入，一定是有外面的香塵進來才可以說有鼻入，如果沒有外面的香塵進來，怎麼可以說有鼻入呢？如果因此就反過來說：若是鼻子裡自己有栴檀香氣，而說有鼻入所以聞見了，這個聞見的說法就講不通了！因為沒有香氣入鼻的緣故，當然「說聞非義」。

「若生於空，空性常恒，香應常在，何藉爐中爇此枯木？」「如果說栴檀香氣是出生自虛空中，是由虛空無因出生的，」又會有問題了！「虛空既然是常住的，恆而不變，那麼虛空所出生的栴檀香氣也應該恆而不變地常在，」那就應該一萬年、一億年之後，虛空中還是一直都有栴檀香氣存在不變；既然永遠都有栴檀香氣常存不滅，「又何必要藉著在香爐中燃燒栴檀香枯木，才能聞到栴檀香氣呢？」所以說，若是有人主張鼻入香塵是從虛空中自然出生的，這個道理也講不通。事實上，是要把枯乾的栴檀木燃燒起來，才會有栴檀香味，不是虛空中自然有栴檀香氣。

「若生於木，則此香質因爇成煙；若鼻得聞，合蒙煙氣；其煙騰空未及遙遠，四十里內云何已聞？」「假使你說：『栴檀香氣是出生於栴檀木中，可是這個香味的本質其實是因爲香木藉著火的燃燒而產生了煙。』依你這個道理來說，如果鼻子可以嗅聞這個香氣時，就應該你的鼻子有被煙氣所熏到才能嗅聞到栴檀香氣；然而你阿難只是在這裡看見了燃燒栴檀木而生起的煙，確實是只在這裡看得到，那煙飄得並不遠，「可是室羅筏城周圍四十里內的人們，都沒有被煙熏到鼻子，爲什麼竟然都能聞見了呢？」這當然是極品的栴檀木，而且要在古時那種環境下燃起來才能如此；如果是在台北市中燃燒，就無法熏香四十里了（印度的里比華里短。二華里大約一公里），可能連一里外都聞不到了。因爲汽車以及其他工業產品用過後的污穢濁氣一大堆，都掩蓋了，哪裡聞得到？一定是要在清淨的空氣下，沒有被外面各種混雜的香臭所干擾，而且也沒有連棟的高樓大廈所阻隔，才能聞得見。

這意思就是說，香塵的飄散，並不是只有靠著煙才能廣飄；香塵不一定會在煙中，煙中雖然也有香塵，但是多數香塵並不在煙中；如果說香塵一定在煙中，那就必須要把鼻子在煙中熏，才能嗅聞到香氣了，然而事實上並不是如此。香塵飄散出去以後，一定要有鼻入才能把香塵吸入而領受香味，可是不能夠說鼻入所嗅聞到的香氣是從鼻根中出生的；若是從鼻根中出生的，即使沒有鼻入時也應該可嗅聞到香氣才是。但也不能說栴檀香氣是從栴檀香木中出生的，也不能說是從虛空中出生的；因爲如果說是從栴檀香木中出生的，如果沒有鼻入、鼻根、鼻識時，還能聞得到嗎？但也不能說是從鼻根而生的，否則鼻根中應該常常都有栴檀香氣可聞，也就不必燃燒栴檀木了。如果是從空中而生，常而不變的虛空中就應該常常都有栴檀香氣被人們所聞，也不需要去燃燒栴檀木了。如果是從栴檀木而生，可是栴檀木被燒時的煙氣只是在祇陀園中一小處地方存在，這個煙並沒有普熏各處，爲什麼室羅筏城四十里周圍內都可以聞到？

「所以，香臭以及嗅聞之性，這二法全都沒有處所，」也就是說，大眾所聞嗅的栴檀香氣，是因緣和合以後，才能從如來藏妙眞如性中出生的。也就是說這裡點了香，大眾所聞嗅的香味並不是純粹由栴檀木而生，不是純粹從室羅筏城那些人能聞的鼻根而生，不是純粹從虛空而生，而是這三者必須要具足配合。可是有了這三者，就能夠有鼻入這個嗅聞性與香氣嗎？也不可能！因爲，如果只要有這三者就可以，那麼屍體也應該能嗅得見香臭氣了，因爲屍體也有鼻根啊！可是屍體的鼻根叫作無根身，表示它的鼻根不能用；爲什麼不能用了？因爲它沒辦法呼吸；爲什麼它沒辦法呼吸？因爲他死掉了，使得鼻根成爲無根身了！正因爲如來藏離開了身體，於是如來藏就無法藉著鼻根來顯現出內相分的香塵；因爲祂不能執受身根去接觸外面的香塵而變現出內相分的香塵出來，那麼覺知心、意根就都無法接觸這個法塵，也就不可能在勝義根中變現出內香塵來，覺知心就無法領受內香塵的栴檀香氣了！

這意思就很清楚了，香氣的領受，得要有鼻入，但是所嗅到的香氣卻不是單純由鼻根所生的，也不是單純由栴檀木所生，更不是由虛空所生；而是要由如來藏出生了鼻根、鼻入，藉栴檀香木而火燃生煙，散發出不可見的香氣；飄散出去以後，由各人的如來藏攝取了栴檀木所燒出來的香塵，然後變現出自己內相分中的香塵來，再由如來藏妙眞如性所出生的鼻識嗅聞性，來領受栴檀香的香塵。所以，不但是鼻根與鼻入，連香塵都是如來藏妙眞如性所出生的，當然是無常之法，無常之法怎能說是有處所的法呢？由此緣故，佛說：「是故當知，香臭與聞俱無處所；」又因爲香臭與嗅聞性都是如來藏妙眞如性所出生的，當然不是常住不壞法，所以 佛說：「即嗅與香，二處虛妄，」既是虛妄法，當然不可以說是常住的佛性。

雖然如此，卻也不可以說香臭與聞都是因緣生，也不該說是自然性；因爲全都是如來藏的妙眞如性，藉各種因緣而出生的；被如來藏出生以後，就自然有功能在運作著，卻不是外於如來藏妙眞如性而自然有的功能，所以佛陀說：「本非因緣，非自然性。」意思當然是說：是由如來藏的妙眞如性所出生的。這就是說，如果是依如來藏妙眞如性來說諸法是因緣生，或者依如來藏妙眞如性來說諸法的自然性，就全部都通；若是離開了如來藏妙眞如性而講因緣所生法，或說是諸法的自然性，那就全部都不通。因此說，鼻入、鼻根、香塵、嗅覺性，都該攝歸如來藏，全都不是單純的因緣性，更不是外法自然性，根本就是如來藏的妙眞如性。接下來又說二處：舌處與味處。

【「阿難！汝常二時眾中持鉢，其間或遇酥酪醍醐，名爲上味，於意云何？此味爲復生於空中？生於舌中？爲生食中？阿難！若復此味生於汝舌，在汝口中祇有一舌，其舌爾時已成酥味，遇黑石蜜，應不推移；若不變移，不名知味；若變移者，舌非多體，云何多味、一舌之知？若生於食，食非有識，云何自知？又食自知，即同他食，何預於汝、名味之知？若生於空，汝噉虛空當作何味？必其虛空若作鹹味，既鹹汝舌亦鹹汝面，則此界人同於海魚；既常受鹹，了不知淡；若不識淡亦不覺鹹，必無所知，云何名味？是故當知味、舌與嘗俱無處所，即嘗與味，二俱虛妄，本非因緣，非自然性。

(本如來藏妙眞如性也)」】

講記：現在佛又說：「阿難啊！你常常二時眾中持鉢，」二時就是早上以及中午，那麼早上眾中持鉢，或者中午眾中持鉢，就是隨眾下山托鉢去，「出了祇陀林去室羅筏城托鉢時，在托鉢的過程當中，有時遇到施主布施酥、酪、醍醐，說是最上品的妙味，」「酥」就是講生酥或者熟酥，生酥是乾燥後的乳製品，還沒有煮過或烤過；若是被烤過而鬆軟酥脆的，就稱爲熟酥；現代人常常食用的起司，有的是生酥，也有屬於熟酥，是煮熟再風乾的。「酪」現在大家都清楚，就是用牛奶或羊奶發酵了以後變成稍微凝固的狀態，還沒有變乾燥的就是酪，食用時得要用湯匙去舀；不是優酪乳，優酪乳叫作酸奶。「酪」是好像布丁一樣的發酵奶，但它不會流動，已經半凝固了。熟酥是脆脆的，含進口中被口水潤過就融化掉了。據說熟酥再製造以後就變成醍醐，我也不曉得醍醐是什麼物品；也許在古代吃過，現在忘了。

台灣人命好，什麼吃的東西都有，而且三更半夜一樣都有得吃，所以台灣眞是寶地。古人如果有酸奶可以常常喝，就算很不錯了！尤其是出家人，不常有乳製品享用；所以如果遇到有人布施酥酪醍醐，就是上味，是最上妙的味道。「那麼你阿難認為如何呢？這個酥酪醍醐等上妙美味，是出生於虛空中呢？或者是從你的舌根而生的呢？或者是從酥酪醍醐等食物中出生的呢？阿難！如果這些上妙味道是從你的舌根中出生的，」舌根不單是指舌頭，當然也包括舌的勝義根，「妙味如果是從你的舌根而出生的，可是在你阿難的嘴裡只有一個舌頭，當你吃了酥酪醍醐時，舌頭的味覺已經全部都是酥酪之味；然後又遇到再吃黑石蜜時，」黑石蜜就是黑糖受到一點點潮而變硬，好像石頭一般硬而且變成黑色了；因為很硬又很甜而如同蜂蜜一般，就稱為黑石蜜。其實應當譯作烏石蜜才對，譬如有人專作機器修理而每天都是滿手烏黑的模樣，閩南人就說「那個人是作烏手的」。也有人稱為「作黑手的人」，就不是很正確的用詞了。

「當你阿難後來又遇上改吃黑石蜜時，舌頭上的味道應該是仍然保有酥酪等味道，而不會改變成為黑石蜜的味道，因為酥味是從你阿難的舌頭中出生的，所以舌頭滿是酥的味道而不可能改變；現在人家又供養了黑石蜜給你吃，正在吃黑石蜜時，你阿難的舌頭應該仍然是酥的味道才是，不應該改變為黑糖的味道，」可是明明人家供養了黑糖的時候，阿難舌頭上的味道已經轉變為黑糖的味道，並沒有維持原來生酥、熟酥的味道啊！既然說酥味是從舌根而出生的，後來再吃黑糖時應該仍然是酥味才是，舌頭上的味覺就應該是不推移的，應該是後來再吃黑糖時仍然不知道黑糖的味道，繼續保持著原來的酥味。

然而，「若是後來改吃黑糖時仍不知道已經改變為黑糖的味道，那就不能夠叫作知味的人了！可是如果改吃黑糖時，味道就隨著改變而知道味道與原來吃酥時不同，」卻又說味道是從舌頭中出生的，「可是舌頭並沒有很多條，這時是不是又從另一條舌頭中出生了黑糖味呢？」如果是只有一條舌頭，就該一直都是酥味才是，怎麼可能後來變成黑糖的味道呢？除非有許多條舌頭，來出生各種不同的味道；所以佛說：「若變移者，舌非多體，云何多味、一舌之知？」如果改吃黑糖時，舌根的味道就跟著改變了，顯然味道不是從舌根中出生的。如果改變了食物以後，仍然保持著原來的味道，才可以主張味道是從舌頭中出生的；但是如果眞的是這樣，就無法了知各種味道了，那就「不名知味」，就不可以說舌頭知道分辨味道了。

「若變移者，舌非多體，云何多味、一舌之知？」如果改吃不同的食物，就會使舌根的味道變動了；而剛才又說是舌頭出生了生酥的味道，那麼現在舌頭應當還是出生酥味才是。假使要改說為出生黑糖的味道，就應該是由另一條舌頭來出生新的味道才是；可是明明舌頭就只有一條，爲什麼各種不同的味道卻是都由同一條舌頭來了知呢？所以證實並不是由舌根來出生酥酪的味道。

「若生於食，食非有識，云何自知？又食自知，即同他食，何預於汝、名味之知？」「假使因此就改說味道是出生於食物之中，然而食物之中並無心識可以了別味道，那食物又怎麼能自己知道味道？而且，食物如果確實可以自己知道味道，那就如同是別人在吃食物一樣，是由別人來知道食物的味道，那就是別人知道而與你阿難的了知食物味道無關了！那又與你阿難沒有參預的時候一樣，又怎能說你阿難對於所吃的食物能了知味道？」如果說酥酪的味道是從食物中出生的，生酥這個食物並沒有識（識就是能了別的心），那麼食物又怎麼能知道自己的味道？而且「生酥假使眞的知道自己的味道，那也是生酥自己所知的味道，跟你阿難又有什麼相關呢？而且，當食物自己知道味道時，那就如同是別人在吃食物而了知味道一樣，是別人知道而不是你阿難所能知道的啊！」所以不該說是食物自己知道味道。

「若生於空，汝噉虛空當作何味？必其虛空若作鹹味，既鹹汝舌亦鹹汝面，則此界人同於海魚；既常受鹹，了不知淡；若不識淡亦不覺鹹，必無所知，云何名味？」「你阿難如果主張說味道是從虛空出生的，那麼你就嚐一嚐虛空，把虛空咬一口看看，」噉就是咬一口來咀嚼，「嚐一嚐虛空是什麼味道？假使你一定要說虛空是有鹹味的，」也許很久沒有喝水就覺得嘴巴有一點鹹，誤以爲虛空是鹹的，「那麼虛空遍在全身周圍，就應該不只是會鹹了你的舌頭，也會鹹了你的臉，那麼我們這世界的所有人就都會如同海魚一樣活在鹹味中了。既然大家都如同處在海水的鹹味中一般，當然是每天都在嚐著鹹味而早就習慣了，當然就不知道什麼是淡味了。」因爲無時無地都處在鹹味中，不能稍稍離開鹹味，當然是沒有機會了知不鹹的淡味了！

「如果虛空中一向都有鹹味，鹹你的舌也鹹你的臉，就沒有人能了知什麼叫作淡味了，」可是事實上大家喝水時卻都知道淡味，顯然不可能是由虛空來出生味道。「如果不知道淡味，就是無知無覺的，當然也就沒有辦法感覺鹹味了，那你阿難應該是無知於味道的，又怎麼可以說是能了知味道的人呢？」

從這裡就可以知道，味入這個法中，應該要瞭解的是：味入是由食物有味道，還要有舌根的受味性，以及去品嚐，有這三個法作緣，然後才能出生味入。可是光有這三緣就能夠出生我們所了知的味道嗎？也不行！如果光有這三緣而不必有心，那麼在死人口中放入食物以後，那個屍體應該也會了知味道，因爲死人還有舌根，而食物也有味道，並且也接觸了舌根啊！事實上卻不行，因爲他的心離開了，所以嚐不到味道，不能了知味道了！因此，味入是從二處來，從舌根以及味塵而來。可是味塵與舌根卻各有二種，味塵有外味塵與內味塵，舌根有扶塵根與勝義根。舌根的扶塵根是可以接觸到食物的，卻無法了別食物的味道；舌根的勝義根只能接收到舌頭傳送過來的外味塵訊息，由如來藏妙眞如性在勝義根中藉著這個訊息來變生內相分味塵，才能被覺知心的觸嚐性所了知及分別。覺知心是心，無色而不能接觸食物中的味塵物質，得要由如來藏妙眞如性藉舌根的扶塵根來接觸外味塵，再於舌根的勝義根中變生出內相分的味塵，然後覺知心才能接觸內相分中的味塵而了知味道，所以十八界中的味塵不是外法因緣所生的，也不是自然性，而是如來藏的妙眞如性。

由此緣故，覺知心所領受的味塵其實是內相分味塵，是由如來藏妙眞如性所變生出來的，本該攝歸於如來藏心的妙眞如性；而能使人領受味塵的舌根的扶塵根與勝義根，也都是由如來藏妙眞如性出生的；但是如來藏自身無形無色，根本不能說是有處所的心；所以 佛說：**「由於這個緣故，應當知道**

味塵、舌根以及藉著舌根與味塵而能夠嚐味之性，都沒有處所；能嚐之性以及所嚐的味塵，這兩個法都是由如來藏所生而依附於如來藏的妙眞如性才能存在，所以嚐性與味塵二法全都是虛妄法，本來就不是單憑外法因緣就能出生的，也不是由外法四大等自然性所出生的。」當然是由如來藏妙眞如性所出生的，當然要攝歸如來藏才是。

「是故當知味、舌與嘗俱無處所，即嘗與味，二俱虛妄，本非因緣，非自然性。」爲了幫助大眾證悟，有時說六根與六塵有處所，如來藏無處所；然而若把六根與六塵等十二處攝歸如來藏以後，又觀察六根與六塵都無自己獨住存在的特性，而是完全要依靠如來藏才能存在的，當然要說這十二處是沒有處所的。所以，味塵與舌根產生了味入，味入也是依眾緣而有，當然也沒有自己的處所；味入因嚐而有，當然更是依眾緣而有的，因此更是沒有自己的處所。由此緣故，嚐跟味都是虛妄的，都是由如來藏藉五色根和外境六塵接觸，才能夠變生出勝義根中的內相分六塵，讓覺知心的你去接觸到，於是覺知心才會有味入；因此現觀、緣此現觀，就可以了知五根加上意根與六塵，既然都是自己的如來藏所變現的，當然本來就是如來藏的妙眞如性啊！

如來藏本來就有這種功能性，所以舌根、味塵、及能嚐之性，都不是單憑外法等因緣就能出生的，一定是由如來藏藉種種外法因緣才能出生的，所以說「本非因緣」。當然也不是自然性，並非單單只有外法因緣（譬如父母、四大、外六塵）就能自然而然地出生五色根、意根、內六塵，而是在各種外法**因緣**具足時，如來藏**自然**就能出生名與色等十八界法；十八界法具足時，如來藏**自然**就能流注出六入功能的種子，所謂眼識耳識的見性、聞性，乃至身識意識的覺知性。所以，要依如來藏妙眞如性的運作，才有因緣性與自然性可說。有一些人不瞭解，只看到阿含諸經中的文字表義，沒有眞正理解經文中的眞義，誤會了，就一直說六塵都是因緣性，而他們所說的六塵卻都是外六塵，不曾涉及十八界中的內六塵。又說所謂的佛法就是緣起性空，卻是否定第八識本識而解說緣起性空，這是違背世尊在四阿含中依本識如來藏所說的緣起性空，根本就不懂緣起法。緣起法，一定是有一個常住心而能生萬法，才能說是緣起法；否則就與無因論外道所說的無因唯緣而起的說法一樣了！

有一個人寫信給我說，他來聽經以前不曉得眞正的佛法；每一次來聽了兩個鐘頭講經，聽完以後覺得並沒有什麼收穫；聽過一年半以後，有一天突然反省說：**「我現在還是沒有開悟的狀況下，可是別的大師說法錯了，爲什**

麼我都能知道？」才知道原來到正覺講堂聽經的受用很大，卻是聽了一年半以後才發覺到的。受用怎麼大呢？他就舉一個例子（因爲我們有要求，如果想要去打禪三，受過菩薩戒的人可以增加一些錄取的機會），他想：「那我去受戒吧！我若是受了菩薩戒，就成爲眞正發起了菩薩心的人了，那麼我想要自己參禪求證這個法，一定會比較容易一點，而且這也是福德之一。好！去受戒！」

但他受戒時是在南部一個很大的道場受戒，在受戒的時候，有大法師開示說：「開悟其實也沒什麼！兩、三句話就講清楚了。簡單的說，就是你明白了緣起性空，就是開悟了。」然後他想，那個說法有些怪怪的；究竟是什麼地方怪，一時又沒思索出來。等到受戒結束以後，坐上了遊覽車要回家；在路上，他們的信徒也很虔誠，車子在路上前進，時間已經到了傍晚，他們就在遊覽車上作起晚課來，於是大眾作晚課，到後來唸誦《心經》時說：「不生不滅，不垢不淨……」「啊！對了，就是錯在這裡！明明《心經》說佛法是不生不滅啊！可是你大法師卻說一切都是緣起性空，這不就是自相矛盾了嗎？原來『怪怪的』就是怪在這裡。」啊！終於瞭解了！原來開悟還是得去證一個不生不滅的如來藏眞心，才會叫作《心經》。然後從不生不滅的如來藏能出生蘊處界的觀察，再來看五蘊、十二處、十八界緣起性空，這樣才叫作開悟嘛！你看！他終於弄清楚了！這還是在那個最大的道場中出現的公開胡亂說法。請問：**南台灣佛教最大的道場是哪一個？**（大家笑…）那還是他們堂頭和尚座下的第一把交椅講的，你們大概知道是誰了，我就不必明講姓氏了。

你看！還沒有悟，還沒有明心，就可以了知大師們講錯法了。每天早上大聲唱誦的《心經》，明明每天告訴他「不生不滅、不垢不淨」，可是他卻又忘了《心經》說的不生不滅的常住心，還硬說佛法就是萬法緣起性空。然而他這樣的緣起性空跟 佛在四阿含講的緣起性空，要怎麼契合呢？像他這樣無因論的緣起性空，又與《心經》說的「不生不滅、不垢不淨」佛法，要怎麼樣相融呢？豈不是互相矛盾、互相衝突呢？根本就搭不上邊。這位老兄在外面道場一定也是搭不上邊的，因爲他的知見已經超過外面大山頭的堂頭和尚了，當然再也聽不進他們的錯亂說法了！他來這裡聽經一年半，雖然還沒有悟，可是聽經熏習以後，已經知道：原來就是如來藏出生了十八界，十八界都是被如來藏所生，因此全部緣起性空。可是，來聽經一年半以後獲益這麼大，還不想報名參加禪淨班，這也未免太自大了一些。可是你今天假使在場聽了，可別生氣，因爲那會障道的。

但是《心經》講的諸法空相是講十八界，其中卻也有講空性啊！不生不滅講的空性就是這個如來藏心啊！所以《心經》的眞義就是：**如來藏出生了蘊處界，蘊處界緣起性空；而如來藏是自在心，可以不依任何一緣而獨自存在，並且是能生萬法的究竟心**。大乘佛法眞妙，這樣才是佛法嘛！否則，研究四阿含一世，終究只是誤會了的羅漢法，連羅漢法都不是，何況能說是佛法呢？這意思就是說，諸法空相所講的緣起性空，是在現象界上來講的，是說所生的五蘊、十二處、十八界、六入其性皆空；爲什麼空呢？因爲都不是常而不壞的法。無常的法當然是空，一定是要壞滅的，就是緣起性空。

但是空中還有不空，所以無我中有一個眞我，法界實相就是這個道理啊！譬如太極，太極在道家來講是很圓滿的，是最圓滿、最究竟的。太極之法所說的是，太極生兩儀，兩儀生四象，四象又衍生了八卦，八八六十四而成就六十四個卦象，於是世間萬法就從這裡面可以推算出來。它可以在世間法中去證驗，講得很不錯，把世間法套上去都能契合；可是問題來了！出世間法是什麼？而太極的本體又是什麼？就探討不到了！他們都只能探討到兩儀陰陽，再上去的太極就完全只能想像而無法稍微了知了。

所謂太極，其實就是如來藏，由這個如來藏才產生了兩儀，才有欲界中的男女、陰陽、萬象，卻都由太極中生起，若沒有如來藏就沒有太極。可是道家的太極思想理論，都只能在現象界中探討，不能觸及太極實相本身啊！同樣的事實是，緣起性空也都只能在現象界中探討，然而 佛陀在四阿含中所說的緣起性空，是以本識涅槃、本識常住不變、本識不知不見、本識出生名色的道理作爲前提的。道家的創始者也懂這個道理，所以他的兩儀生四象而衍生出六十四卦，也是要依太極作爲最後的法；只是他不知道太極的所在，無法實證也無法講出來罷了！這樣看來，道家創始人顯然是超過現代佛教大法師們的；因爲大法師們都把太極如來藏否定，然後主張緣起性空，這相當於道家裡的糊塗蟲把太極否定之後，再來主張兩儀生四象乃至六十四卦的道理，同樣都是愚癡人。

道家太極思想，沒有辦法講到怎麼樣出三界，斷分段生死都做不到，因爲都在人間的有爲法裡面轉；而羅漢法解脫道是講解出三界生死的道理，所以超越道家的太極思想，卻不是現代大法師們否定如來藏以後所說緣起性空的無因唯緣論。可是解脫道的出三界道理，是在世俗法上面來說的，不必牽涉到親證實相的內容。什麼叫作世俗法呢？五蘊、十二處、十八界、六入就是世俗法，是世俗人經過教導以後都可以觀察到的。世俗法蘊處界入諸法一切緣起性空，把自己殺盡而不再出生了，就出離三界生死痛苦了，那時只剩下本識如來藏不知不見而獨住，即是無餘涅槃。羅漢法解脫道因爲都是在五蘊、十二處、十八界上面來觀察：五蘊、十二處、十八界無常故無我。這是在現象界世俗法中所做的觀察，所以阿羅漢們都沒有辦法到達實相，都無法觸及實相境界，所觀察的緣起性空範圍是世俗法的蘊處界，所以大乘的緣起性空觀是勝義諦，二乘的緣起性空觀是世俗諦。

由於羅漢法解脫道觸不到實相境界，二乘實證者所說的解脫道正理當然不能觸及第一義諦，所證智慧當然不能到達第一義的眞實理；而第一義的眞實理就是四聖六凡等十法界的眞實相。因此，羅漢法的緣起性空是講現象界的眞相，而佛法中所講的緣起性空卻是函蓋實相法界的。請諸位一起來看這一段經文中所講的「味、舌、嚐」三法，是否都屬於現象界？（眾答：是）是啊！都是在現象界裡頭的法相啊！既然都是現象界中的，那麼味、舌、嚐等三法的緣起性空，當然就不是第一義了！那麼應該怎麼樣才是第一義呢？當你證實如來藏出生了蘊處界等現象界，蘊處界依如來藏而緣起性空，而如來藏常住不壞，蘊處界轉依如來藏以後成爲如來藏中的局部功能，所以跟著如來藏常住三界中利樂有情，同證最究竟的解脫，這樣才叫作第一義諦。

而第一義諦中是要現前觀察（簡稱現觀）如來藏在何處？如來藏有什麼妙眞如性？如來藏如何出生蘊處界？出生的過程如何？這樣現觀以後，就知道蘊處界其實都應該攝歸如來藏的妙眞如性中。因此說，「味、舌與嘗，都沒有眞實的處所，」因爲全都是有生而無常，全都是會毀壞的生滅法，總是時時刻刻都在生滅變異中，不能久住的法當然不可以說是眞實法，不眞實的法當然不能說是有處所的，因此 佛說：「是故當知味、舌與嘗俱無處所，即嘗與味，二俱虛妄，」證得如來藏而現觀祂的妙眞如性以後，回頭直接在嘗、味上面加以觀察時，你會發覺：嘗與味都是虛妄法，不是單獨由外法因緣所能生的，而是必須由如來藏藉各種因緣來出生的，也是必須由如來藏藉各種因緣而變異、而終歸壞滅的，所以不是單憑外法各種因緣就能出生蘊處界的。

同理，法界中也沒有自然性可說，一切自然外道所說的自然性，其實都是由如來藏在背後運作而生住異滅，並不是外於如來藏而有自然性。譬如入胎以後，自然會出生名色，然而名色蘊處界諸法並不純是自然性而出生的，都是如來藏的妙眞如性運作以後才自然有蘊處界出生；但是自然外道不懂，就以爲是入胎以後自然會出生蘊處界，不懂入胎而出生蘊處界的實相，心外求法，所以被稱作自然外道。離開如來藏就沒有因緣法，也沒有自然性可說；不但是本經這麼說，四阿含及大乘諸經中也都是這麼說的，只是那些佛學研究者都讀不懂，大法師們也一樣讀不懂。

咱們且回頭來看本經所講的如來藏妙眞如性，這個妙眞如性，在這經文中已經是講過幾頁了？已經講八頁了，接著還要再從四十五頁講到七十一頁呢！而且，打從卷一開始不久所作的七處、八處、九處徵心時，強調覺知心是虛妄的，到最後卻又歸結爲如來藏的妙眞如性。九處徵心講完了，當佛陀開始講五陰、六入、十二處、十八界總相時，在這四個大單元剛提出來講時，每一單元也都是先提出一個大前提：「云何五陰本如來藏妙眞如性？」「云何六入本如來藏妙眞如性？」「云何十二處本如來藏妙眞如性？」「云何十八界本如來藏妙眞如性？」在陰、入、處、界等每一個單元剛提出時，都先建立這個大前提，然後才開始宣講其中的細相；可是都只在整個大單元結束時才提示說「本如來藏妙眞如性」，在各別的細相講完時則是省略「本如來藏妙眞如性」這一句，只說「本非因緣，非自然性」，意思其實是說：不但五陰、六入、十二處、十八界總相都是如來藏的妙眞如性，陰、入、處、界的全部細相內容也都一樣是如來藏的妙眞如性；雖然都是生滅法，但是被如實攝歸如來藏以後，當然都屬於如來藏的妙眞如性所生、所顯。但現代大師們總是把這個大前提忘了，單只記得「本非因緣，非自然性」，就指稱五陰十八界等法全都是常住不壞法；因爲這樣誤會了，就把六識見聞覺知等自性當作常住不壞的佛性了！於是斷不了我見，永遠住在常見外道見解中。

讀經時，一定要記得大前提，要在經中所說的大前提下，來讀每一段經文，才不會斷章取義、斷句取義，才能確實理解經文中的義理，然後才有可能建立正確方向而實證經文中所說的智慧。絕對不能把大前提拿掉，單取後面一、二句話來認知佛法。就好像法律一樣，某一篇、某一章的大前提，絕對不可以拿掉或忽略，只單純的依某一條、某一款、某一目、某一項來主張法律上的見解；一定要在那些條、款、目、項所依止的篇章大前提下，來解釋法律條文的定義，才不會公然違背法律而覺得自己有理。同樣的道理，在十二處剛開始講時，佛陀已先提出一個大前提：**「云何十二處本如來藏妙眞如性？」**所以每一個大單元講完時，我怕大家忘了，都會爲大家提醒一下：**本非因緣，非自然性，這意思就是說，本來全都是如來藏的妙眞如性。**所以，味與嚐是如來藏的妙眞如性，因此而說舌識的嚐味性仍然是如來藏的妙眞如性；同理，其餘五識的見性、聞性、嗅性、觸覺性、了知性，也同樣是如來藏的妙眞如性。接下來 佛陀又說：

【「阿難！汝常晨朝以手摩頭，於意云何？此摩所知誰爲能觸？能爲在手？爲復在頭？若在於手，頭則無知，云何成觸？若在於頭，手則無用，云何名觸？若各各有，則汝阿難應有二身；若頭與手一觸所生，則手與頭當爲一體；若一體者觸則無成，若二體者觸誰爲在？在能非所，在所非能，不應虛空與汝成觸；是故當知覺觸與身，俱無處所，即身與觸、二俱虛妄，本非因緣，非自然性。(本如來藏妙眞如性也)」】

講記：接下來 佛又說：「你常常在早上用手摩頭，」這是出家人的規矩，不曉得眾位師父們早上有沒有自己摸摸頭？經中 佛有這麼說，出家以後每天盥洗、禮佛完了，一定要用手把頭摩一摩。這樣摸摸自己的頭，意思是什麼呢？是提醒自己：我現在出家了，出家所爲何事呢？我出家的目的是做什麼？要從頭上已經剃髮開始觀察：如今落髮出家已不莊嚴，並且捨棄種種莊嚴具，還穿著紅土、灰土染成壞色的法衣，手中執持缽盂乞食活命，四事供養都來自他人布施而拋棄了尊嚴，假使心中還生起了憍慢之心，就應當立即滅除而專心在道業上用功。意思就是提醒弟子們出家以後不要被信徒的供養所迷惑，不要被說法成名以後的大名聲所迷惑，否則就會被五欲所繫縛而忘了出家的本意。

可是如今現代有不少寺院中，晨朝早課作完了，過堂完了，接下來就是想：「今天中午我要做點什麼菜？晚上做點什麼菜？」接著就是爲了午齋晚餐在忙著。我看見有些老法師每天就是這樣子過活啊！自己一人或三、五人住在廟中，一天到晚就是爲了飲食在忙著。另外一種人則是專在穿著上用心，因爲他常常接觸世俗人。多數人就這樣子生活啊！除了每天佛像前早課、晚課以外，與世俗人似乎是沒兩樣的。不知道現代的出家人有沒有每天早上摩頭？每天早上把頭摸一摸時，有沒有想到出家是爲了什麼？恐怕已經沒有人在早上摩頭思索提醒自己的。

有些大道場則是換另一個方式在思索：今天是週日，我們今天早上要爲居士們做什麼？下午要爲居士們做什麼？晚上要爲居士們做什麼？不是眞的在法上用功或布施眞正的佛法，而是在做各種能夠召集信徒—法眷屬—的事情，想的是如何讓法眷屬信眾越來越多。可是信眾越來越多以後，供養也跟著越來越多，也越發地細緻，然而自己有什麼法義可以還報給信眾？這些都沒有去考慮到。也沒有考慮到要如何把正法弘揚出去，如何把外道法逐出佛教以外，都沒有在考慮。只想到怎麼樣把寺院蓋得越來越大，香火越來越興盛，名聲越來越廣大，這就是他們一生要完成的事。

不過，在此之前也難怪他們，因爲廣老走了以後也沒傳下什麼法讓誰出來弘傳；後來雖然聽說有蕭平實在弘法，「可是蕭平實又不是出家法師，是個在家菩薩，我是出家人，怎麼能去跟他學法？」然後又想：「廣老爲什麼不把法傳下來？」於是心裡面就見怪了：「唉呀！廣老走了，也不肯把法傳下來，沒好心。」他心裡面老大不高興，卻不想自己有沒有福德接受廣老的法。不過廣老也有他的原因，主要是他不識字，讀不懂經文。他必須找到一個眞正可以信受的人才能傳，否則徒弟悟得密意以後提出質問：「師父啊！你說這個就是眞如心，請問你有什麼根據？」糟糕了！他要怎麼證明？他又讀不懂經文，徒弟們的慧根與善根又不夠，心中老是疑著、不信，那他要怎麼證明那就是眞如心？根本就沒有辦法從經教中找出證明來。我們卻是可以舉出很多證明啊！但廣老沒辦法舉出來，那要傳給誰呢？（編案：廣老也觀察徒弟們善根不夠，得法的因緣不夠，故未傳下自己所證的開悟密意。此事請詳閱林覺非老居士所著的《廣老年譜》。）

廣老這一世來人間，就是這個因緣——不識字，所以他一生在弘傳的是如來藏妙法，而他的徒弟傳悔法師，繼承了廣老高尚的傳承而得到了不少供養，卻在死前幾次捐獻總共一億多元給昭慧法師，用來弘傳印順法師的法，專門否定他師父廣老所弘的如來藏法，這是藉師父的福蔭所得供養來支持別人抵制師父。這就是末法啊！所以，廣老沒有把法傳下來，還是有他的道理。傳悔的師父廣欽老和尚所傳的法，跟印順法師弘揚的法是完全不同的，而且印順的法是公然否定廣老開悟的眞心正理，傳悔竟然沒智慧分辨清楚，只看印順、昭慧同樣是穿著僧衣，就去贊助，人家卻用他捐助的錢財來抵制他師父的法，眞是顚倒。

這意思就是說，出家了，應該弄清楚啊！每天早上摸一摸頭思索一下：**到底我出家是爲了什麼？**顯然在座這些師父們都知道出家是爲了什麼的（大眾鼓掌…）。因爲知道出家的目的，才會來正覺學法啊！不知道的人或是不信的人就不會來了。當然大部分出家人都知道有正覺同修會，但是心裡面想：**「我還要再觀察看看，這個蕭平實的法義是否也是新興宗教？如果是新興宗教，十來年就消失掉了，最多拖不過十五年。」**學術界的一般學者也都是這樣想的啊！而這只是他們比較保守的想法，我們不能說他們的想法不對。現在就能夠找上正覺來的人，就表示他們已有自己的見解，能夠判斷這個法有沒有問題：是不是了義而且究竟的正法？或只是假冒佛教名義的新興宗教？所以晨朝以手摩頭，確實有用意在；假使現代佛教出家人都能依教奉行，每天早上以手摩頭而思索一番，我相信佛陀規定晨朝以手摩頭提醒自己出家的目的，一定還有作用，所以我們現在才有這麼多的法師來學法啊！這證明 佛陀施設這個法，確實是有用意的。

佛陀就以這個例子提出來問阿難說：「你常常在早上用手摩頭，你的意下怎麼樣呢？你想想看：當你摸頭的時候，有個自我能知道是摸到了頭，也知道頭被摸了；這個摩頭所產生的知，是誰能觸知？是頭能觸知或是手能觸知？而觸覺是在手上，或者是在頭部呢？」又有問題提出來了：如果說能觸的心是在手，就不該頭部也有知覺啊！是應該頭部不知道被觸摸啊！可是明明已經知道頭有被手觸摸到啊！「若說觸覺的覺性是在能摸的手上，那麼頭部就應該沒有觸覺才是，又如何能成就頭部的觸覺呢？如果說觸覺是在頭部而不是在手上，那麼當手去摸頭的時候，手就不知道已經觸摸到頭了，因為手是應該沒有觸覺的，那又怎麼能宣稱手上所領受的觸覺呢？再換另一個角度來說，如果主張手有觸覺，頭部也有觸覺，而這兩個觸覺是不相同的，那是否表示你阿難應該是有兩個身體？否則怎麼會手上及頭部都有不同的感覺呢？如果説頭部的觸覺與手上的觸覺，都是同一個觸覺而不是分別爲手的觸覺及頭的觸覺，那是否應該説手與頭是同一體而不是兩個個體？如果手與頭是同一個個體，就不應該能夠觸摸，」因爲頭不能摸頭自己，而右手也不能摸右手自己。

「如果頭與手是兩個無關個體的時候，觸覺應該是在手上或是在頭部呢？若説觸覺是在能摸的手上，就不該被摸的頭也有觸覺；若説觸覺應該是只有一個而在被摸的頭部，那麼能摸的手上就不該也有觸覺了；而且，當然不該説是由虛空來成就另一方的觸覺。由於這個緣故，應當知道能感覺的觸覺與身根，同樣都是沒有常住不壞的處所；就直接在這個身體與觸覺本身來觀察時，可以了知身根與觸覺二法全都是虛妄的；本來就不是單由外法等因緣就能造成的，也不是由外法的父母、四大等法就自然能夠出生的，其實本來就是如來藏的妙眞如性所出生的，才能夠成就我們的身根，才能夠成就手上及頭部不同的觸覺，而且全部都能夠被自己所知。」

確實是如此，若手上的觸覺與頭部的觸覺是同一個觸，而不是手上有自己的觸覺，與頭部被摸時的頭部觸覺不同，那就應該是只有一個觸覺而不是分成手上能摸的觸覺與頭部被摸的觸覺了。如果主張說，頭部被摸的觸覺與手上能摸的觸覺是同一個觸覺，那就是只有一個觸覺而不是兩個觸覺了，那就應該手與頭是同一體而不是分成手與頭兩個個體啊！可是明明手跟頭是兩體，如果手與頭是同一體，不論是手或頭上的觸都不可能成就嘛！因爲自體不能觸自體，除非要強詞狡辯說另外還有虛空可以來觸手或頭自體。手若是跟頭合併成爲一體了，還能夠有手去摸頭嗎？如果頭與手是同一體而非分成頭與手，那麼手去摸頭時的觸覺就不可能成就。觸若是不成就，兩個個體（手及頭）是誰還存在呢？這又產生另一個問題了！如果是一體時，不應該還有手與頭兩個個體存在，就不應該還有手與頭的不同觸覺共同存在啊！

如果手摸頭時的觸覺只有一種，而且是在能觸的手上，當然同一個觸覺就不會也在所觸的頭部，這就是「在能非所」，頭就不該有被摸的觸覺；如果同一個觸覺是在所觸的頭上，那麼手上就不應該也有觸覺，這樣一來，手就不應該有觸覺，就成爲無用的手了，這就是「在所非能」。可是，不論「在能非所」或是「在所非能」，都應該是只有其中的一方有觸覺；可是我們明明是手上與頭部都有觸覺，而且是不相同的觸覺啊！難道會是由虛空來與不該有觸覺的那個手部或頭部相觸而成就觸覺嗎？其實都不是，都是由如來藏妙眞如性，藉手部與頭部的相觸而變生觸覺內相分於勝義根中，顯示手與頭都各有觸覺，並不是觸知到身體上的外相分觸塵；所以大家應該知道，身觸的覺性能了知所觸受的觸覺，這個覺性、身根、觸塵，全都是由如來藏妙眞如性來變生的，才能夠分別在能摸的手上與被摸的頭部都知道有不同的觸覺。而這個被生的身根與觸塵相分及覺性，全都是有生有滅的虛妄法，卻都不是單憑父母、四大等外法作爲因緣就能夠出生的，當然也不是因爲父母及四大等法能有自然性而能夠出生我們的身根及觸覺上的覺性，所以身根、觸塵與覺性，本來就是如來藏的妙眞如性不斷運作而出生的。當然都應該歸攝於如來藏的妙眞如性中。

由這裡，我們都應該要知道，身根並不是由父精母血及四大等色法就能製成的，而是要有如來藏以祂本有的妙眞如性來運作，才能製成這個身根。而身根上的覺性（覺知冷暖寒熱、軟硬澀滑、苦樂觸等觸覺上的了知性），也不是身根製成時就能夠有這種覺性的，還是要由如來藏來流注出身識覺性的種子，才能觸知各種觸塵的；否則死人剛死四、五小時，身根還沒有毀壞以前，應該還有覺性能了知冷暖寒熱、軟硬澀滑了；然而事實上是不可能的，一定得要有如來藏住持在身中，以祂的妙眞如性來運作時，才能產生色身上各種不同的觸塵與覺性。所以身根與觸覺以及觸塵，全都是由如來藏藉各種因緣來出生的；既是有生有滅之法，當然不該說是常住不壞的眞我。當然也不該說是自然性，因爲剛死不久的人，他的身根還好好地，覺性卻已經不在而無法保持觸覺了。所以，身根、觸覺的背後，當然一定是有一個常住而且具有妙眞如性的金剛心，來變生觸覺而使有情了知頭部與手上的不同觸覺，而且能夠了知兩種觸覺所在的不同部位，也了知是兩種不同的觸覺，這當然還是要歸結到如來藏的妙眞如性來。

聽說這幾天有人在問：「**蕭老師到底是出家還是在家呢？怎麼穿了出家僧服在上面講經？**」這可能是因爲初學、不懂，所以有了誤會。這並不是出家人的僧服，這是海青，黑色的這一件叫作海青。平常上課說法時，我不穿海青；但是若要上座講經，就要穿海青，這是尊重經典、尊重正法；若是在增上班宣講菩薩的論，我就不穿海青。因爲穿海青也蠻麻煩的，特別是還要搭衣。褐色的這一件是菩薩戒的戒衣，不是出家人的僧服。初學的人可能不太瞭解，產生了誤會；我穿的是海青與菩薩戒的戒衣，這不是僧服。爲了尊重正法，公開講經時要穿菩薩戒的戒衣與海青，平常說法時就不穿它。講經時因爲是 佛所講的勝妙經典，尊重 佛所說經，所以得要穿海青與戒衣；這

譬如古時面見 釋迦佛之前都先要整衣服、偏袒右肩一般鄭重其事。穿起海青及菩薩戒衣來講經，表示不是隨便說法，凡有所說都要對 佛負責。

關於出家與在家的意涵，大家也應該瞭解；在《念佛三昧修學次第》中，在那本已經出版很久的書中，我大約談到出家與在家的意涵了，有心人不妨讀一讀。而且，菩薩在解脫道和佛菩提道兩邊都有修證，既然證得聲聞果了，那你要說他到底是出家還是在家人呢？所謂出家，是心出家？還是身出家？這個前提先要弄清楚。身出家很重要，能住持表相三寶，但是心出家並不輸給身出家啊！因爲這是了義正法的住持，應當如是。所以如果要講出家的話，兩千五百多年來我這一世是第二世在家，以往都出家，那你說，到底我算是出家還是在家？包括我過去世出家時所講的語錄，現在都還有人拿來作教材在講，那你說我到底算是出家還是在家人呢？所以別管在家或出家，只管所說法是正確或錯誤，對今時後世佛弟子的影響是正面或是負面，所說的法跟 佛的本意有沒有符合，有沒有違背，能否幫助大眾親證聲聞菩提或佛菩提，這才是最重要的；弘法者的色身是出家或在家？其實完全不重要。

不要管說法者是出家還是在家人，如果得要現出家相來說法才算數，那六祖惠能還沒有被印宗法師剃度時，到底他是在家人或是出家人？又如地上菩薩們，初地滿心以上都有慧解脫的果證，只是不取證；三地滿心起都有俱解脫的果證，也是不取證；六地滿心是不得不取證滅盡定，卻仍然不想成爲俱解脫的菩薩阿羅漢；到了七地滿心證得念念入滅盡定，才不得不成爲三明六通的大阿羅漢菩薩；但是這些人大部分都是示現在家相的，請問他們是出家人還是在家人呢？又如 觀世音菩薩以及 文殊、普賢、維摩詰、大勢至菩薩，究竟是出家人或是在家人？這些示現在家相的大菩薩們，是聖人或是凡夫呢？

在大乘法中從來不依色身是出家或在家來區分的，而是區分爲菩薩僧或者聲聞僧；不論是在菩薩僧或聲聞僧中又分爲勝義僧跟凡夫僧，所以不是依在家或出家身分來區分的，全都是依證量來區分果位的。在大乘法中，不管是凡夫僧還是勝義僧，全都是菩薩；換句話說，勝義菩薩可以分爲在家菩薩與出家菩薩，但只要證悟了就是菩薩僧，屬於勝義僧，不論身體是否出家；但是，示現出家相的人，雖然可以說是菩薩僧，卻一定要眞悟了以後才可以算是勝義菩薩僧。在大乘經中是這麼說的，所以我想聽眾之中有一些人是初學者，不很瞭解佛法中的實證道理；應該先把出家、在家的觀念丟開，好好在法上用功就好，不要管我是現出家相或現在家相。

我一天到晚所做的事全都是爲了佛教，不是爲我自己做事；一切起心動念不曾爲我自己來謀取錢財或名聲、利益，所有起心動念都是在佛法及利益眾生上面，那你說我算是出家還是在家呢？何況我早就超越欲界境界了。話說回來，如果有一天我突然出家了，可是那時我心中想的卻都是如何多收一點供養，中午能不能吃好一點，能不能住得金碧輝煌，老是設法把寺院蓋得金碧輝煌；到那時，我應該算是出家還是在家人呢？色身雖然是出家穿著僧衣了，其實那時的本質正是標準的在家人。所以，諸位應該在這上面有正確認知，就是說，觀念應該要正確，不要落到表相上去了，否則就離開了佛法的眞正意旨了！這是因爲今天來到講堂時剛好聽到一些話，就引伸進來爲大眾說一說，讓初學者也可以建立一些正確的知見；免得親入寶山以後，不久還是空手而歸，豈不可惜？言歸正傳，上週講十二處時說到身根與觸塵，今天要從意根與法塵這一段經文開始講：

【「阿難！汝常意中所緣善惡無記三性，生成法則，此法爲復即心所生？爲當離心別有方所？阿難！若即心者，法則非塵；非心所緣，云何成處？若離於心別有方所，則法自性爲知非知？知則名心，異汝非塵；同他心量，即汝即心；云何汝心更二於汝？若非知者，此塵既非色聲香味，離合冷煖及虛空相，當於何在？今於色空都無表示，不應人間更有空外；心非所緣，處從誰立？是故當知法則與心俱無處所，則意與法，二俱虛妄，本非因緣，非自然性。（本如來藏妙眞如性也）】

講記：佛陀講解完身根、觸塵、覺性的虛妄之後，接著講到十二處的最後兩處，也就是意根和法塵。佛問阿難尊者說：「你常常在意根所緣的善性、惡性以及無記性等三性的區別之中，出生及成就了這三性的法則，」法則，是將某些法的生成要件及體性加以區分的方法，是由意識區分之後再由意根來執行的；「阿難！你所建立的這個法則，是在你的意根心中出生的呢？或是離開了你的意根決斷心而另外有一個方向處所呢？」這得要先說明一下，在一切法塵上面都有善性、惡性、無記性，簡稱爲三性。在唯識學的《八識規矩頌》中有說意識是「性境現量通三性」，也曾說前五識若是跟著意識時，也是「性境現量通三性」；這得要先解說一下，才容易理解這段經文中的眞義，對於這裡所說的法則二字，就比較能夠理解，然後再來說意根的體性。

能夠「通三性」的是我們的意識，意根跟隨著意識的分別性，所以當意根與意識同在時就產生了三性；可是當意根不與意識同在時，祂本身其實是無記性的，是不懂善惡性的。而且，當意根與意識同在而作出決定時，意根雖然非常伶俐而作出了決定，其實全都是依意識的判斷來作的決定，所以祂本身其實還是不通善惡性而只通無記性的；所以當意識中斷的時候，意根就不會再與意識的三性相應，而只是外執極粗糙的法塵，內執自己的有根身，並且內執阿賴耶識的功德；這時的意根只剩下這樣的功能，這才是意根自己的功德，全無善惡性可說，所以說意根是有覆無記性。有覆是說意根時時處處都遍計執取，無記是說祂不善於了別，所以無法區分善惡而沒有善惡性；而意根的遍計執性，無關於善性、惡性，也無關於世間人所知道的了別性。但是，善性、惡性的了別雖與意根不相干，可是由於意根的遍計所執性，所以當祂與意識同在而接收了意識所了別的結論時，就會隨著意識而作善惡性的取捨了，所以這時的善、惡、無記三性的法則，實際上還是由意根來操作的。但是反觀意根本身時，意根並無三性可說，因爲祂永遠不會了別善惡法或無記法，只是憑著意識了別之後所得的結論來執行這個法則。所以唯識學中的《八識規矩頌》，就不說意根是「性境現量通三性」了，是因爲意根的了別慧極差而無法分別善惡；但是經過熏習以後卻可以直接把三性法則執行起來。

「性境現量通三性」，原則上只在前五識的自性上來說，而且是與意識俱的前五識；而意識是「三性三量通三境」的，但這是題外話，就暫且不說它。這裡要講的是，意根爲什麼沒有了意識就沒有了善惡兩性？是因爲意根恆時染污、遍計所執，祂對於五塵上面所生的法塵，以及透過意識所了別的五塵，都會產生執著，所以就透過意識等六識而緣於六塵所生的一切法，因此對於三性法則是意識在時就隨時都可以執行的。除此以外，意根又普遍地計度執著（度就是揣度、揣摩），而執著前六識爲我所用，身根爲我所有，並且又執著第八識心體的所有功德作爲自我所有的功能，作爲意根自我所擁有的一切功能差別。當然，這句話若是還沒有破參時，一定聽不懂，破參了就可以聽懂了。

可是，當意根在這上面執著的時候，眾生自己並不了知；所有的有情都有這種執著，可是都不瞭解，就以爲意識覺知心不起分別、不執著時就是沒有執著，其實意根的執著還是堅固存在的。對意根的理解及改變，得要在大乘法中透過佛菩提道的修行，來把祂逐漸轉化成爲清淨意根——清淨末那，然後依憑清淨意根—清淨末那—來修行十度波羅蜜而成就究竟佛道。但是在因地時，在與意識同時存在時，意根就會有善惡性的直接抉擇快速反應出來，而祂自己其實沒有善惡性，都是在意識主導下熏習久了以後，才會快速的運作對於三性法則的抉擇而憑直覺去做出有善惡性的有記業。當意識不現行的時候，意根就只剩下遍計所執性，在一切法上遍計所執，對於三性法則的運作就失去了依憑。但是意根平常是時時依於直覺而運作三性法則的。

前五識本身其實也是沒有善惡性的，當眼識看見一切色塵時，眼識不會起念說：「這個好漂亮，多欣賞一會兒。」耳識也一樣，不會起念說：「這音樂眞好聽，我再多聽一會兒。」都不會。鼻舌身識也是一樣的。但是這五個識，得要依附於意識時才能夠現起運作啊！當祂們依附於意識而現起運作的時候，卻是由於意識的分別而作種種善惡性的取捨。善性，是由於遇見了美好的五塵，就隨著意識想：「我看見了這麼漂亮的風景，應該告訴別人。吃到了這麼好吃的食物，應該告訴大家。」這就是起了善心所。不過這種善心所，不是眼、耳、鼻、舌、身識自己生起的，是由於意識的分別、判斷，然後意根思量意識的判斷而決定應該這樣做，所以意根就下了決定，因此就到處呼朋引伴：「這裡風景好漂亮，你們來觀賞；這食物好好吃，你們大家都來吃。」這就起了善心所。這個道理相反過來，他想：「這風景難得一見，應該自己欣賞，怎能讓大家看？」所以儒家有一句話說：「不得其門而入，不見宗廟之美。」其實本意就是「堂奧之美，豈容他人窺之？」所以總是要立起高大的圍牆，不想讓別人窺探；除非有緣登堂入室，才能看見。

換句話說，前五識是依附於意識的分別，才會產生善性的心所有法或者惡性的心所有法，因此說前五識「性境現量通三性」。但是如果純粹從前五識來說，可就沒有三性了，只有無記性一性而沒有善惡性。至於無記性的法，指的是一般生活中，無關善惡性的身口意行；譬如行來去止、修學生活技藝、營利謀生等法；定位這些法為無記性的法，也是由於觀察這些事情無關善惡，藉由觀察而加以定位的法則，當然也是由覺知心中出生，而覺知心卻是依附於意根才能運作的；覺知心意識是被意根所掌控的，所以對三性法則的直覺反應運作，還是意根的事；意根是心，當然不該說這些法則是離心而有。所以，善、惡、無記等三性的法則，就是這樣區別而生成的，當然是依意根而由意識來區別施設的，佛陀所說的「善惡無記三性，生成法則」，指的就是這個意思。佛陀問阿難說：「你常常在意根中所緣的善性、惡性、無記性等三性的法則，這個生成法則是你的意根自己所出生而存在著呢？或是離開你的意根而另外存在於別的處所呢？」也就是說，區分善性、惡性、無記性的法則，究竟是出生於意根心中？或是出生於意根心以外的某個處所？

但這個法塵是依六塵而施設出來的，不是本然存在的；而且意根與意識同在時，藉著意識而了知善惡無記三性的法則，直接反應來決定某些具有善惡性的事情是否要造作，這個法則是與意根相應的。因爲與意根相應，所以有時意識與意根會互相拉扯，而產生了意識明明知道是不該作的事，意根卻因爲執著而決定去作；意識明明知道是應該作的事，但是意根卻只顧著自己的私利而下決定不去作。由此可見三性法則熏習久了以後，通常會由意根來直接反應而作，但是有時也會由於貪著成習而違反了久習的三性法則。由此可見三性法則是與意根相應的。

如今　佛陀又問：「阿難！這個法則若說就是意根這個心，那麼這個法則就不能說是法塵了；既不是法塵，就不該是由意根這個心所緣，那麼這個法塵又如何可以建立爲法處而說爲處呢？」意根所觸的法塵是一定存在著的，不可能沒有法塵存在的。也許有人認爲睡著無夢時一定是沒有法塵的，但是當他睡著無夢時，眞的沒有法塵嗎？當然有！如果沒有外五塵與法塵就不會有內相分中的法塵，如果沒有內相分中的法塵，即使天大亮了，他還是醒不過來的；別人再怎麼搖晃他的身體，再怎麼拍他的臉頰，他還是醒不過來的，因爲沒有法塵可供意根心來了別是否有大變動，就不會喚醒意識覺知心來了別，就不會醒過來了！

正因爲有外五塵在，五塵上面附隨著法塵，然後被如來藏運作妙眞如性，而在勝義根中顯現出內相分中的六塵，有六塵中的法塵，意根這個心才能接觸啊！當意根發覺法塵有大變動而無法了知時，才能夠起作意讓覺知心意識再出現嘛！因此，夢中有六塵，可是離了夢境而轉入睡著無夢境界時，照樣是有六塵的。即使睡到昏天黑地都不知道了，還是有六塵的；只是前五塵與大部分的法塵，都因爲還沒有意識現起，所以你不了知而以爲是沒有六塵。因此，前五塵現起的當下一定伴隨著法塵，而大部分法塵都不是意根心所能了別的；只有其中的法塵大變動的狀況，是讓末那識的你、讓思量性的你（也就是意根）可以接觸到，才能在睡著無夢時被搖醒過來。

這個時候，對一般眾生來說，是等於沒有六塵的；但是對於大乘證道的人來講，這時其實還是六塵具足的；只是因爲意識不現起，所以心中就沒有顯境名言（也就是沒有覺知心自我可以了知六塵）。因此說，在平常狀況中固然有法塵，而大部分的法塵還是由意識覺知心來了別的；可是意根與意識同時存在時，也是剎那剎那在依三性法則而運作不斷的。這時若說這個三性法則就是意根心自己，那就不該再稱爲法塵了；既不是法塵，當然就不該是意根心所緣的法，那又怎能建立在十二處的法處中呢？所以，這個法則當然不該是意根心自己，也不該是意根心所生的；否則就不該外於意根心而被意根所緣了，也不該被稱爲法處了。

「若離於心別有方所，則法自性爲知非知？知則名心，異汝非塵；同他心量，即汝即心；云何汝心更二於汝？」這個善、惡、無記三性法則，一直都是由意根心所緣的，當然不離於意根心；但是眾生是無法了知這個道理的，所以 佛陀特地提出來問：「假使離了意根心，而另外有個處所是法則（法塵）所住的地方，不與意根心同在，而竟然能夠被眾生的意根心所知，那麼這個法則（法塵）的自性是能自知呢？或是不能自知呢？若說這個三性法則（法塵）自己能知法則自己，顯然這個法則（法塵）是與你阿難無關而成爲另一個心了，那就不在你阿難的十八界中而不是你自己的法則（法塵）了！如果因此而說你十八界中的法則能夠自知而成爲心，那麼這個法則和別人意根心的境界即是一樣的，那麼回歸到你自己來說自己這樣的法則（法塵）時，就應當說你十八界中的法則（法塵）即是你阿難自己的心；可是你自己的心—法則（法塵）—爲何會外於你阿難的意根心，變成另一個心而使你阿難成爲兩個意根心呢？」

佛陀再從意根心與法則二處來說法：「此法爲復即心所生？爲當離心別有方所？阿難！若即心者，法則非塵；非心所緣，云何成處？」這是從意處與法處來辨析。法則若是意根心所生成的，顯然是附屬於意根心而成爲意根心的作用，就不可能是意根心的所緣了；既然法則不是意根心的所緣，那麼根與塵兩個處要怎麼成立呢？因爲如果法塵就是心，應該是心所法中的一種，只是意根心的功能，那就是心了，當然不應該說法則是法塵，應該叫作法心，或者叫作心法而不是心所緣的塵了。既然建立心根與法塵爲兩個處，當然心是心、塵是塵；一個是能緣，另一個是所緣，才能相對而成爲二處。顯而易見，所緣的是塵，能緣的是心，所以意根和法塵應該是相對的，不應該是同一個，否則就不可能成爲二處。而且，意根和法塵明明現前存在，只要有智慧就可以觸證及體驗，證明心根與法塵是相對的二處。

既有心根與法塵二處，這二處還得要證明是否同一法，或是確實分開而相對的二法；當然接著要探索這個法則是與意根心同在的呢？或是離意根心而另外存在的呢？既然討論到這個法則可能是離於意根心而獨自存在的，那就是要探討一下：這個法則自己是有知或是不知？若是有知，這個法則顯然是心而不是法塵，那就應該是意根心以外的另一種意根心的知了；既然如此，這個有知的法則就該稱爲心，那當然是與阿難的意根心不同而成爲兩個意根心了，那又怎能說是法則而歸類在法塵一處中呢？而事實上，阿難顯然沒有兩個意根心。

「若非知者，此塵既非色聲香味，離合冷煖及虛空相，當於何在？」接著又從另一邊來說：「這個法則的本身如果是沒有知，而這個三性法則又不是色聲香味觸，」觸字就省略掉而擴及離合冷暖，因爲是駢體文，得要對仗工整，所以把觸字省略了，其實還是包含了與觸塵相應的部分。而三性法則並不是色聲香味觸法，只是依附於六塵而存在的善惡無記三性法則，「同樣的道理，三性法則既非六塵，那麼這三性法則若離開色聲香味及離合冷煖與虛空相等五塵時，又應當是存在哪裡呢？」因爲三性法則等相，其實還是依附於色聲香味及離合冷暖等五塵與虛空，才能被心所緣；若是離了六塵與離合冷暖等法相時，就沒有三性可以被心所緣了！然而，色等四塵及離合冷暖等五塵，畢竟不是三性法塵本身，而是依五塵來顯示出法塵的，而且是要有相對於法塵的意根心，才會有色聲香味及離合冷暖等五塵所顯示的三性法相存在啊！同理，人們會感覺到有虛空這個法，也是因爲有色聲香味離合冷暖以及五塵所顯示法塵的緣故；如果沒有六塵，哪裡來的虛空相呢？

有人也許抗議說：「你這段話有語病，因爲虛空本來就存在嘛！所以不需要有色聲香味觸法等六塵。」乍聽之下也是言之成理，可是我們前面已經反覆的說明了：虛空是各人心中所生起的法，三界中並沒有虛空這個法可以當作眞實法。我們反覆的說過，虛空又名色邊色，是附屬於物質的假名法；是因爲物質的邊際沒有物質存在，物質邊際沒有色法存在而成爲空無之處，就施設物質以外無物之處名爲虛空；所以虛空這個法是依附於色法，是依附於物質的邊際而存在的施設法；是由人類將無物之處立名爲虛空，來表示該處沒有物質遮障而可以通行無阻。所以虛空相，當然也是要有色聲香味觸等法來顯示無物質之處，並且有心加以分別，才可能有虛空這個法被人們施設出來啊！如果沒有色聲香味觸法等六塵，就沒有虛空這個法可以被表示出來。同理，三性法則若是離開物質的色聲香味四塵，若是沒有離合冷煖等觸塵及虛空相，就不可能存在。既然有人說這個依六塵而有的三性法則，是離於意根心而另有存在的方所，並且又是沒有知，那究竟三性法則是存在何處呢？一定是有存在之處，才能建立爲處嘛！也才能被意根心所了知而建立起來嘛！

佛接著又說：「今於色空都無表示，不應人間更有空外；心非所緣，處從誰立？」也就是說，現在從這裡就已經可以清楚看到了意根相應的三性法則，其實是在六塵上面表示出來的；而六塵上所表示出來的三性法則這個法塵，其實是藉如來藏所生的六塵，加上意根心的接觸和合才能出生的，並不是單有六塵就能出生三性法則的，也不是單有意根心就能出生的。所以如果有人外於意根而想要在色等六塵上找到三性法則，是不可能的，因爲離了意根這個心的時候，在六塵上面一定找不到三性法則。若是轉而向虛空去找，也是找不到的，因爲虛空並沒有表示三性法則或意根心所領受接觸的法塵。也不應該說「另外還有虛空，在那個虛空中就可以找得到意根心所領受的法塵」，因爲除了人間，不應該還有別的虛空可說，不應該說人間這個虛空以外還有別的虛空中可以尋找出法則來。而意根是能緣的心，不是被意根心自己所緣的三性法則，而意根心也不是會被三性法則所緣的；既然意根心是能緣而非所緣，而只有被緣的法則才能建立爲意根所緣的法塵處，不該把能緣的心建立爲所緣的法塵處，所以說：「心非所緣，處從誰立？」

　　也不該把虛空建立爲實有法，虛空也如同三性法則一樣，都是依於六塵而由意根心在意識協助下所建立的法則，這種法塵不能離開色聲香味觸及離合冷暖與虛空等法塵而單獨存在；也不能離開心而存在，因爲是由心來建立的，宇宙中其實沒有這些法則實際上存在。意思是說，這些法則雖然被意根心在人們不知不覺間執行著，卻是要藉意根心與六塵才能建立的，不是單由哪一個法就可以建立或存在的；而且意根與法則所依的六塵，其實還是從如來藏妙眞如性中出生的，不是常住不壞法，所以佛陀才說：「**是故當知法則與心俱無處所，則意與法，二俱虛妄，本非因緣，非自然性。**」意思當然還是說：意根、法則，其實都是由如來藏藉著自己的妙眞如性來出生的，本來就該攝歸如來藏的妙眞如性中。

那麼空性可不可以離開色聲香味觸而單獨存在？可以！因爲祂可以離色聲香味觸乃至種種一切法而單獨存在，所以才說祂是絕對待的法。除此而外，沒有一法可以離色聲香味觸法而單獨存在，不但如此，祂還可以離六根、六識而單獨存在，就成爲二乘無學聖者所入的無餘涅槃。三界之中就只有空性如來藏可以離一切法而單獨存在，以外沒有任何一法可以單獨存在。因此說，一切法都是相待而有，都不是絕待之法。

從這裡也可以了知：色聲香味觸以及法塵，當然包括意根在內，都不應該離於人間而說有空相，因爲空相是依這些法而建立的；也就是說，當這些法滅壞而空無時，就依別的有情仍然存在的這些法，而說某人的十八界滅盡歸空以後是空相，所以空相還是依人間或天界仍然存在的諸法而建立；既是依色等諸法建立，也是要有心才能建立的；若沒有心，就沒有人能體會這個空相，當然就不可能會有空相可言了！譬如說，不迴心阿羅漢捨報入了無餘涅槃時，意根、六識及六塵都滅盡了以後，空相在哪裡呢？當然是不存在了！正是因為阿羅漢的六根、六識、六塵存在的時候，才有心能體會到十八界滅盡以後的空相。

當阿羅漢入了無餘涅槃時，這十二處都滅了以後才會有空相，而他們的意根和前六識及六塵都滅了以後，他們連心都不在了，何況還會有心中的空相可說呢？所以說，空相必須依於五蘊及心識對法則的認知，才能顯示空相出來；因此，說所謂的空相，應該是在人間或者三界之內才會有，不應外於三界或人間而說有空相。以此緣故，佛陀作了一個結論：「所以應當要知道，依六塵及心而產生的法則，以及能奉行法則的心，全都是所生法，既是無常的所生法而沒有永住不壞的處所，當然全都是虛妄法；雖然都是虛妄法，卻不可以說是因緣法所出生的，也不可能說是自然性，因為都是如來藏妙眞如性藉各種因緣來出生的，都不是無因無緣而自然出生的。」

意根其實就是某大法師所說的「處處作主」的心，意根能夠相應的法塵很廣泛，但是意根相應的法則全都是直接運作而快速相應的，都是不經意識思惟而直接相應的，卻都是經過熏習而快速地直接反應出來，不是經由思惟或觀察以後才回應的。意根相應的法塵，不同於意識相應的法塵；意識相應的法塵，是必須專注加以思惟的，或是稍微複雜一些的法塵，與意根有很大的不同。可是意根和法則這兩個法其實都是虛妄法，因爲同樣都是如來藏藉妙眞如性來出生的。這兩個法雖然能夠被如來藏所緣而出生意識，可是這兩個法全都是虛妄法，因爲意根不能離於法則而存在，法則也不能離於意根而存在，意思是說，當法則存在的當下就一定有意根在運作著，是互爲因緣的，卻都是從如來藏妙眞如性中出生的，因此「二俱虛妄」。所以，假使有人主張處處作主的心是常住的眞我，那就是沒智慧的人。

而且，意根與法則都不是自然性，若有人堅持說是自然性，問題可就嚴重了。如果意根的存在是自然性，而不是依附於各人的如來藏，那麼今天這個能思量（能作主）的你，在你這個身體當中出現；明天早上醒過來時就可能是在別人身體中出現，而由別人的意根跑到你的身體中出現；也可能今天你是在女人的身體中，明天卻變成出現在男人的身體中；因爲有人主張意根是自然性啊！意根既不是被如來藏所生的，而色身也不是被意根所生的，那麼意根、如來藏、色身就成爲三個沒有互相隸屬的法，當然意根就會自然地隨機變生在不同色身之中，當然會因果錯亂。

可是現見因果沒有錯亂，所以今晚睡著時都不必擔心明天早上會出現在別人身體中。否則，所喜歡、所恭敬的父母親，明早已經不是自己的父母親；所恭敬的師長，明天變成不是自己的師長，全部都得要重新再建立關係了，可就天下大亂了！然而事實上不是這樣的，所以意根與法則都不是自然性的，也都不是單憑父母及四大爲因緣，就能出生而成立的；因爲都是從如來藏以妙眞如性藉各種因緣而出生的。各人的如來藏一向執持著自己所出生的有根身，所以大家都可以很安穩地明天早上醒來以後，我還是我蕭平實，你還是你某甲、某乙、某丙，都不會錯亂。這樣，世界就有一個軌則，就不會亂掉了！而這個軌則其實還是要推溯到如來藏的妙眞如性，不能外於如來藏的妙眞如性而有意根等心以及法則；因此當然要說：意根以及法則這兩處本非因緣，也不是自然性，而是如來藏的妙眞如性，因爲全都是從如來藏所出生的法。十二處到這裡說完了，接下來要再加上六識而成十八界來講了，所以 佛開始說十八界了：

【「復次阿難！云何十八界本如來藏妙真如性？阿難！如汝所明，眼色爲緣生於眼識；此識爲復因眼所生以眼爲界？因色所生以色爲界？阿難！若因眼生，既無色空，無可分別，縱有汝識、欲將何用？汝見又非青黃赤白，無所表示，從何立界？若因色生，空無色時汝識應滅，云何識知是虛空性？若色變時，汝亦識其色相遷變，汝識不遷、界從何立？從變則變，界相自無，不變則恒；既從色生，應不識知虛空所在。若兼二種：眼色共生；合則中離，離則兩合，體性雜亂，云何成界？是故當知眼、色爲緣生眼識界，三處都無；則眼與色及色界三，本非因緣，非自然性。（本如來藏妙眞如性也）」】

講記：接著 佛又開示：「爲什麼十八界本來就是如來藏的妙眞如性呢？」佛陀先提出這個大前提。前面開示：云何五蘊本如來藏妙眞如性？云何六根本如來藏妙眞如性？云何六塵本如來藏妙眞如性？云何十二處本如來藏妙眞如性？然後把十二處再加上六識，總共十八種功能差別，在這裡再提出十八界單元的大前提：云何十八界本如來藏妙眞如性？然後說明六根、六塵、六識都是虛妄的所生法，但卻不是自然性，也不是因緣生，而是由如來藏妙眞如性藉各種因緣而自然出生的，所以說十八界也是如來藏的妙眞如性。

在這部《楞嚴經》的卷五以前所說法義，全都有這個前提——本如來藏妙眞如性。古人翻譯經典時都求精簡，所以不在每一段結束時重複說明這些法全都是如來藏的妙眞如性，因爲在那個單元一開始時就已經提示過了。但我的書不一樣，我在書中往往故意重複提示，因爲怕大家前言聯貫不到後語，所以再提示一下，讀者就會回想到前面的經文曾經講過：「云何五蘊、六入、十二處、十八界本如來藏妙眞如性？」就可以和前面一開始所講的「本如來藏妙眞如性」聯貫起來。只要能貫串成章，而我們說的法義又正確，讀者就可以依本窮末，不再誤會經文中的義理。有時候拉回前提來重複說一下，從能使大家前後貫通的立場來著眼，不要考慮文學上絕不重複的因素。也是由於這樣的原因，所以 佛在長行之後往往會再來一遍重頌，加強大眾的印象，意思是一樣的。

學佛人讀經時，千萬要記得前提，否則往往誤會經文，就會走錯路頭。佛陀在這裡先提出十八界的前提：爲什麼十八界本來就是如來藏的妙眞如性呢？接著 佛說：「阿難！就像你所明白的，藉眼根和色塵兩個法作爲因緣，如來藏就出生了眼識，」這也是《阿含經》中所講的，不是只有唯識學的增上慧學第三轉法輪經典才這樣說。《阿含經》中處處說：眼、色因緣生眼識，如是耳、鼻、舌、身，乃至意、法因緣生意識。其實這一類的《阿含經》原本就是大乘經，卻被聲聞人結集成爲解脫道的聲聞法；事實上，四阿含中有許多本來就是大乘第三轉法輪諸經所說的唯識學經典，只是聲聞人聽不懂唯識經典，無法結集成唯識增上慧學的經典，只能側重在他們所能理解的聲聞法解脫道法義上來作結集。

佛陀在第三轉法輪的大乘經典中，完全回歸到唯一佛乘的了義法來說，唯一佛乘所說的法都全部彙歸如來藏及其種子。有人不瞭解這個法界實相，就在網站上面罵我說：「蕭平實亂搞一通，不管什麼法，他都彙歸到如來藏；只因爲他證得如來藏了，就把所有法都歸入如來藏，老是說別人都錯了。」其實不是他們講的這樣，而是佛法本來就是這樣。因爲 佛所說的三乘菩提法義，全都是以如來藏爲中心來說的；如果離開了如來藏而講二乘法，或是講佛菩提、般若，三乘佛法就都會變成戲論，因爲全都變成虛相法而不是實相法。假使全部都落到一切法緣起性空而沒有如來藏出生一切法，假使一切法滅除後入涅槃時沒有如來藏常住，這樣的一切法緣起性空，是徒有名相而無實質的，這種般若可就如同印順法師所判的「性空唯名」了！如果全都是緣起**性空**而**唯名**無實，那就是虛相法了，當然般若就變成戲論而非實相法了。性空唯名就是戲論，印順承認自己所說的般若法義是性空唯名——戲論，可是印順竟不知道已經指稱自己說的般若就是戲論，眞是荒唐；就好像喝醉酒的人，不知道自己喝醉了，硬要跟你辯論說：「我沒有醉。」

同理，佛把五蘊、十二處、十八界全都彙歸於如來藏，因爲在二乘法中本來就已經講過有如來藏了，只是偶爾明說，大部分則是幽隱而說，不作顯說。所以一般人讀《阿含經》時大多誤會，不曉得 佛在什麼地方講了如來藏，就誤以爲二乘法的《阿含經》中從來不講七識、八識，只講六識；印順以及他的門徒們，還有那些所謂的阿含專家們，同樣都是如此誤認，卻自以爲是最懂四阿含的專家。印順法師到現在（編案：二〇〇二年初）還是不肯公開聲明說他錯了，繼續保持沈默。保持沈默，意思可能是堅持他的說法是正確的，那麼印順的破法大惡業就只能繼續延續下去，無法滅除罪業了。

印順的書中一向主張只有六識，認爲第七識、第八識都是後來大乘發展以後，才從第六意識細分出來的。依印順的說法，如果意根與阿賴耶識都是佛陀入滅後數百年，才從意識心中再細分出來的，那麼現存最古老、最有公信力的漢傳《阿含經》首先就要改寫了，後來幾次結集成的南傳《阿含經》也全部都要改寫了！且不說般若諸經，也不說第三轉法輪的唯識經典，單只漢傳的四阿含諸經就得要全面改寫了。因爲四阿含中 佛處處說「意、法因緣生意識」，當意根與法塵作爲因緣而使如來藏出生意識的時候，事實上意根和法塵都是意識出生的因緣，是先於意識存在的，怎麼可能反而從後生的意識心中細分出來的？而法塵先於意識存在的聖教，也已經表明確實有第八識如來藏先於意識存在了，因爲法塵也是本識如來藏所生的；所以印順的邏輯絕對講不通，會讓人笑掉大牙的，卻仍然有許多人迷信不改。

而且還有別的問題，意根與法塵既是意識出生的因緣，而印順又說意識細心常住不滅，是三世因果的執行者，是執持業種的心，當然就是實相心；那麼先於意識細心而存在的，是意識細心出生時依爲因緣的意根與法塵，當然更應該算是實相囉！既然是由於意根和法塵作爲因緣而出生了意識，這樣看來實相應該已經有三個了！可是實相可以變成三個嗎？實相不是唯一而絕待的嗎？怎麼會有三個？佛在《阿含經》的十因緣及其他法中又說「名色緣識生」，說名與色都是緣於某一個識而出生的，而名與色已經函蓋了十八界，十八界中的識陰共有六識；而意根也是心——不是有色根，這樣就有七個心了！名色之中已經有七個心了，而這七個識還得再緣於另一個識才能出生，可見名等七識與五色根都是由另外那個識出生的，顯然那個識不應該被函蓋在意識與意根心中，不許被函蓋於名色中，那當然是第八識嘛！而且是比意根、意識等七識更早就存在的，那究竟有沒有第八識呢？（大眾答：有）有啊！

現代的應成派中觀師們——印順法師與達賴喇嘛，他們主張的六識論如果是正確的，南、北傳的所有《阿含經》就都變成僞經了，因爲所有《阿含經》中都是說有另一個識出生了名等七識心。如果印順與達賴二人承認阿含的法義是正確的，就應該承認自己的六識論說法是錯誤的，所以現在他們進退兩難。以前沒有人知道他們的落處在哪裡，所以他們可以把佛法繼續亂搞下去；現在有人把他們的錯誤拈出來，依據《阿含經》中的正確說法提出來辨正，如今他們進也不行、退也不行；所以我在《狂密與眞密》中作了一個結論（第一輯即將印出來了，二月底你們就會拿到）：印順法師是屬於密宗而不屬於顯教。（編案：這是二〇〇二年初講的。《狂密與眞密》四輯都已出版完畢。）

爲什麼我說印順法師屬於密教而不屬於顯教呢？因爲印順法師全部思想就只是西藏密宗的應成派中觀，除了密宗黃教的應成派中觀以外，印順就沒有任何中心思想了。印順全部思想既是密宗黃教應成派的中觀思想，難道他不屬於密宗嗎？印順根本就沒有顯教的思想：**他既沒有阿含的思想，沒有般若的思想，更沒有唯識第三轉法輪經典的思想。**而三乘經典中的法義並不只是思想，而是可以實證的佛法；佛法不是思想或理論，是三界一切法的眞相。然而印順所有的思想就只是密宗應成派中觀，所以眞要研究印順的思想，眞要探討印順的思想時應該邀請我去，我才是眞正懂得印順思想的人，印順的門徒們根本都不懂啊！可惜我又沒時間去參加，他們也不會邀請我。印順所有的思想全都繞著應成派中觀而轉，可是應成派中觀是密宗的說法，從天竺密教的佛護、月稱等人以來就是應成派中觀的六識論思想，顯教中從來沒有人在弘揚應成派中觀的六識論邪見，那你說印順是不是密宗？（大眾回答：是）是！印順的本質是密宗，外表卻是顯教的法師。但應成派中觀是經不起考驗的，是錯誤連篇的。

這意思就是說，所有的法都應該彙歸到如來藏上來說，是依如來藏才有三界一切法，包括三乘菩提在內。如果離開了如來藏，連五蘊、十八界都不存在了，就沒有一切法可說；如此一來，三乘佛法可就全都變成戲論，因爲言不及義——所說都不能觸及第一義。而第一義就是實相，可是實相只有一個；如果意識心（不論是粗心或細心）也是實相，那麼意根也應該是實相，法塵也應該是實相，而《阿含經》中所講的「名色緣識生」的第八識當然更應該是實相，這樣就會有四個實相了（意識、意根、法塵、阿賴耶識）。假使眞的是有四個實相，當你修學佛法時到底要親證哪一個才算是眞正而最究竟的實相？豈不是變成兒戲了嗎？

所以說，一切法都應該要歸結到如來藏，若是離開或否定了如來藏，阿羅漢們所入的無餘涅槃就變成斷滅空，又使二乘菩提成爲戲論了。那又何必佛來人間講斷見戲論？斷見外道已經說過了。斷見外道有一派人認爲：把所有的自我全都滅了，沒有一絲一毫的自我了，一切歸於斷滅空，這就是涅槃。斷見外道們是這麼說啊！那麼請問：印順用來取代佛法的二乘法中，阿羅漢與辟支佛所證的無餘涅槃，是不是與斷見外道一樣？如果印順說他的法義跟斷見外道不同，可得要說出一個理，讓我們能夠理解、信服，可是印順又說不出一個道理來，因此我說他現在進退兩難。

所以現在應該要把密宗作一個總清理，由我們來代爲清理；因爲他們絕對不肯清理外道邪見出去，就由我們來代他們清理。密宗一千多年來，始終緊咬著佛教的大動脈，一直吸取佛教鮮血而不斷壯大起來，眞正的佛教漸漸失去血脈，只能越來越縮小，一直萎縮到被密教控制，然後變大以後的密宗就代表了佛教，顯教就消失了。古時的天竺佛教就是這樣被密教消滅了，這是把佛教的支幹砍掉以後，在佛教的主幹上面稼接了密宗毒枝。就好像人家種李子，可是李子長不大顆，於是就取了桃樹來，把桃樹枝幹鋸掉、剖開，再把李枝插上去，長出來的李子就大了！大眾沒看見這麼大的李子，於是價錢就賣得高了。

換句話說，桃樹的根幹永遠只為李枝服務；是由李樹來代替桃樹，結果桃樹只剩下一個驅殼而沒有了桃樹的本質，全面被李樹控制而僵化了，自己的根本完全被李樹所掌控而無法再生出桃子來。現在海峽兩岸中國地區的佛教正在被密宗逐步取代的狀況，正是李枝取代桃枝的寫照；古時的天竺已經這樣演變過一次了，天竺佛教就是這樣滅亡的（後來的回教軍隊所滅的只是空有佛教外殼而本質是密宗外道法的表相佛教），如今又想要在台灣與大陸重新再來演變一次，乃至已經在全世界這樣進行演變之中，可是顯教中的大法師們，以及台灣中國佛教會前任理事長淨心長老都還在支持密宗、攀緣密宗；而這一任新理事長，我昨天正在吃午餐時收看電視新聞，正好報導出來，也是在攀緣密宗，也是去出席密宗的活動，繼續支持密教化。（編案：這是二〇〇二年所說。）

連台灣的中國佛教會前後兩任理事長都無法認清密宗的本質，公開參加密宗邪法的推廣活動，不免會產生風行草偃的現象，一般人就會跟隨著走向錯誤的修行路途；可見台灣佛教的大動脈還是繼續被密教咬著不放，而且是由大法師們帶領著大眾，心甘情願地被咬著動脈，被吸著血；而我們現在要把邪見的密教從佛教動脈上切割開，他們密教若有能力，自己去謀生，不要靠著吸我們佛教的血來生存，密宗眞正是吸血鬼啊！（大眾笑…）對啊！密宗確實是吸血鬼啊！是披著佛教外衣，打著佛教的旗號，完全使用佛教的法義名相，弘揚的卻完全是外道法；這樣依附佛教而不斷地吸取佛教動脈的鮮血，使佛教越來越衰弱，而密教越來越壯大；最後密教就代表了佛教，於是古天竺波羅王朝時的佛教全面密教化，而使佛教名存實亡的光景，就會在台灣與大陸重新再來一遍，於是佛教就第二度被密教全面消滅了。

今天我們不是要消滅密宗，我們只是要劃清界線，密教不要再來吸佛教的血；你是你，我是我；我自己想辦法攝取營養而產生的血液，我得要自己用，不想給密教不勞而獲——密教不要再來冒充佛教。密教如果要說自己也是佛教，可以！只要把外道法全部丟掉，回歸到佛教的法義上來，那我們就承認他們確實是佛教。如果繼續用外道法來取代而籠罩佛教徒，而且踐踏在顯教之上，用密教的外道法把顯教法義蓋過去，那就對不起！我們不能承認他們是佛教，我們要明確舉證密宗是外道。

話說回頭，密宗的中觀法義，不論是自續派中觀或是應成派中觀，全都錯了。密宗的中觀就只有這兩派，其中的自續派中觀是認爲意識一念不生時就是眞如——用意識境界取代佛教的第八識眞如心。他們認爲意識一念不生時就是開悟大乘法了，叫作明光大手印。他們還自稱明光大手印是屬於顯教的開悟境界；其實顯教中根本不是悟這個意識心作眞如，而是悟得第八識如來藏。密教認爲顯教是認一念不生的覺知心爲眞如心，就是密教中的明光大手印，宣稱這就是顯教中的成佛境界；然後再貶抑說這不是究竟佛，說他們密教還有個祕密法—樂空雙運—男女交媾行樂時去體會覺知心即是空性，淫樂也是空無形色，同樣是空性，就在這樣的見解下繼續交媾而達到全身快樂的境界時就是報身佛的境界——樂空雙運；就以這種外道凡夫性交的欲界最低層次的境界，高抬爲佛教的報身佛境界，來貶抑顯教所有實證般若種智的菩薩們，其實都只是外道誤解佛法以後的凡夫欲界境界。

佛教的佛被搬到密宗以後都變成雙身相，說這樣叫作報身佛——宣稱有性交的快樂果報爲報身佛，說這樣才是究竟佛，所以他們自稱密宗的佛比顯教的佛殊勝；貶抑說：「你們顯教證的是化身佛，我們密教證的是報身佛，也是法身佛，比顯教層次更高級。」然而那是什麼法身？其實只是外道法身、外道報身，根本就不是佛法。可是當代的大法師們有誰瞭解？有誰知道密教這個底細？竟然還一天到晚攀緣密教、吹捧密教。那些大法師們是攀緣密教的名氣，誤以爲密教宣傳所得的名氣大，只要攀緣上了，就可以跟著水漲船高。可是大法師們供養了那麼多錢給密教喇嘛以後，知道密教暗地裡在做什麼嗎？知道密教明著是以外道法取代顯教的佛法嗎？根本都不曉得。

等到《狂密與眞密》陸續出版完畢了，你們慢慢去讀，把四輯全都讀完時，密宗的整個道次第與內容的荒謬，就都瞭解了！等這四本書出版流通完了，密宗就要改名叫作顯宗（大眾笑…），因爲他們已經無密可言了，我把密教所有的祕密全部寫在書中流通出去，包括口訣也寫在書中流通出去。今天就是要將佛教正本清源，不管密教喇嘛們怎麼修誅法想要殺掉我，我照樣要印出去。這件事情不做不行，因爲現在若不做，以後還有沒有機會做？可就沒把握了，而現在正是我們能做的時機。密教喇嘛們拿了顯教大法師們供養的錢財（上回達賴喇嘛來台灣，不是拿了佛教會一千五百萬元回去嗎？他又辦結緣灌頂法會，每一個人供養的紅包，少則五、六千元，多的幾萬、十幾萬元，那又是大撈一筆）。

法鼓山聖嚴法師這回也給達賴兩百萬元，還要每年再給達賴兩萬美元，只是爲了攀緣達賴，由達賴與聖嚴法師在紐約作什麼世紀大會談，其實都只是談一些表相佛法，言不及義。密教拿了這些台灣大法師們給的錢，到全球各地去搞大道場，弘傳的是密宗的雙身法；表面上講般若、中觀，骨子裡還是雙身法。所以對密教，我們用一串念珠來比喻密宗時，密宗的這一串數珠就是這個觀想的明點——中脈裡的明點觀想，以及天身觀想等各種觀想法，觀想法就是密宗那串念珠一顆又一顆的數珠；一百零八顆數珠中間不是有隔珠嗎？隔珠就是寶瓶氣、拙火等等。還有個佛頭珠，密教數珠的佛頭珠就是他們所講的般若、中觀，是以應成派中觀、自續派中觀作爲佛頭珠，號召顯教不明究裡的大法師們，讓他們誤以爲密教也是佛教。而佛頭珠下面不是有很多裝飾的穗子嗎？這些穗子就是從佛教的經典中取來的很多佛法名相。

可是這樣仍然沒有辦法貫串起來，得要用繩子全部貫串起來，才不會散掉，這一串繩子就是雙身法的繩子；是用雙身法繩子，把中脈明點以及寶瓶氣、天身……等觀想法，以及中觀等六識論邪法及佛法名相全部貫串起來；密教的法義全部是以雙身法來貫串前後，目的都是爲了將來要與上師合修雙身法、要與異性同修們合修雙身法而作準備的。所以密教從頭到尾都是雙身法，與佛法三乘菩提都扯不上關係，可以叫作佛教嗎？可以說是佛法嗎？太荒唐了！可是印順法師明著破斥密宗，在書中破斥密宗的雙身法叫作貪慾為道，可是著墨很少，卻不斷支持密宗的應成派中觀。印順四十一冊著作，講的都是密教六識論的應成派中觀，還說密教的應成派中觀六識論邪見是藏傳佛教的驕傲。歐洲、美國、日本有許多佛學研究者，一致認定密宗是入篡佛教正統者，印順卻大力認定密教是佛教的一支，支持邪淫的密教外道。

譬如想要當皇帝，一定是由皇帝生的兒子才能來當皇帝；現在是一個外人把皇帝的兒子們都軟禁，自己來當皇帝，入篡正統，密教正是如此。但是印順法師卻不說密宗是入篡正統，大力支持密教應成派中觀的六識邪論。從這裡，我們可以看得出來，印順在表面上是反對密宗的，骨子裡卻是支持密宗。為什麼印順要支持密宗？因為印順所有的中心思想就是西藏黃教密宗，也就是古時天竺佛護、月稱、寂天、阿底峽等密教祖師傳過來的應成派中觀的六識論見解，而他的《成佛之道》只是從宗喀巴的《菩提道次第廣論》抄襲過來，而把廣論中的止觀雙身法摒棄。如果把密宗否定了，印順的應成派中觀也要跟著被否定了，印順就沒有所謂的佛法或思想可說了，印順所著《妙雲集、華雨集》……等書，就全部都該送去燒掉了！所以印順不承認密宗是入篡正統者，他認為密宗也是佛教中的一個支派，所以印順書中說，密教說的法不會太偏離佛法。可見印順骨子裡是支持密宗的，只是表面上看起來好像是在破斥密宗，其實只是他的障眼法。

大家要瞭解，所有佛法都不能離開如來藏，乃至三界萬法都不能離開如來藏而存在；如果否定了如來藏，就是心外求法。因為，佛所說的一切佛法都是依實相心如來藏而說的，假使外於真實心、外於真相識如來藏而修一切法，就是心外求法；凡是心外求法的人，就叫作外道。因此，佛準備宣講十八界的真相之前，同樣是要歸結在如來藏中，還是在如來藏這個主題上面來說，因此在開始講解十八界法之前，就先提出大前提：「**云何十八界本如來藏妙真如性？**」然後 佛就說：「**譬如你阿難所明白的，眼根、色塵作為因緣而出生了眼識，這個眼識到底是因為眼根所出生，而以眼根為界限、功能呢？或者是因為色塵所出生，而以色塵為界限、功能呢？**」

界是說，這個法有其界限，故又叫作法界。法界這個名詞，不要把它作虛妄想；佛所說的一切法都是現量的，都可以親自驗證而不是想像來的。很多人講法界時，認為無邊的虛空就是法界；然而虛空只是人為施設的名詞，怎麼能叫作法界？法界就是諸法的界限，也就是功能差別的界限。譬如眼根法界，是說眼根功能的界限，就是說眼根只能侷限在色塵上面運作，與其餘五塵無法相應，這就是眼根的法界。色塵法界也是一樣，只能被眼根相應，不能顯示聲香味觸等功能差別，這就是色塵的界限。這就是法界的定義。每一個法都有界限，意根有意根自法的界限，意識也有意識自法的界限，所以法界就是表顯一切法的界限，這才是法界的眞義。

譬如很多人希望減少障道的因緣，每天晚上作迴向：我以今天修學佛法的功德迴向法界。問題是，迴向哪個法界？如果是迴向十法界，還勉勉強強講得通，但是也有語病啊！譬如諸佛法界不需要凡夫們迴向啊！諸大菩薩法界不需要凡夫們迴向啊！迴向給他們作什麼？又如阿羅漢入無餘涅槃去了，要別人迴向作什麼？迴向這些法界要作什麼？如果把修行的功德迴向六法界，那還講得通，語病就少一些了！如果是迴向十八界法界，請問是要迴向其中哪一法界？或是迴向十八界全部？但是十八界法界本來具足，要自己迴向幹什麼呢？這樣迴向就變成無意義了！因此，我們要先瞭解法界是什麼意思，然後再來作迴向。迴向時應該有一個具體的內容，不可以只說迴向法界，否則那個迴向是無效的。

言歸正傳。十八界是講十八個法界，以十八個法界中的眼根與色塵作爲因緣而出生了眼識，但眼識是被眼根出生的嗎？如果是由眼根出生的，是不是應該以眼根的境界作爲界限？眼根只能攝取外色塵而無法辨別色塵，那麼眼識若只有眼根的功能時，當然也就不可能會辨別色塵了！又譬如說，眼識是被色塵所出生的嗎？如果是色塵所出生的，是否應該以色塵的境界作爲界限？世尊提出這兩個問題，接著就先代替阿難回答第一個問題：「阿難啊！如果說眼識是被眼根所生的，就不需要色塵與虛空作爲所緣，就能自己存在；既然眼識存在時不需要色塵與虛空，卻又沒有色塵與虛空可供分別了；這時縱使仍然有你的眼識存在，你阿難是想要用這個眼識來作什麼呢？」

眞是如此啊！既然眼識只是眼根單獨所生的，不需要有虛空與色塵來配合，那麼眼識存在之時當然就沒有色法、沒有虛空同時存在了！但是外色塵和眼根之間一定要有虛空啊！若沒有虛空時，還能看見色塵嗎？譬如拿一張不透明貼紙直接往眼球一貼，還能看見外面的色塵嗎？都看不見了！因此說，如果眼識是因爲眼根而生的，那麼眼識就應該是在眼根裡面，就不應該有色塵相及虛空可見啊！因爲眼識只能與眼根的境界相應，不與虛空及色塵相應，當然應該是看不見虛空及色塵的，所以不該說眼識是眼根自己所生的。如果眼識單單是眼根所生的，不需要有色塵配合就能直接由眼根出生，當然功能是侷限在眼根的境界中，就與色塵無關而不能涉及色塵境界的了知，那要如何能看見色塵相？若沒有虛空，又如何分別各種色塵呢？

眼識一定是要面對虛空才能看見色塵，有空、有色塵，才能夠分別色塵。可是眼識既然不是依於色塵、虛空同時作爲生起的因緣，而是直接從眼根出生的，與色塵及虛空無關，就應該看不見色與空；既然看不見色、空，還有什麼可以分別的？那時縱使眼識還存在著，是要將什麼東西來作爲眼識作用的境界？事實上眼識以什麼爲自己的作用呢？是以虛空及色塵作爲自己了別的內容。既然主張眼根自己可以出生眼識，不必配合色塵，顯然眼識是與色塵無關的，不能觸及到色塵，那又如何能了別色塵呢？這當然是有問題的。

世尊又開示說：「汝見又非青黃赤白，無所表示，從何立界？」如果眼根不需要色塵配合就可以出生眼識，那麼眼識的作用是不應該能觸及虛空及色塵的；這樣一來，眼根獨自所生的眼識所見，又不是看見青黃赤白，那麼眼識就是沒有看見色塵啊！那又如何能表示出眼識究竟是看見了什麼呢？既然眼識是無所見的，那又要從什麼地方來建立眼識功能的界限呢？這是千眞萬確的事實，無可推翻。請問：眼識能不能離開色塵而存在？每一個人都可以去體驗看看，當然不行啊！因此，既然有人堅定的主張說，眼識不需要色塵就可以存在，我們當然要像 佛陀那樣提出質疑：眼識離開色塵而獨自存在時，所見既然沒有青黃赤白等色塵可以看見，眼識心中都沒有色塵可以表顯出來時，那麼眼識是怎麼存在的呢？根本就沒有辦法表示出眼識的存在，那又如何爲眼識建立功能差別的界限呢？所以佛陀說：「汝見又非青黃赤白，無所表示，從何立界？」

也就是說，眼識既然是離開色塵而可以單獨存在的，這時眼識當然是不能觸及色塵境界的，當然是沒有看見任何色塵；而眼識又不能觸及聲塵境界，也不能觸及香味觸等境界，那麼請問：眼識到底能示現出什麼東西來？又要如何示現眼識的存在呢？請問還能依什麼而建立眼識的界限呢？一定要有一個或多個可以被眼識接觸到的法，才能建立眼識的界限邊際，這樣才可以說是眼識界。否則，眼識就不能稱之爲眼識界；那麼十八界就應該要減掉一界而成爲十七界了！從這一段佛的開示中，已經證明眼識不可能外於法塵與色塵而出現，一定要有意根和法塵具足配合時才能從如來藏中出生。並且眼識不該是由眼根出生的，因爲眼根功能有界限，不能跨到色塵界中來；若眼識是由眼根出生的，眼識就必然無法看見色塵而被侷限在眼根的境界中。必須是由眼根與色塵的根源如來藏來出生眼識，眼識才能依如來藏而跨越眼根的界限、色塵的界限，才能處在眼根與色塵中間來了別色塵。接下

來 世尊又開示說：

「若因色生，空無色時汝識應滅，云何識知是虛空性？若色變時，汝亦識其色相遷變，汝識不遷、界從何立？從變則變，界相自無，不變則恒；既從色生，應不識知虛空所在。」佛陀接著代替阿難答覆第二個問題：「如果眼識是因爲色塵就能出生祂自己，」不必眼根來配合，也不必如來藏來出生祂，只要有色塵就會出生眼識，問題又來了，「當虛空中若是沒有外色塵的時候，你阿難的眼識就應該消滅了，」譬如把眼睛用黑布長時間蒙住，完全不透進光線來，絕對看不見一點點光而完全黑暗，當他永遠都只能看見黑暗時就不需要再作分別了，久了以後眼識就滅了！但因爲主張眼識是從色塵中出生的，當外面色塵出現了就應該有眼識了；可是當色塵被擋住而看不見色塵時，眼識當然應該是消滅不在了；可是明明卻又可以看見暗相，這表示眼識不是從色塵中出生的。同理，當眼根望向虛空而沒有色塵可以看見時，眼識當然就該跟著色塵消失了，「那時又如何能識別而知道是虛空無物之性呢？」所以顯然色塵滅失時眼識還沒有滅，因爲眼識還可以看見暗、看見虛空。爲什麼眼識這時還沒有消滅？因爲還能了別黑暗嘛！所以才能繼續看見黑暗或虛空，顯然眼識不是色塵所出生的。

如果說眼識是從色塵中出生的，也應該色塵本身就有知，因爲眼識就應該只是色塵的功能了，那就是色塵對自己了知的功能，應該改稱爲色識而不是眼識，那麼眼識跟了別色塵的功能就無關了；那時就成爲色塵自己有識來了別色塵自己，而每一個人都變成瞎子了。對啊！因爲色塵自己就有眼識而能看見，不需要你覺知心中的眼識來看見；而眼根既只是攝入色塵，又只是段肉而沒有了別的功能，所以當然是沒有人能看見色塵了。然而明明大家都可以看見色塵，所以顯然眼識不是從色塵中出生的。

佛又開示說：「若色變時，汝亦識其色相遷變，汝識不遷，界從何立？」眼識如果從色塵中出生的，不必眼根與意根配合，也不必由如來藏來出生祂，而是由色塵自己來出生眼識，「當色塵如果產生了變化的時候，明明你阿難仍有眼識來識別色塵的法相正在變遷，而你阿難的眼識並沒有變遷，那麼色塵所出生的眼識界（眼識的功能）又如何能建立界限呢？」是應該依哪個爲標準來建立眼識的界限呢？色塵其實是時時都在變遷的，譬如當你先看這一邊，然後再慢慢轉過去看另一邊時，所見的色塵其實是剎那剎那一直都在變遷的；當你慢慢轉變所見的方向時，所見的色塵相是一點又一點不斷地變化不同的；既然色塵是不斷地變遷著，而眼識又是色塵所生的，那麼眼識當然也應該跟著色塵有所遷變才是。可是明明眼識是不曾有所變遷的，而色塵所生的眼識卻應當是有所變遷的，所以是互相矛盾而無法成立的，那麼眼識的界限究竟是應該依哪個道理來建立呢？

「**汝亦識其色相遷變，**」是說你阿難明明很清楚地識別出色塵法相是有在變遷的。遷就是不斷地移轉，變就是變化，一個又一個不斷地換過，叫作遷。大家都可以現前觀察色塵隨著眼根改換方向而正在變遷時，覺知心也確實了知所見的色塵法相是在遷變的；如果眼識是由色塵所變現出來的，當色塵法相正變化時，色塵所變生的眼識當然應該跟著色塵有所變遷才是。然而，不論是從哪個方向來觀察時，明明眼識還是不曾遷變而繼續在觀察著，所以「**從變則變，界相自無，不變則恒；**」也就是說，如果眼識是從色塵中出生的，當色塵變遷時，眼識一定會隨從色塵不斷變遷著；既然色塵所生的眼識是不斷變遷著，顯然就是沒有特定的界限而會不斷變遷著，這樣一來，色塵所變生的眼識又有什麼固定的界限可說呢？所以說「**界相自無**」，功能差別的界限法相自然是不存在的了。可是如果說眼識是不變的，卻又應該成爲恆常不動法，那可就不應該能識別色塵了。

如果主張眼識是不變遷的，又認爲眼識是從色塵而生的，但是色塵變遷時為什麼眼識依舊恆而不變？譬如錄影時，從這邊開始錄取影像，慢慢轉向另一邊，所錄取的影像當然是一部分又一部分一直在變遷的；又如拍電影也是一樣，也是一格又一格不斷地拉過去，而每一格影像都會有一些不同。當底片被取出來檢驗時就可以證明這一點了，事實上是每一格都有些微變化而不相同；如果色塵所生的眼識不跟著變遷，就應該不知道前後所見色塵有變遷；可是如果眼識只有一個種子而從來不變遷，那就會永遠停留在第一格那一剎那的所見之中，後面的影像就完全無法了知。所以說，如果眼識不跟著變遷的話，就不知道法塵有所變遷啊！可是色塵所生的眼識若有所變遷時，又都只能知道各自變遷時所見的那一剎那影像，是無法聯貫起來而全部了知的。所以，若說眼識是色塵所生的，不論是主張眼識有變遷，或主張眼識無變遷，都是會有問題的。只有由如來藏來變生眼識——藉眼根、色塵來變生眼識，由如來藏、意根與意識來統合，才能橫跨眼根與色塵之間而了別成功，不受色塵變遷的影響。

若說眼識是由色塵來出生的，當然眼識要隨從色塵而不斷地變遷著；既然不斷地變遷著，眼識的功能差別可就會跟著色塵不斷地變遷了，那又有什麼界限的法相可以作為根據而確定眼識的界限呢？一定是變遷的背後有個不變遷的，不變遷的法卻產生種種可變遷的功能，才能說是有功能差別的法性；而這個法性有一個侷限，才叫作法界。譬如一輛汽車，你是喜歡它常，還是喜歡它無常呢？如果你喜歡它常，常則不動，那麼方向盤常而不能動，門常而不能開，引擎常而不能發動，你還喜歡常嗎？當然不會喜歡的；因爲輪子若是常就不能動了，又怎麼叫作汽車呢？可是換過來說，如果有人喜歡無常，因爲得要無常才會有作用；但是，由於無常，所以車門一開就掉下來，引擎一發動就散開了，那你還會喜歡無常嗎？不可能喜歡。

所以一定是常與無常整合在一起，才可能有功能界限可說。必須體是常，但是有很多無常性的種子——功能差別，可以使你前進而轉來轉去，車門可以開、可以關，引擎可以發動、可以熄滅，可以前進、轉彎、停止，這些都不是常，但是車體卻是常而不會散落成零件，才會是你所要的車子。如果方向盤常，車子不能轉彎，也不能用。車子如此，眼識也是一樣，一定要有常的部分，並且另外有無常的部分；三界中的一切法都是這樣的，才能正常地運作，當然要有常住的如來藏妙眞如性，還得要有無常性的十八界法，才可能有正常的人類及有情能夠生活及流轉三世。眼識在每一剎那色塵變遷之中，總是一直跟著識別，當然是一直在變遷著，因此每一剎那所看見的色塵相都不同，但是眼識的功能差別卻都不會變化而繼續維持著。這表示眼識種子是無常地不斷流注的，那當然就不可能是由色塵來出生，也不可能是由眼根來出生，而是由另一個能跨越眼根與色塵之上而且是常住性的如來藏妙眞如性來出生，才可能做得到。

但是在眼識種子流注的無常法相當中，卻可以維持著眼識的功能差別持續不變——這是常住的如來藏的妙眞如性功德；這樣才能使眼識也有自己的常相，使眼識前後心境相連，而另外有覺知心意識來統合了知。所以眼識是有變遷的部分，也有不變遷的部分，這當然就是如來藏妙眞如性才能做得到。所以說，如果是「汝識不遷」，就不知道色塵相有所演變啊！那麼眼識的界限又要從什麼地方來建立呢？此外，「從變則變，界相自無」，如果說眼識是由色塵所生的，就會跟著色塵不斷地變遷，那麼每一剎那的色塵都是眼識，眼識就隨著色塵不斷地變遷而永遠不同，又如何能建立界限呢？這時，變遷中的眼識就是色塵，變遷中的色塵就是眼識，色塵跟眼識之間要怎麼確立界限？所以「界相自無」。

「不變則恒」，如果眼識是一成不變的，一定是永遠停留在第一剎那的境界中，不能夠變遷而了別前後不同的色塵相，也應該是只能了別色塵自己而無法使人了知色塵相，又有什麼功能差別可說呢？

如果主張眼識是從色塵中出生的，那麼眼識就應該只能了別色塵自境，就不應該看見虛空而知道什麼處是虛空——因爲眼識只能跟色塵在一起。而且眼識若是由色塵出生而永遠都處在色塵中，眼識自己就可以看見色塵，何必要透過虛空呢？也就沒有必要經由虛空來了知色塵了，就不會在見到色塵的同時了知到虛空的所在，所以「應不識知虛空所在」。可是明明眼識可以看見色塵，而眼識與色塵之間有虛空，也是大眾都知道的事，所以眼識見性由色塵中出生的說法，不符合事實上的現量。所以，說眼識從眼根生是不對的，說從色塵生也不對。也許就有人說：「那就是從這兩個法中同時生的嘛！」佛早就料到這一點，所以就說了：

「若兼二種：眼色共生；合則中離，離則兩合，體性雜亂，云何成界？是故當知眼、色爲緣生眼識界，三處都無；則眼與色及色界三，本非因緣，非自然性。（本如來藏妙眞如性也）」佛說：「如果有人主張是兼有眼根與色塵等二種來出生眼識，」是說既從眼根出生，也從色塵出生了眼識，是眼根與色塵共同出生了一個眼識。問題又來了！當眼根與色塵互相接觸合在一起時，眼根與色塵二者的中間便不存在了，這就是「合則中離」，那麼眼識又如何能存在於眼根與色塵相觸時的中間？眼根與色塵中間可就沒有眼識能夠存在了；既不能處在眼根與色塵的中間，又如何能藉眼根的作用來了別色塵呢？所以若由眼根與色塵共同出生了眼識，當眼根接觸色塵時，眼根與色塵合在一起而沒有中間了，眼識要存在哪裡呢？當然不可能存在中間了，所以說「合則中離」。這時也沒有眼根與色塵中間的虛空了，眼識又要如何來看見色塵呢？又應該如何確定眼識的界限呢？當然不該說眼識能見之性是由眼根與色塵相觸而合生的，意思是由如來藏的妙眞如性來出生眼識。

可是，如果有時眼根與色塵不接觸而各自分開了，仍然主張說眼識是由眼根與色塵共同出生，而不是說由如來藏出生的；那時眼識是不是應該分裂成兩個？因爲眼根不與色塵相觸，不合在一起時，應該是一半眼識與眼根合在一起，另一半眼識則與色塵合在一起，那麼眼識應當分成兩半而與眼根及色塵兩個和合起來成爲兩個眼識了，所以說「離則兩合」。這時，又如何可以說眼識是由眼根與色塵共生的呢？這時眼識已經分成兩半而各自與眼根或色塵合而爲一，既然兩邊都是合而爲一，又如何能有中間的界限來容受虛空，而使眼識可以看見色塵呢？這時眼根與色塵不相及，是分開的，那麼與眼根合而爲一的一半眼識，是能看見色塵呢？或是也能看見眼根自己呢？與色塵合而爲一的另一半眼識，也是一樣，是能看見眼根呢？或是也能看見色塵自己呢？這又有問題了。並且，既說是兼有眼根與色塵而相觸在一起，才能夠出生了眼識；可是如果眼根與色塵相觸而合起來時，當眼識看見色塵時，眼根與色塵中間的虛空又是哪裡去了？中間的虛空顯然是被眼根與色塵合在一起時擠開而不見了、消失了，可是這樣又跟事實違背啊！明明眼根觸色塵時，在眼根與色塵中間還是有虛空存在的啊！所以不該說眼識是由眼根與色塵分別生或共生，若說分離而生，就落入「離則兩合」的過失中；若說共合而生，又落入「合則中離」的過過失中；因此只能依事實而說由如來藏藉眼根與色塵出生眼識。

如果轉而主張說眼根與色塵互相分離時也可以共同出生眼識，可是「離則兩合」，當眼根與色塵分在兩處時，兩邊所生的眼識應該是各自擁有一半眼識，這也與法界中眼識從來都是一心而不能分成兩半的現量事實不符，因此這個說法還是講不通啊！總之，說是由眼根與色塵共同來出生眼識，這個道理是講不通的。必須是眼根與色塵相觸時，由如來藏妙眞如性來出生眼識，就不會有這些矛盾與問題出現；否則一定是體性雜亂而無法成立的，那又應該如何來確定眼根界、色塵界、眼識界呢？所以 佛說：「體性雜亂，云何成界？」

講到這裡，佛作了一個結論：「由於這個緣故，應當要知道：眼根、色塵等兩個功能差別作爲因緣來出生眼識，這個眼聚所攝的三個界，都沒有眞實處所可說，」因爲眼根界、色塵界都是被生的法，所以不可能出生任何一法；「因此說，眼根界、色塵界以及色識界（了別色塵的識別功能）等三種界，本來就不是由眼根、色塵等因緣來出生的，也不是眼根及色塵二界的自然性，而是由如來藏的妙眞如性來出生的，應該攝歸於如來藏的妙眞如性。」而且在這個十八界單元一開始時，佛就已經先提出大前提了：「云何十八界本如來藏妙眞如性？」所以眼根界、色塵界、眼識界三個法，本來就不是單憑因緣所生，因爲前面已經證明眼根乃至意根都不是因緣所生，也不是自然性，而是由如來藏生；也證明色塵乃至法塵不是因緣所生，不是自然性，而是由如來藏所生。現在加上眼識界來討論，仍然證明眼識界不可能是由眼根生、不可能由色塵生，也不可能是眼根與色塵共生，而是由如來藏藉眼根與色塵來出生的，這樣才不會違背各種邏輯上及實際上的眞理。

譬如龍樹菩薩的《中論》如此說：「諸法不自生，亦不從他生，不共不無因，是故知無生。」如果主張眼識是由自己出生自己，即是龍樹所破的自生；事實上諸法都不可能自生，因為自己還不存在，要如何由自己來出生自己？假使說眼識是由眼根生，即是龍樹所破的他生，說的正是「從根生」。如果主張眼識是從色塵中出生的，仍然是龍樹所破的他生，說的是「從色塵生」。從另一方面來說，若是主張由眼根與色塵共生眼識，即是龍樹所破的「共生」，因為眼識不可能由根與塵共生的，這在前面已經說明辨正過了，所以龍樹說不共生；若是主張自然性——是從虛空中自然就會有眼識出現的，正是龍樹所破的「無因生」，所以龍樹把這兩個說法合起來成為一句：「不共不無因。」由於諸法都是由如來藏妙眞如性所出生的，攝屬於無生無滅的如來藏妙眞如性中，就沒有自生、他生、共生、無因生的過失，才是眞正的無生之法，無生即無滅，因此龍樹說「是故知無生」。換句話說，諸法都是如來藏的妙眞如性所生，只是直接生、間接生、輾轉生的差別，無不由如來藏以妙眞如性運作來出生的，所以眼根界、色塵界、眼識界等三個法界，仍然都是如來藏所出生的，當然可以說：眼根界、色塵界、眼識界，本如來藏妙眞如性。接下來 佛又說：

【「阿難！又汝所明耳聲為緣生於耳識，此識為復因耳所生、以耳為界？

因聲所生、以聲為界？阿難！若因耳生，動靜二相既不現前，根不成知，必無所知；知尚無成，識何形貌？若取耳聞，無動靜故，聞無所成，云何耳形雜色觸塵名為識界？則耳識界復從誰立？若生於聲，識因聲有則不關聞，無聞則亡聲相所在；識從聲生，許聲因聞而有聲相，聞應聞識；不聞非界，聞則同聲；識已被聞，誰知聞識？若無知者終如草木，不應聲聞雜成中界；界無中位，則內外相復從何成？是故當知耳聲為緣生耳識界，三處都無；則耳與聲及聲界三，本非因緣，非自然性。（本如來藏妙眞如性也）】

講記：佛又從耳根、聲塵、耳識三界，開示都是如來藏妙眞如性的實相道理：「阿難！你所明白的佛法是這麼說，耳根和聲塵兩個法作為因緣而出生了耳識，這個耳識是因為耳根而出生的，就以耳根的境界作為界限呢？或者是因為聲塵而出生，就以聲塵境界作為耳識功能的界限呢？」佛陀又提出這兩個問題。然後就開示說：「如果耳識是因為耳根而出生的，」是以耳根的境界作為耳識自己功能的界限，自然是無法接觸到聲塵的；「既然接觸不到聲塵，沒有聲塵可以了知，那時聲塵中的動靜二相既然都不現前，耳根中的耳識當然不可能成就了知聲塵的功能，自然是對聲塵無所了知的；當耳根所生的耳識對聲塵加以了知的功能尚且無法成就時，耳識根本就是不存在的，這時耳識究竟是生成怎樣的形貌而說有耳識存在呢？」

這就是說，當有人主張耳識是由耳根出生的，那麼耳識當然是以耳根的境界作爲自己功能差別的界限；既然是這樣，耳識的功能顯然是與聲塵無關的，那麼耳識當然是無法接觸聲塵；既不接觸聲塵時，就沒有聲塵中的動靜二相可以了知；在沒有動靜二相時的耳根，一定是不可能了知聲塵的；既然耳根如此所生的耳識是不能了知聲塵的，又如何能夠知道有這個耳識的存在？又如何能確定耳識的功能差別呢？所以若是有人主張耳識是從耳根中出生的，是只要有耳根而不必有聲塵就可以出生耳識，這說法顯然與耳識必須有耳根及聲塵爲緣，才能從如來藏中出生的眞相不符合。這就表示，耳根是不可能出生耳識的，所以耳識是從如來藏中出生的。

或許有人說：「不需要有聲塵，耳根自己就能聽聞。」但是，單有耳根而沒有聲塵，這時沒有聲塵中的動相與靜相，耳根又如何能聽聞聲音呢？所聞的事相就不能成立了，因爲聞性是要以聲塵的動靜二相作爲所聞的標的。除非是以如同卷起來的荷葉形狀一般的耳朵肉體，夾雜著耳朵對觸塵的了知而把祂命名爲耳識。然而耳朵只是如同卷曲荷葉一樣的肉體，既然不能接觸聲塵，這個耳朵又沒有呼吸可以了知香塵，也沒有能見的功能可以了知色塵，也沒有能嚐的功能來了知味塵，更沒有覺知性來了知法塵，又該把耳朵的什麼功能（界）作爲耳識立名的根據呢？這一來就只剩下耳朵上的觸覺可以作爲立名的根據了。在無所根據的情況下，除非是依耳朵本身對觸覺的了知性，來立名爲耳識界；但是這樣一來，豈不是應依身根對觸塵來建立識界而建立爲身識界呢？顯然不能說爲依耳根來建立耳識界，那麼耳識界顯然是無法有自身的界（功能差別）作根據而立名爲耳識。所以佛說：「若取耳聞，無動靜故，聞無所成，云何耳形雜色觸塵名爲識界？則耳識界復從誰立？」

由耳根出生的耳識既然不必觸聲塵就可以出生，不觸聲塵時當然是沒有聲塵中的動相與靜相，這樣的耳根顯然不可能有了知聲塵的功能；若是沒有了知聲塵的功能，又怎麼能說是耳識呢？若是沒有聲塵就不會有耳識功能的運作，若是沒有耳識而主張耳根自己就能聽聞聲塵，可是耳朵只是物質之法，又如何能聽聞聲塵呢？除非是依耳朵的觸覺來立名耳識，可是這時的耳識就成爲了知觸塵的身根的功能了，那就應該立名爲身識了，又要根據什麼功能來建立耳識的名稱呢？所以，說耳識從耳根中出生的，或說不必有耳識、不必有聲塵，只要有耳根就可以聽見聲音，都是講不通的。

以上是從耳根來說明，耳根是否能出生耳識，證明事實上是不可能的。

也許有人說：「耳根固然不能出生耳識，但是聲塵應該可以出生耳識。」佛又作了開示：「若生於聲，識因聲有則不關聞，無聞則亡聲相所在；」佛陀開示說：「如果說耳識是從聲塵中出生的，」當然是不與耳根及如來藏妙眞如性有關聯，這又會有問題了，「耳識既然是因爲聲音而出生的，」耳識應該就是附屬於聲塵而有的，「那麼耳識的聞性就與耳根無關了，是應該由聲塵來聞見聲音，顯然耳根是聽不到聲塵的，就不可能還有聞性存在；當聞性不存在時，聲音的動相與靜相可就全都亡失不在了。」這樣一來，又是違背現量上耳根與耳識和合而了知聲塵動相靜相存在的事實了。

此外，「識從聲生，許聲因聞而有聲相，聞應聞識；不聞非界，聞則同聲；」「耳識若是從聲塵中出生的，應該容許聲塵由於自有聞性而能聽聞聲塵中的動靜二相，那麼這時聲塵所生的聞性應該立名爲聞識才對，不該再立名爲耳識啊！」因爲已經與耳根無關了，又怎能依耳根而立名爲耳識呢？「若說聲塵所生的聞識並沒有能聞聲音的功能，那又怎能說是有界（有功能）的呢？」所以說「不聞非界」。「若是這個聲塵所生的聞識有能聽聞聲音的功能，那麼這個聞識又是同於聲塵、即是聲塵了。」這樣一來，就應該是由聲塵自己來聞，不是由聞識來聞的了，當然這樣的聞性也不能立名爲耳識。

「識已被聞，誰知聞識？若無知者終如草木，不應聲聞雜成中界；界無中位，則內外相復從何成？」「若說這個因聲而生的聞識，由於聲塵自己能聞而被聲塵自己所聞，那時又有誰能知道聞識存在？」因爲既說聞識是聲塵所生的，已經與覺知心無關了；覺知心與聞識既無聯繫，當然是沒有覺知心能了知聞識的存在，故說「誰知聞識？」所以那種主張也是不如理的。聲塵顯然是無知的，所以聲塵中當然是沒有聞性的，所以聲塵是對耳識或聞識無知的，「若是眞的無知，那麼聞識與聲塵終究只是如同草木一般成爲無情而無能知，就不該於聲塵與聞識互相間雜而成就聲塵與聞性中間的聞聲功能（聞界）；聞界（聞聲的功能）既然沒有辦法處於聲塵與聞識中間，」沒有聲塵與聞識的中間空位可供聞界（聞聲的功能）存在，「那麼聞聲時的內外相，又是應該依什麼根據來成立呢？」

換句話說，這時應該聽到聲音的時候只是聽到耳識自己，因爲耳識就是聲塵，聲塵就是耳識；因爲耳識是聲塵所生而跟著聲塵合在一起，不是跟耳根同在一起的，這樣一來，應該要允許聞性聽到聲相時，也同時聽聞到聞識（這時的聞性既不是依耳根而有，當然不該名爲耳識而要名爲聞識）；而這時應該是由聲塵來聽到聞識，與覺知心無關；但在事實上卻沒有人能聽聞到聞識，從來都沒有人能知道有一個與覺知心無關的聞識存在，顯然聲塵出生耳識或聞識的說法是虛妄不實的。縱使這時還眞的能聽聞到聞識的所在，也不能再稱爲耳識界了，因爲聞識是與耳根無關的。若說聞識即是耳識，是由聲塵自己聽聞聲音；既然有聞識界可以聽聞聲塵而被覺知心接觸到，那麼聞識應該是有一個功能差別而使人知道祂的存在，可是明明每一個人都聽不到聞識究竟在哪裡；因爲聞識若是由聲塵出生的，屬於聲塵，那麼聲塵所生的聞識聽見了聲音時，又干你何事呢？你又沒有聽見聞識存在，或藉聞識來了知聲塵中的動靜二相，因此顯然是不聞的。

「不聞非界」，如果說聞性是聲塵所生的，這樣的聞性事實上卻是不存在的；縱使眞的能有聲塵所生的聞識存在而有聞性，但是對每一個人來說，這樣的聞性卻都無法使人們聽聞聲音，成爲不聞；既然吾人都不曾以這個聞性來聽聞，我們顯然是沒有這種聞性存在的，因此不聞則非界；既然聽不到這樣的聞性存在，就表示是沒有這種功能的，當然也不能立這樣的聞性作爲我們的耳識界。這樣子，既不能立耳根界，也不能立聲塵界；既不能立聞識界，也不能立耳識界，那麼「不聞非界，界從何立？」

主張耳識界從聲塵中出生，是有過失的。因爲耳識的功能（聞性）若眞是從聲塵中出生時，應該耳識功能即是聲塵的功能；若耳識聞性即是聲塵，就應該聲塵能聽到自己，又如何能立名為耳識界呢？應該立名為聲識界或聞識界了，這時的聞性當然也是與耳根無關的；既與耳根無關，我們又如何能藉耳根來聞見聲塵呢？這時從有情來說，既然是聲塵的聞性自己聽到自己，有情當然是聽聞不到聲音的；這時縱使聲塵自己眞的有聞性而聽到聲音了，對有情來說還是沒有聽聞到聲音，「不聞非界」，當然不該建立為有情自己十八界法中的某一界。「聞則同聲」，若說有情能聽聞到聲塵所生的聞性所聽聞到的聲音，才可以建立為有情十八界中的某一界；然而聲塵所生的聞識所聽聞到的聲音，顯然不是有情能聽見的，仍然是應該只有聲塵自己的聞識才能聽得見，那時的聞識當然是同於聲塵而與有情無關的。

而且，聞識所聽聞到的聲音其實也就是聞識自己、聲塵自己，聞識即是聲塵、聲塵即是聞識，那就沒有一個有情可以了知聞識的存在了，這時「誰知聞識？」又是誰能知道那個能聽聞聲的識？顯然是沒有誰能知道有一個能聽聞的聞識存在了。「若無知者終如草木」這時如果沒有人知道自己聽見了聲音，而是由聲塵所生的聞識聽見的，這時聲塵所生的聞識是不知道自己存在的；既然不知道自己存在，就如同草木一般無知，那就不該於聲塵與聞識之間互相雜亂地成立二者中間的聞聲界（聞聲功能）。

在耳根與聲塵中間，一定是有虛空，才能使耳識在耳根與聲塵中間產生聞性而能了知聲音；若說耳識聞性是由聲塵自己所生的，中間就沒有虛空，如何能夠相觸而產生耳識？所以若說耳識由耳根自己出生，與理不符；若說聲塵自己能生耳識或聞識，就應該說聲塵自己即是能聞者，自己即是聞識，那麼覺知心怎能聞聲呢？而且，外聲塵是無情，怎能出生有情的耳識呢？無情的外聲塵若眞的能出生耳識，那已不是耳識，因爲已跟有情的耳根無關。而且無情的外聲塵所生的聞識，縱使能聞，也只是聲塵自己的所聞，與有情的心無關，有情又如何能聽聞到聲塵呢？所以必須是由如來藏妙眞如性，藉自己所生的耳根來接觸外聲塵而變現出內聲塵，再由自己所生的耳根與內聲塵相觸而產生了耳識，才能夠有聞性用來聞聲，也才能夠有覺知心來了知自己確實有耳識的聞性存在。

假使聲塵自己就是聞識，聲塵與聞識之間沒有中間虛空可以相觸，聞性是不可能運作的；因爲，六識界（六識的功能：見性、聞性、嗅性、嚐性、覺性、了知性等六識的功能）都必須在根與塵二者之間存在，才能運作；如果塵的本身即是識界，就沒有根與塵相觸的虛空，就無法使有情了知六塵了。如果塵的本身即是識界，那麼六識的功能就無法存在於根與塵之中間，六識及六種自性就無法生起了。所以，聲塵即是聞識時，「界無中位，則內外相復從何成？」若是沒有耳根界與聲塵界的中間位置，耳識界聽聞聲塵時的內根相與外塵相，又要從何成立呢？所以，單由耳根來出生耳識的聞性，單由聲塵來出生耳識的聞性，或者主張耳識自己可以無因而生—耳識的聞性是自然性—耳識的聞性是自己無因無緣而出生的；這些虛妄的說法，都是無法建立耳根界、耳識界、聲塵界等三界的；依於那種錯誤的知見，想要建立這三種法的功能差別時，確實是無法建立的。因此 佛就作一個結論：

「是故當知耳聲爲緣生耳識界，三處都無；則耳與聲及聲界三，本非因緣，非自然性。（本如來藏妙眞如性也）」「由於這個緣故，應當知道，是耳根與聲塵作爲因緣而出生了耳識的功能，然而推究耳識的聞性所在時，耳根、聲塵、耳識等三法中，都沒有能夠產生聞性的功能；那麼耳根、聲塵、聲塵中聞聲的功能（聲界—聞性）等三法，其實本來就不是單憑耳根、聲塵、耳識爲因緣就能出生的，也不是無因無緣就能夠從虛空中自然出現了，其實本來全部都是如來藏的妙眞如性。」佛作了這樣的結論，是說耳根、聲塵、耳識界都不是有自體性的常住法，不可能出生別的法性；也顯示耳根和聲塵作爲因緣而出生了耳識界，可是耳識的聞性功能仍然不是由耳根與聲塵所生的，也都不是眞實常住的不壞法—都沒有自己常住不壞的體性—沒有自在性；所以說耳根、聲塵、耳識的聞性等三法是「三處都無」，當然不可以說耳根、聲塵和耳識的聞聲功能是單憑因緣所生的，也不能說是自然而有的，換句話說，其實本來就是如來藏的妙眞如性所出生的。

【「阿難！又汝所明鼻香爲緣生於鼻識，此識爲復因鼻所生、以鼻爲界？因香所生、以香爲界？阿難！若因鼻生，則汝心中以何爲鼻？爲取肉形雙爪之相？爲取嗅知動搖之性？若取肉形，肉質乃身，身知即觸，名身非鼻，名觸即塵；鼻尚無名，云何立界？若取嗅知，又汝心中以何爲知？以肉爲知，則肉之知元觸非鼻；以空爲知，空則自知，肉應非覺；如是則應虛空是汝，汝身非知，今日阿難應無所在。以香爲知，知自屬香，何預於汝？若香臭氣，必生汝鼻，則彼香臭二種流氣，不生伊蘭及栴檀木；二物不來，汝自嗅鼻爲香爲臭？臭則非香，香應非臭，若香臭二俱能聞者，則汝一人應有兩鼻，對我問道有二阿難，誰爲汝體？若鼻是一、香臭無二；臭既爲香，香復成臭；二性不有，界從誰立？若因香生，識因香有；如眼有見，不能觀眼，因香有故應不知香；知則非生，不知非識；香非知有，香界不成；識不知香，因界則非從香建立；既無中間不成內外，彼諸聞性畢竟虛妄。是故當知鼻香爲緣生鼻識界，三處都無；則鼻與香及香界三，本非因緣，非自然性。（本如來藏妙眞如性也）】

講記：識陰等六識都是依根立名，如果不依根立名，當你要指稱某一個識時就講不清楚，別人都無法聽清楚是在講哪一個識。譬如善知識在說明眼識時，總不能每一次都要指著眼睛而在口中只說一個「識」字。所以世間法還得要建立世間名詞來作說明，因此由根立名：依眼根爲緣而出生的分別色塵之識就叫作眼識，依耳根爲緣而出生的分別聲塵之識就叫作耳識，乃至依意根爲緣而出生的分別法塵之識就叫作意識，這叫作依根立名。講到這裡，佛陀接著解說六識界中的鼻識界來開示阿難，同時也是開示給大家聽聞：

「阿難！你所知道的鼻根和香塵作爲因緣而出生了鼻識，這個鼻識究竟是因鼻根所生而以鼻根的境界作爲自己的境界呢？或者是因爲香塵而出生，然後以香塵的境界作爲自己的境界呢？」如果是因鼻根、由鼻根所生，這鼻識當然是以鼻根所能作到的境界作爲自己的境界侷限。鼻根的境界有什麼侷限呢？鼻根只是接觸外香塵而不能了別外香塵，只是作爲如來藏攝取外香塵的工具罷了！鼻識若不是由如來藏妙眞如性所出生，而是由鼻根肉體所出生的，那麼鼻識應該只是潛藏在鼻根之內而以鼻根的境界作爲自己的境界侷限，當然就只能接觸香塵而無法聞香了。若說鼻識是由鼻根的勝義根所出生的，當然也是以鼻的勝義根境界作爲自己的境界，那就只能和鼻的勝義根一樣提供作爲如來藏顯示內香塵的功能，就不可能了別內香塵了。

此外，若主張鼻識是由鼻根所生的，當然更不可能在眼根、耳根以及舌、身、意根的功能上面出現，乃至連鼻識自己的功能都不可能存在的；換句話說，鼻根所生的鼻識必須以鼻根爲界限，最多只能了別鼻根的內容而不能了別香塵了。這時鼻識一法的功能界限（鼻識法界），就只能以鼻根爲界限：「以鼻爲界。」一般人（特別是現代自認爲阿含專家的印順派等人）總是含含糊糊地自以爲是，從來都不探討六識是從哪裡生出來的，只說是根塵因緣生。譬如四阿含中說，鼻識是因爲鼻根接觸了香塵時才能夠出生的；然而在鼻根接觸香塵而使鼻識正在出生時，這個鼻識究竟是由鼻根所生？由香塵所生？或者是由意識、虛空所生？總得要探究清楚嘛！總不能人云亦云啊！然而印順派是從來都不探討這個問題的。由於從來都不探討六識的來源，只知道六識出生時所藉的根塵因緣，於是就永遠都不能悟入實相，也不可能證悟聲聞菩提，就只好永遠當個凡夫而自以爲證道了。

鼻識固然是因鼻、因香塵爲緣所生，然而出生鼻識的卻是如來藏而不是鼻根與香塵，因爲四阿含中有多處聖教說名色是由入胎識住胎所出生的；所以鼻根與香塵只是如來藏運作妙眞如性，來出生鼻識時所藉的因緣而已，鼻根與香塵根本就沒有出生鼻識的功能。現代修學二乘法的人們都不懂這個道理，古人也多是如此，所以 世尊就宣講《楞嚴經》而提出這些問題，讓大眾瞭解：眼、色因緣生眼識乃至意、法因緣生意識，這六根與六塵只是出生六識的因緣，卻不能出生六識。宣講了許多道理，讓大家實地理解六根與六塵都無法出生六識。這樣一來，有智慧底人就會開始探究：既然六根與六塵只是六識出生時所假借的因緣，那麼六識又是從哪裡出生的呢？是誰能出生六識呢？於是探究法界實相的意願便生起了，就開始了參悟實相般若的過程而不得不迴小向大，於是就成爲菩薩了，漸漸就會有人能夠紹隆佛種，佛法命脈就會有人主動延續下去了。

那麼鼻識既不是鼻根所生的，因爲會有違背現量境界的矛盾存在而不能自圓其說，接下來當然要轉向探求是由誰出生的，難道鼻識「是因香所生，以香爲界嗎？」換句話說，鼻識如果不是鼻根所生、以鼻根爲界，那是不是由香塵出生的？若是由香塵出生的，是不是應該以香塵的境界作爲鼻識自己的法界？這當然要先探究鼻識是不是從香塵中出生的。如果鼻識確實是從香塵中出生的，當然就以香塵的功能界限作爲鼻識自己的界限，那麼鼻識的功能顯然只能侷限在香塵界限中，就不應該與鼻根有接觸、有關聯，也應該只能了知香塵正在顯現香味而不知道香臭了，因爲香塵是不會了別自己的，香塵是無知而沒有了別性的，是只供鼻識來了別而自己無法了別的。反過來說，鼻識如果是從鼻根中出生而以鼻根爲界，那麼鼻識也應該與香塵沒有關聯，當然也是不該有能力了別香塵的。

世尊提出這兩個問題之後，就開示說：「阿難啊！如果鼻識是因鼻根而生，」從鼻根而生的，當然就不是從如來藏而生，當然就得探索一下：是從哪個鼻根中出生的，總不能隨便認定手或肚子就是鼻根吧？「那麼你阿難心中究竟是認定什麼作爲自己的鼻根呢？是認定『肉形雙垂爪』相貌的鼻子呢？或者是認定鼻子聞嗅香塵時會搐鼻的動搖之性呢？」肉形雙垂爪，是形容鼻子由肉造成，而且形狀好像爪子一樣垂下來；有時則說「鼻如懸膽」，好像是動物被宰以後的苦膽被懸起來時的模樣。這裡喚作肉形雙爪，有時叫作雙垂爪。此時 世尊問阿難說：「你是取鼻子肉體本身作爲鼻根呢？或者取鼻根聞香辨臭時的搐鼻動搖之性作爲鼻子呢？」

「爲取嗅知動搖之性？」也可以這樣解釋：嗅性是能夠嗅聞種種香塵的功能，而嗅聞香塵時的法性是動搖的，不可能是永遠都不動的；因爲若是永遠不動的，就不可能有呼吸的功用，又如何能嗅聞而了別香塵呢？若是解釋作鼻識的了別性，也可以說是嗅性的動搖之性；因爲凡是能了別六塵的法，一定都是動搖變異的法性，那就應該是鼻識的範圍了，也就是對香塵加以了別的功能。凡是能了別六塵的功能，都是變異不住的，是動搖而不是常住不動的。譬如眼識，第一剎那的眼識若不落謝而轉換爲第二剎那的眼識，那麼眼識的所見就永遠停在第一剎那的所見影像中，眼識也就不能使用了。

鼻識也是一樣，如果鼻識從現前第一剎那開始就都不再變異轉換爲第二剎那鼻識，無法快速地剎那剎那變異輪替，才能說是常住而不變異；可是這樣的鼻識當然也會永遠停留在第一剎那所嗅聞的香塵境界中，當後面香塵變化時，第一剎那的鼻識當然就無法繼續分別第二剎那以後的香塵了。這樣子，鼻識還能了別香塵嗎？還能有作用嗎？可是現量上，鼻識明明是可以嗅得到每一剎那都在變化中的香塵，可見鼻識種子也是不斷轉換、不斷變異的；正因爲有變異的緣故，所以鼻識持續了別香塵的作用就顯現出來了！這意思就是說，鼻識有自性，就是聞嗅之性。而這個聞嗅之性如果不是一直變異，就無法成功的完成時時了別的作用，那就不能叫作鼻識了。話說回頭，如果主張鼻識是從鼻根而生的，以鼻根爲因，那究竟是以什麼作爲鼻根？是肉形雙垂爪的肉鼻呢？或者是抽搐鼻子時的動搖之性呢？或是以嗅知香塵時的動搖之性作爲鼻根呢？然後　世尊就針對這些題目提出其中的過失：

「若取肉形，肉質乃身，身知即觸，名身非鼻，名觸即塵；鼻尚無名，云何立界？」佛又解釋說：「你阿難如果認定雙垂爪的肉質鼻子作爲鼻根，可是肉質的鼻子是屬於身體，應該是屬於身根才會了知觸塵；既是身根上所知的範圍，當然是觸塵而不是香塵，這時的肉鼻應該被稱爲身體而不該稱爲鼻子，也應該稱呼鼻子所觸的觸塵是鼻根可以相應及了別的塵了，那麼鼻根就不是了別香塵而是了別觸塵了。這時鼻根的名字尚且不能存在，如何能依鼻根來建立鼻根及鼻識名稱呢？又如何建立鼻根與鼻識的功能差別呢？」

鼻根是面對香塵而不是面對觸塵來運作的。所謂的鼻根，不應該是指鼻子肉形，而應該說是鼻子肉形中，能面對香塵的肉體構造。若說鼻子肉形即是鼻根，那麼鼻根應該是屬於肉質而成爲身根了；如果鼻根是屬於身根，所面對的塵當然只是觸塵，怎麼會是香塵呢？「身知」是指身根所受知的內容，那就是觸塵，不應該是香塵啊！當然也不能稱呼它是鼻根了。如果說鼻子就是身根，鼻子就不應該再叫作鼻子啦！應該說它是身體：「名身非鼻。」所以如果年輕人養育兒女，當兒女周歲或一歲半時，要教導他們認識身體不同部位的名稱，於是問他們說：「哪個是鼻子啊？」孩子就指著鼻子，你不能說他們錯了。可是從佛法的立場來看時，就應該說：「錯了！這叫身。」因爲那個雙垂爪的肉形，其實只是身體的一部分，只是擁有觸塵而已。眞正的鼻根扶塵根，其實是指肉形鼻子裡面的構造啊！那才是鼻根。鼻根既然立名爲鼻根而不立名爲身根，一定是它有異於身根之處，有不同於身根的地方，才能叫作鼻根啊！

「身知即觸，名身非鼻，名觸即塵；」如果說鼻子上的觸覺了知即是鼻根的功能，這其實只是身知，身知的對象其實即是觸塵，不是對香塵的了知；因此，鼻子對於觸塵的了知，是應該歸入身根之中才對，不能稱爲鼻根。也應該說鼻子所知道的痛癢冷暖都是觸塵，不是香塵；若是把鼻子的觸覺當作鼻根時，這個觸覺卻又只是塵而不是根，這時「鼻尙無名，云何立界？」連鼻根的名稱都建立不起來了，因爲它是觸塵，或者說它所知道的是觸塵而不是香塵，所以連鼻根這個名稱都無法建立，又該如何建立鼻根這個法運作時的界限呢？（又該如何建立鼻根的功能差別界限呢？）所以人家如果問你：「哪個是鼻根？」（導師指著鼻子）你可別這樣告訴他：「這個是鼻根。」因爲這只是依世俗人的說法講的，眞正學佛的人應該知道這不是鼻根。

這個肉形鼻子如果就是鼻根，那你摸自己的鼻子時，應該鼻子表面是沒有觸覺而只有所嗅知的手上香塵啊！可是鼻子表面明明是只有觸覺而無嗅覺，顯然鼻子肉形不是鼻根。這個鼻子被立名爲鼻子，只是一個肉形表相，其實只是扶塵根而已；這個扶塵根中有著能接觸外香塵的結構，才能說是鼻根，而且只是鼻根的扶塵根。必須有鼻根的扶塵根作爲因緣，鼻的勝義根中才能夠有內相分的香塵被如來藏生出來。有了勝義根中的內相分香塵，鼻識才能出生，才會有鼻識的嗅香自性。但是鼻根的扶塵根裡面仍然有屬於身根的部分，就是觸覺的部分；也有屬於鼻根的部分，就是能接觸外香塵的構造，但這並不是指雙垂爪的肉質鼻子。

「若取嗅知，又汝心中以何爲知？以肉爲知，則肉之知元觸非鼻；」這個雙垂爪的肉質既然不能成立爲鼻根，不能建立爲鼻根一界，當然會改從另一方面來設想：「如果改以嗅知香塵的能嗅之性作爲鼻根，那你阿難心中是以什麼作爲你鼻根的知呢？」問題又來了，若是以能嗅知香塵的「知」作爲鼻根，這其實應該已經是鼻識而不是鼻根了。如果仍然堅持以嗅知香塵的「知」作爲鼻根，那麼鼻識被認作鼻根以後，覺知心中又該認定什麼作爲對香塵的「了知」呢？顯然是講不通的，只好再轉個方向來說了。可是，「如果改爲認定肉質的鼻子作爲鼻根時，這個鼻根的『知』從本以來都是觸塵而不該稱爲鼻根啊！」「元觸非鼻」的「元」字，在古時候跟「原來」的「原」是通用的，古時候大多是用「元」字。

意思是說，如果阿難是以肉形的鼻子作爲鼻根，那麼嗅知之性，也是一樣的道理：以肉爲知的時候，鼻子只能夠有觸塵，就只是冷暖觸、澀滑觸等等觸覺，當然肉質的鼻子所能擁有的了知性本來就是侷限在觸覺之內，從來不能觸及香塵而不應該屬於鼻根了。如果因此就改認嗅香之性作爲鼻根，不說肉質的鼻子是鼻根，那麼鼻識的嗅香之「知」豈不是該被歸入鼻根了？而鼻識的功能又該歸在哪一界中呢？所以，鼻根只是觸香塵而不了知香塵的。

「以空爲知，空則自知，肉應非覺；如是則應虛空是汝，汝身非知，今日阿難應無所在。」如果因爲有了矛盾而講不通，所以改口說：「那我就認爲：『對於香塵的了知是從虛空來的，虛空能了知香塵，即是我的鼻根。』然而，虛空若是能了知香塵，那麼肉質的鼻子就應該是沒有知覺才對，怎麼還會有觸塵呢？可是你又說虛空有知，這樣一來，就應該虛空即是你阿難，而你阿難的身體應該是無知無覺的，那麼你阿難今天就應該是不存在的。」若是認定鼻根爲虛空，當然應該是由虛空來了知所嗅聞的香塵，這時則是虛空知道香塵而不是阿難知道香塵，那麼虛空的知又與阿難對香臭的嗅聞之知有什麼相干？而阿難自己臉上的鼻根對香塵也嗅到了，虛空如果也能嗅到香塵，那就應該有兩個嗅香的知啊！這明明違背現量境界啊！

明明對香塵了別時只有一個知，沒有兩個知。如果只有一個知，卻是由虛空去嗅知香臭，這就是認定虛空爲自己的鼻根，這時就應該肉質的鼻根是感覺不到香臭之味才是啊！而且，明明了別香塵時就只有一個知，這一個知應該就是自己；如果自己就是虛空，因爲主張是虛空能知香塵、以虛空爲鼻根，那就應該虛空即是阿難，那麼這時的阿難尊者身體當然是沒有知覺的，那麼今天阿難應無所在。可是今天阿難明明還在 佛陀眼前，確實有個所在而有所知，所以如果改說虛空即是自己的鼻根——也就是說各人的嗅聞之性是自然性，也是講不通的。

如果有人因爲進退兩難而改說：「不是虛空能了知香塵，也不是鼻子能了知香塵，而是香塵自己有知。」 佛陀又針對這種說法提出質疑：「以香爲知，知自屬香，何預於汝？」預是參與的意思，也就是互相關聯的意思，「何預」是反問「有何相關？」這是說，如果鼻識的聞嗅之性以香塵作爲根源，是從香塵中出生的，那麼能夠了知香臭的嗅聞之知，當然就應該屬於香塵所有，而不是大眾覺知心中的鼻識了；若是眞的如此，能夠嗅知香臭之氣的鼻識功能是所聞的香塵所有的，不是覺知心所有的；那應該是由香塵自己去了知香臭，那麼嗅知香臭的知覺性應該屬於香塵而不屬於阿難。這時若是有人把檀香、沈香點火燃起來，應該是由香塵自己有嗅聞了知，不是阿難所能了知的，那時對香塵的了知又跟你阿難有什麼相干呢？

「若香臭氣，必生汝鼻，則彼香臭二種流氣，不生伊蘭及栴檀木；二物不來，汝自嗅鼻爲香爲臭？臭則非香，香應非臭，若香臭二俱能聞者，則汝一人應有兩鼻，對我問道有二阿難，誰爲汝體？」佛陀說法面面俱到，讓外道們抓不到把柄，弟子們也都抓不到把柄，因爲所說的都是現量上的事實，也是比弟子們更深入而說。前面已經說明，如果是以香塵自己爲了知香臭的主體，或以香塵作爲出生鼻識的主體，那麼嗅香塵時的知覺性是屬於香塵，便與阿難的覺知心無關。因此有人可能會這樣想：「那這樣應該說香臭氣是從鼻子裡出生的。」而我們也常常講：「眾生從來都沒有接觸到外面的五塵，都只是接觸到內相分的五塵。」或許還有人心裡可能會想：「那就應該說香臭氣是從我們自己心中所出生的。」話是這麼說啦！但其實不是一般人所想的從意識覺知心中出生的意思，因爲覺知心是生滅法，凡是生滅法都不可能會出生六塵的。

佛說：「如果香臭之氣味，一定要說是出生於你阿難的鼻子；」「必生汝鼻」是駢體文常用的倒裝句型，意思不是說「香臭氣必定會出生你阿難的鼻子」，而是說「香臭之氣若一定要說是出生於你阿難的鼻子」，「那麼香臭兩種飄流不定的氣味，就不應該出生於伊蘭以及栴檀木了。」伊蘭是一種很臭的樹木，伊蘭木的種子可以拿來壓榨成蓖麻油，以前好像是霍亂或者傷寒時用來治病的藥物。以前醫藥不發達，在二次大戰時，有很多地方生產蓖麻油，就是用伊蘭木的種子去榨出來。這種樹木有臭味，不像沈香、檀香點起來很香。「如果你阿難一定要說香臭氣是從你的鼻根中出生的，那麼栴檀木及伊蘭木所燒出來的香氣與臭氣流動開來時，這些香臭氣就不應該是出生於栴檀木和伊蘭木。」

可是事實上香臭的氣味確實是要燒了栴檀木及伊蘭木以後才流散出來的，「假使這兩種木頭所燃燒出來的氣味不曾來到你阿難的鼻子中，你阿難反過來嗅嗅自己的鼻子，看究竟是香味或是臭味呢？」如果所聞到的是伊蘭木的臭氣時，就不是香氣了；如果聞到栴檀木燒起來的香氣時，就不是聞到臭氣了；不論是哪一種木頭燒起來時，總是只會聞到一種氣味，不會燒起一種木頭時被聞到兩種氣味的。當栴檀木或者伊蘭木中的一種被點燃時，或者同時分在兩個遠處被點燃時，一定都只能嗅到其中一種氣味，得要再到另一處嗅另一種木柴所焚的氣味時，才會有另一種氣味；在其中一處時，不會是同時嗅到兩種氣味。

如果香塵是出生於鼻根，「當這兩種木頭被點燃後的氣味都不來到你阿難的所在，你阿難自己嗅一嗅自己的鼻子究竟是香的或是臭的？若你嗅聞到臭氣時，那臭氣當然不可以稱作香氣；若是嗅聞到香氣時，那香氣當然也不可能稱作臭氣。」講過鼻子自聞所得的氣味以後，世尊又說：「如果這時你阿難可以同時嗅聞到兩種氣味時，那你阿難一定是有兩個鼻根；」因爲香塵是出生於鼻根，當然一個鼻根只能出生一種氣味；若能出生兩種氣味，當然是有兩個鼻根才對；「那麼你現在對我釋迦如來問道時，應該是有兩個阿難才對，在這兩個阿難之中，究竟誰才是你阿難自體呢？」因爲若是自聞鼻子時有香同時也有臭氣，這是不可能的；唯一的可能就是有兩個鼻子，那就一定是有兩個阿難了。然而事實上並不是如此，只有一個阿難。接下來 世尊又開示說：

「若鼻是一、香臭無二；臭既為香，香復成臭；二性不有，界從誰立？」在「若香臭氣，必生汝鼻」以及「二物不來，汝自嗅鼻」的前提下，佛說：「這時如果鼻子是一個，就應該所聞的香氣只有同一種，不可能同時嗅到兩種氣味，」何況是同時嗅到梅檀木及伊蘭木的不同氣味？「這時所嗅聞到的氣味應該是同一種香臭，不會是兩種香臭；既然是同一種氣味，臭即是香，香即是臭，所嗅聞的香臭已經是只有一種氣味，不再有香與臭等兩種不同的氣味性質與變化，就不會再繼續去分別香塵了，這樣一來，鼻子的功能差別又要從什麼地方來建立呢？」既不是兩個鼻根，而是只有一個鼻根，而香塵又是由鼻根所出生的，當梅檀及伊蘭等兩種木頭點燃的氣味又未來到阿難的鼻子中，這時所嗅聞的氣味當然是只有一種，就無所謂香與臭的差別可說了！既然香與臭二種差別性不存在了，當然鼻子也就不必以及不能再作分別香塵的事情了！這時還要怎麼區分鼻根界、鼻識界、香塵界的界限呢？這時鼻根、香塵、鼻識三法，要如何確立界限（要如何確立三者的功能差別）？這就是 佛所說的「二性不有，界從誰立？」

「若因香生，識因香有；如眼有見，不能觀眼，因香有故應不知香；知則非生，不知非識；香非知有，香界不成；識不知香，因界則非從香建立；」佛又開示說：「如果改說能嗅聞性的鼻識是因爲香塵而出生的，」是從香塵中出生而不是由如來藏出生的，「這個鼻識是因爲香塵而有的，那就應該如同眼根所生的眼識可以看見色塵，卻不能看見眼根自己；同樣的道理，如果鼻識是從香氣中出生的，當然也應該沒有辦法返聞香塵自己，那就不應該能知道香塵是什麼氣味了。」如同因眼根而出生的眼識不能返見眼根自己，因香塵而出生的鼻識應該就是香塵自己，當然香塵鼻識也不應該能夠嗅得見香塵自己。所以，香塵顯然是沒有覺知的，是不能嗅知香塵的。

「知則非生，不知非識；」若說香塵所生的鼻識眞的有能知香塵的能力，那是不合現量與常理的，那顯然非生——不是香塵所生的了知性。若轉頭改說：「香塵所生的鼻識是無知的。」那也不行，因爲若是對香塵沒有了知的功能，這個被香塵所生的鼻識顯然就不能稱爲鼻識了。

「香非知有，香界不成；」香氣若不是由於有了知香塵的功能而能夠分別香塵，就不可能會有香氣被有情所知；所以，香氣若不是因爲對香塵的了知而有的，那麼就不可能將鼻根、香塵、鼻識的不同功能加以建立了，則香塵這個法的界限—香塵的功能差別—又要如何建立起來呢？由此看來，鼻根、香塵二法，都不可能出生鼻識的了知性、嗅聞性，一定是有另一個能出生鼻根、香塵等二法的終極心如來藏，來藉這兩個法作爲因緣而出生了鼻識嗅聞之性。

如果鼻根不能出生鼻識，而香塵也不能出生鼻識，那麼鼻根與香塵各自或共同之間，顯然都不可能出生鼻識的了知性，那麼鼻識的了知性顯然是不可能出生，應該沒有鼻識存在而沒有了別香塵的作用。一定是有所了知，而且是對香塵能加以了知，才能叫作鼻識嘛！若是沒有知而不能分別香塵的內容，那就是沒有香塵被有情所了知，又怎麼可以叫作鼻識呢？

在有情的覺知心中，能夠對香塵有所覺知，或者說覺知心中顯現出香塵來，其實都是因爲有知有覺的緣故；若是沒有覺知之性，心中就不會有六塵境界存在了，所以這個覺知性就被稱爲顯境名言。換句話說，有情覺知心中所了知的香塵，正是因爲有知而有；若是無知覺性了，也就不會有香塵在覺知心中出現，那就不能稱之爲鼻識了。而有情的覺知心中若不是有一部分是可以了知香塵的，覺知心中就不可能會有香塵的了知性存在。若是香塵的了知性不存在而沒有香塵了，那麼鼻根、香塵、鼻識三個法界，又該如何確定互相之間的界限，而立名爲鼻根、香塵、鼻識呢？所以說：「香非知有，香界不成。」

反過來說：「識不知香，因界則非從香建立；」如同眼識因眼而有，卻不能反見眼根；同理，鼻識若是因爲香塵而有的，那麼鼻識顯然也應該是不知香氣的。若是有人想要狡辯說：「鼻識從香塵中出生，但是仍然能知香塵。」這說法是不能成立的，因爲香塵就是鼻識自己，就應該是由香塵來反聞自己，而不是由鼻識來反聞香塵了，顯然鼻識不是香塵自己。而香塵自己若是眞的能出生鼻識，這個鼻識也應當無法反聞香塵的，所以當然應該說鼻識不是香塵所出生的。如果又因此而改說：「香塵無知，不能自己了知自己，當然是由鼻識來了知。」這樣也就顯示鼻識不是香塵所出生的，因爲只有心才能出生心；香塵既不是心，怎能出生鼻識呢？那他自己的說法也就不能成立了。如果又有人主張說：「香塵所生的鼻識當然是不知的，但不能因此就說香塵無法出生鼻識。」問題是，香塵所生的鼻識既然不能了知香塵，那就是無知呀！那就不可以再被立名爲鼻「識」了。

在眾生覺知心中，香塵的法界—香塵的功能差別—其實是委託於知覺性而彰顯出來的；若是沒有知覺性，不能對香塵加以了知，又怎能了知香塵而得以建立香塵一界呢？怎能建立香塵的功能差別呢？如果是由香塵自己建立爲香塵界，而不是從有情覺知心對香塵的了知性來建立香塵界，那麼香塵是不能被有情覺知心所觸到，也就不可能成立十八界中的香塵界了。話說回來，鼻識界也是假託香塵界而建立的；如果鼻識界（鼻識的功能差別）是自己獨立爲一個識，而不能了知香塵時，那麼鼻識也是全無作用的，又如何能依香塵而建立爲單獨一個法界呢？一定是鼻根、香塵、鼻識三個法界互相之間有所關聯，能互相接觸而有鼻識對香塵的了知性來運作，才能各自建立鼻根界、香塵界、鼻識界。所以說：「識不知香，因界則非從香建立。」所以，此一法以另一法爲因緣而依其所依的因緣來建立，譬如鼻根是依香塵建立的，若無香塵境界，鼻根又何必存在呢？如來藏也就不需要出生鼻根了！不需要出生鼻根時，如來藏當然也不需要流注出鼻識種子而使嗅聞性現前了，那麼鼻等三界也就沒有建立的必要了。

「既無中間不成內外，彼諸聞性畢竟虛妄。是故當知鼻香爲緣生鼻識界，三處都無；則鼻與香及香界三，本非因緣，非自然性。（本如來藏妙眞如性也）」這樣看來，鼻識的嗅聞之性，專對香塵加以了知，是要有香塵才能成立的；而鼻識面對香塵時，也得要有鼻根作爲工具才能了知香塵的；可是眞正探究這三界時，「既無中間不成內外，彼諸聞性畢竟虛妄」；若是沒有鼻識在鼻根與香塵中間存在而了知，內根的鼻根與外境的香塵也就不能成立了——同樣都是無法建立爲內裡的鼻根與外在的香塵了。而內裡的鼻根與外在的香塵，乃至處在內根與外塵中間的鼻識，其實也都是由如來藏以祂的妙眞如性所出生的。

這三界都不可能是自生、他生、共生、無因生，全都是由如來藏妙眞如性所生的，而鼻識的嗅聞性卻還要由如來藏先出生了鼻根與內相分的香塵以後，才能由如來藏再藉著鼻根與香塵二界來出生，所以鼻識這個嗅聞性畢竟是虛妄法而不是眞實法、常住法。因此說，若是要詳細探究時，「是故當知鼻香爲緣生鼻識界，三處都無；則鼻與香及香界三，本非因緣，非自然性。」當然都是從如來藏的妙眞如性中出生的，出生以後也都要依附於如來藏才能存在及運作，那當然要說「本如來藏妙眞如性」了！

佛在這段經文中作了一個結論：既然鼻識不能建立爲鼻根所生的——不能以鼻根爲本因而出生，也不能建立以香塵爲本因而生，那麼顯然是說，內根與外塵都不可能出生鼻識了知性，就是**非他生**的意思。假使有人想要在鼻根與香塵的中間共生作爲本因來建立鼻識，也無法成立；因爲若是從鼻根所生，就會有他生的過失；若是建立爲香塵所生，同樣會有他生的過失；若是建立爲鼻根與香塵中間所生，也有共生的過失。若是建立爲自生，天下沒有一法是可以自生的，否則就是無因生；除非自在心，卻是本來無生的，也不是自生的，所以鼻識也不可能自生。也不能說是無因而生，因爲鼻識的嗅聞性，是一定要有鼻根與香塵作爲因緣才能出生的，所以嗅聞性也不是自然性。既不是本然存在而必須藉緣而生，而且是要藉鼻根與香塵爲緣才能從如來藏中出生，怎麼可以說是常住不壞的佛性呢？所以六識的自性全都不是佛性，但卻仍然要攝歸如來藏的妙眞如性中；因爲從證悟者實證法界實相的立場而觀，六識自性全都是依如來藏而有，一向圍繞著如來藏而運作，都要攝歸如來藏的妙眞如性中。

識陰所攝的識，雖然都是在根與塵的中間出生，仍然是由如來藏妙眞如性來出生，所以「本非因緣，非自然性」。單有中間是無法使六識自性現前的，因爲「中間」是依根與塵而建立的，而根與塵也是由如來藏妙眞如性來出生的，所以根與塵的「中間」還是屬於如來藏所生。並且，六識的自性——譬如鼻識的聞香之性，得要依靠鼻根與香塵接觸，如來藏妙眞如性才能在鼻根與香塵接觸之處，出生了鼻識。由此看來，內根與外塵，其實都是如來藏妙眞如性所出生的；因爲外塵其實也是依凡夫而說的，其實沒有外塵曾被覺知心所觸知，都是內相分六塵被覺知心所觸知，而內相分六塵都是由如來藏妙眞如性所出生，所以十八界中所說的外境其實也是內境，全都要攝歸如來藏妙眞如性。

單有鼻根，不能出生鼻識了知香塵的功能；所以單有鼻根時，鼻識界不能成立。單有香塵，也不能出生鼻識，所以鼻識界也不能成立。當鼻根與香塵都有了，而且根塵相觸了，也還是無法在根與塵的中間出生鼻識；在這些條件具足時，還得要有如來藏運作妙眞如性，才能在根與塵相觸的中間出生鼻識。所以，單單主張內根或外塵之一可以出生鼻識，或是主張單有內根與外塵共生鼻識而排除如來藏，也都是不可能建立成功的；全都要歸攝於能夠出生鼻根與香塵的如來藏妙眞如性，才能夠出生鼻識的嗅聞之性。所以說，鼻根、香塵以及嗅聞之性畢竟虛妄，因爲這三界全都是有生之法，當然不是眞實法，不是常住不壞性。

所以，想要爲人宣講緣起法時，得要先自己確實了知正確的意涵，才好爲人解說，否則就要負責錯說佛法的因果。如今（編案：這是二〇〇二年初所說）那些所謂的阿含專家們，總是把如來藏否定，不承認有一個第八識來出生名色，而單單指稱名色**無因唯緣**生，於是成為因緣外道，違背 世尊在四阿含中所說的**名色由識生**的因緣法正理。那樣解說緣起法，就叫作**無因論**的緣起法，與無因論外道所說的緣起法相同啦！無因論外道的緣起法，外道早就講過了，不需要 釋迦牟尼佛特地辛苦再來人間說明。那些無因唯緣論的外道們早就講了：根、塵觸為緣而生了眼識乃至意識。外道既然已經說了，又何必 釋迦牟尼佛再來人間重說一遍同樣的外道法？既然 釋迦牟尼佛曾經來到人間宣說不同於外道的緣起法，一定是有不同於外道的地方。所以我們講的緣起性空，跟斷見外道們所講的緣起性空畢竟不同，與印順法師等人所說的緣起性空畢竟不同。

所以說根塵觸而生眼識、鼻識，這兩識的見性、嗅聞性畢竟虛妄，不是眞實法，是虛妄法；因此應該說鼻根界、香塵界為因緣而出生了鼻識界，鼻識界與鼻根界、香塵界這三種功能與處所，其實並不眞實，都沒有自在的體性。既不是自己本然存在而不必依附他法，不是可以自己永遠獨立存在的法，就是沒有眞實處所。如果要說這三界有眞實處所，只能說是以如來藏為處所，因為離了如來藏就不可能有這三個法界存在的；如果有人不信，可以找一隻剛死的狗來，把牠的鼻子撐開流通，讓空氣進進出出，看牠的鼻根還能不能嗅聞？不行的！因爲牠的如來藏已經離開了，沒有辦法變現香塵到牠的勝義根中，而如來藏也不會在牠的勝義根中流注鼻識種子，鼻識也就無法現前了！縱使牠的勝義根中還能有香塵，當如來藏離開而沒有流注鼻識種子出來時，鼻識仍然是無法現前的，又怎能聞香呢？

而且，再過一會兒，連牠的鼻根都要壞掉的，不論是扶塵根或是頭腦裡的勝義根，全都要壞掉，只因爲如來藏離開了！剛死的時候，雖然鼻的扶塵根與勝義根都還好好地，如來藏一離開，就立即沒有功用了；可見鼻根、香塵、鼻識全都依靠如來藏來運作，才能有作用，當然都是沒有自己獨存的體性。因此說：鼻、香爲緣生鼻識界，鼻根界、香塵界跟鼻識界這三界，三處都無——都沒有不依靠他法而能自己獨自存在的本質。全都是由如來藏出生、由如來藏支持及運作才有作用，當然這三界本來都不是單憑因緣法所生，也不是虛空中自然就能出生的自然性。還是要歸結到「云何十八界本如來藏妙眞如性」的大前提來。也就是說，鼻根界、香塵界、鼻識界全都是如來藏的妙眞如性。

講到這裡，也許有人想：「那我今晚可眞賺到了，聽完這一堂經，我已經開悟了！我知道了：如來藏就是我這個能見、能聞、能嗅的自性，當然能嚐、能覺、能知的心也是我的如來藏。」假使有人眞的這樣想，那就錯了！因爲這六識固然都是由如來藏出生、支持、運作的，但這六識卻是從如來藏中出生的啊！所生法固然應該攝歸如來藏，但卻不能說所生的這六識就是如來藏。或許有人心裡想：「怎麼不是？既然從如來藏出生的，是如來藏在運作的，當然就是如來藏的體性，那我現在就知道能見、能聞、能嗅的心一定就是如來藏。」

那我們就打個比方好了！譬如一面鏡子，有鏡體，也有鏡面裡的影像；鏡面中的影像固然都是鏡子的作用，卻不能說鏡面裡的種種影像就是鏡子，或者說影像即是鏡子的體性。所以不該像愚人一樣地說：「我知道了，當我站在一大面鏡子前面，我雖然不知道那是大鏡子，但是鏡子裡有很多影像讓我看見了，而善知識告訴我說，那些影像都是鏡子的勝妙作用，所以那些影像就是鏡子。」假使有人認定六識的功能—六識界—即是如來藏妙眞如性，就會如同大鏡子前的那個愚人一樣了！同樣是錯認鏡影當作是鏡子本身，智慧就無法生起了！又好像一顆摩尼寶珠，趙州禪師形容摩尼珠說：「胡來胡現，漢來漢現。」胡人來了，這個摩尼珠裡就映現胡人的模樣，漢人來了它就映現出漢人的模樣，這些影像都是摩尼珠的勝妙自性，愚癡人就說：「那麼影像就是摩尼珠了。」或者說：「我不講影像，講影像太粗淺了！我說，能夠顯示影像的體性就是摩尼珠。」其實仍然不是，這只是它的作用而已，而摩尼珠究竟何在？還是沒有找到；還沒找到珠體時，就無法發起現觀珠體的功德，就會落入珠體的各種功能或影像中，智慧也就無法生起了。

有很多人正是這樣誤解了《楞嚴經》，就來跟我們爭執說：「你看！《楞嚴經》不也是這麼講的嗎？見性、聞性、嗅性、知覺性就是如來藏，當然就是佛性。所以覺知心中只要沒有妄想時，就是如來藏，因爲佛曾說：『眾生皆有如來智慧德相，只因煩惱所障故不能證得。』那我現在只要把語言文字的妄想除掉，沒有煩惱了，什麼都不想，一念不生；而且我也不貪著什麼，這樣的離念靈知當然就是眞心如來藏。而且，密宗也說這時是明光境界，這時的覺知性就叫作明性。」明性就是說，一念不生當中還要能夠清清楚楚地了別六塵，但是心中一念不生。

開悟若眞的是這樣，那就太好了！諸位今天都可以算是開悟了，都已證得密宗的明空大手印了！因爲我在這裡說法的時候，諸位都是很專注聽講而不打妄想地聽著嘛！那正是一念不生而且能清楚地了別六塵啊！與密宗的明光大手印完全一樣。那麼恭喜諸位！你們現在都已經開悟了，都證得密宗明空大手印，成就了密宗所說的「顯教佛」所證的境界；依密宗的說法，你們都是已經在顯教中究竟成佛了！然而，顯教的佛有這麼差嗎？這其實是連我見都還沒有斷除的凡夫粗淺境界啊！所以密宗古今大師們都把顯教的修證嚴重誤會了，然後再來亂作評論說：「顯教佛的境界太差了，我們密宗的上師們各個都比顯教佛的層次更高。」可是密宗所說比顯教佛層次更高的密宗報身佛境界，其實是從最低層次的凡夫境界中拿來硬放上去的，其實是欲界中最低的層次，而且是捨報後一定會轉生到三惡道的不淨業。

這意思是說，經文中的義理必須要能夠前後貫串，不該丟掉經文中所說的大前提來理解經文。如果把大前提給丟開，然後單從某一句、某一段、某一章來理解經文，成爲斷句取義、斷段取義、斷章取義，就難免誤會 佛的眞正意思了。所以我們在這部經文的講解時，在 世尊提出大前提的那個單元開始的每一段經文中，都要特地爲大眾加上一個小括弧，這是把那個單元的大前提再提示一下，提醒大家：本非因緣、非自然性，其實是說如來藏的妙眞如性。可是那一些大法師、大居士們都斷章取義而誤會了，他們總是說：「你看！佛明明有說見性、聞性、嗅性、知覺性都非因緣生、非自然性，所以六識自性當然是如來藏妙眞如性，就是如來藏自體，就是佛性。」就這樣斷章取義，而且還振振有辭來責備眞實證悟如來藏的賢聖呢！

所以，《楞嚴經》中每一單元的大前提，一定要記住，要在大前提下來理解經文中的眞實義理。千萬別把大前提丟棄了，再從某一段經文的文字表面來堅持如來藏顯示出來的某些功能認作是如來藏整體，或誤認爲如來藏心體或是佛性。如果不把這個道理弄清楚，就會認妄作眞。譬如水，水有濕性，愚癡人就堅持說濕性就是水，可是卻說水體是不存在的，說「有水體只是方便說，其實就是在講濕性」。然而，水體若不存在時，濕性還能存在嗎？他們卻說沒有水這個東西，水就是濕性，沒有水可以有濕性。可是離開了水，還會有濕性嗎？同樣的道理，如來藏能夠出生十八界，但是如來藏所出生的諸法雖然不能一時一刻離開如來藏，但是這些法並不就是如來藏。

這個道理，是大家應該建立的知見。否則，聽完這部《楞嚴經》時，心想：「我懂了，不久之後去禪三道場時，我只是等著被印證就行了！」可是，等到以後去參加禪三時，怎麼樣都沒有辦法通過考驗。那時可眞是不知道該怎麼辦才好。因爲許多人讀完《楞嚴經》以後，心中已經認定知覺性就是如來藏、就是佛性了！結果是，到了禪三期間，我所有的機鋒、所有的開示，他都是越聽越迷糊，都沒有辦法相應了。所以，關於六識的知覺性，在大乘法和二乘法中的看法是不一樣的；二乘法是要教你滅掉十八界（色、聲、香、味、觸、法，以及眼、耳、鼻、舌、身、意等六根、六識），都得要滅掉才能取證無餘涅槃；但是 佛卻不允許菩薩這樣取證無餘涅槃，所以再開示說，當你成為阿羅漢而能夠證得二種涅槃時，要再轉變，要證如來藏心體而使你能夠了知無餘涅槃裡面是什麼，要你了知涅槃中其實就是如來藏。而且涅槃不禁制一切法——如來藏自體即是涅槃，但涅槃如來藏能出生一切法而自己同時仍然住在涅槃中。要這樣實證而不取無餘涅槃，要你把生滅性的色法及六識法都轉變為無漏有為法，讓五蘊成為能永遠利益眾生的解脫色。

色法並不全是有漏有為法，也有解脫相應的色法，稱為無漏有為法。所以十方諸佛，現在、過去一切佛，在成佛之後都不是像印順法師所講的灰飛煙滅一般。印順認為 釋迦佛永遠都不存在了，永遠滅盡而成為空無了。其實不是這樣的，所以《阿含經》中說：「解脫色是佛，非色是二乘。」亦如《勝鬘經》中說：「如來色無盡，智慧亦復然。」如來的色法是沒有窮盡的，因為要利益眾生永無窮盡，直到虛空界滅盡為止；而虛空界不可滅，所以諸佛的色身也是在盡未來際利樂眾生上面永無窮盡的，卻也是究竟解脫的，所以叫作「解脫色」，所以「如來色無盡」。而《楞嚴經》中講的也是在說明這個道理：六根、六塵、六識等十八界的運作而產生的六入，也就是眼識見性、耳識聞性……乃至身識覺性、意識知性，全都是如來藏所出生的，本來就是屬於如來藏的法性，但卻不是如來藏本體。

得要找到如來藏本體，才是證得法身德的賢聖，這時應該觀察如來藏如何現行運作而使十八界法得以運作？才能轉依如來藏心體的妙眞如性而出生實相般若智慧，而不是依如來藏所出生變換不定的十八界性用作爲所證之標的，這樣才能證得解脫德及般若德，才能夠再深入體驗而分證一切種智，才能入地而成爲大乘法中的聖者。瞭解這個道理而且親證如來藏以後，就可以親眼看見十八界、六入、十二處固然處處變異，剎那剎那變異，但是無妨有一個從來不變異、體恆常住的本來自性清淨涅槃本心——第八識如來藏，常住於三界當中永無生死；無妨在世世生死輪轉的不同五蘊我當中，永遠都有一個從來不生不死的涅槃性的本際自我存在——如來藏才是五蘊背後的眞實自我，卻是永遠沒有五蘊我的生滅執著自性，永遠處於不生不死、不來不去的涅槃境界中。

既然是這樣，也親證而現見確實是如此，於是菩薩就敢發起大心了，就不必像阿羅漢一樣恐怖生死了。所以菩薩就敢發起一再受生的大願，繼續留在人間住持正法、利樂眾生。雖然還沒有離開隔陰之迷，一樣敢發願再來人間。若是離開了隔陰之迷，當然更敢發願再來人間；然而，斷盡思惑以後，在還沒有離開隔陰之迷就敢發願再來的，才是 佛最讚歎的，眞是不可思議。如果已經沒有隔陰之迷，死前知道往生處，死後自己決定往生處，心中有把握時，還怕什麼呢？正是因爲還不知道死後的前途，所以會害怕嘛！可是斷盡思惑以後，還在胎昧的階段就不害怕，不論前途如何都要一再受生於人間來利樂有情，這正是未離胎昧菩薩的不可思議處。這不是因爲菩薩神通厲害不可思議，而是勇猛之性、精進之性、利他之性、持明之性（有智慧），不畏懼隔陰之迷而願意世世受生於人間來住持正法、利樂有情，這才是菩薩的不可思議。

三地滿心菩薩或八地、九地菩薩，佛不會讚歎他們不可思議，因爲他們已經遠離胎昧了！至於尚未斷盡思惑的三賢位菩薩，則是尚未能出三界的人，當然一定會繼續受生於三界中，不論有無胎昧都會繼續出生於三界中，不是留惑潤生的人，也不是 佛所讚歎的不懼胎昧的悲心菩薩。所以 佛說不可思議菩薩時，通常不是在讚歎那些大菩薩們，而是讚歎三地住心以下到初地入地心的菩薩們；但這些菩薩們的心性卻不是眾生所能瞭解的，也不是二乘無學、有學聖人所能瞭解的，所以叫作菩薩不可思議。今天諸位聽到這裡，應當要發起同樣的菩薩心：利樂有情永無休止底心、修行成就究竟佛道底心。一定要有這個增上意樂，才不會急著要取證聲聞解脫果，才能夠不怕未來無量世的生死與隔陰之迷，絕不畏懼而努力精進修行。否則，等到將來有一天幫你悟了，我教你出來度眾生時，你卻不要，只想趕快把我執斷盡，想要取涅槃，那我度了你眞是沒有用處啊！將來我臨行時見了佛，佛會斥責說：「**你這個愚癡人，總是度那些自了漢。**」佛也是要責備我的。

因此，諸位要建立這個正知見：我們學的是佛菩提道，佛菩提道函蓋二乘解脫道，也函蓋大乘菩提。最主要的一點是，不侷限於二乘解脫道上。雖然在正覺同修會中證得解脫果了，但是仍然不會取證無餘涅槃；這是因爲對具有佛種性的人來說，取證無餘涅槃之後十八界都滅盡了，住在無餘涅槃還能利益眾生嗎？還能成就佛道嗎？如此滅盡一切以後有什麼意義呢？因此佛才會再跟二乘聖人們演說大菩提道，勉勵二乘聖人要迴心大乘來取證佛菩提果。我講解《楞嚴經》的目的也是在這裡，想要讓大眾都瞭解：**在二乘菩提中說十八界法全都是生滅法、緣起性空，是要把十八界法滅盡；但是在大乘法中，卻說十八界本來都是常住不滅的眞我如來藏的妙眞如性，不該滅**

盡，要用來修行成就佛道，要用來利益眾生永無窮盡。所以不該悟後就急著想要斷盡思惑而取無餘涅槃，應該發起大心，願意世世勤行菩薩道而永遠留在人間，不怕各種苦難折磨，不怕佛門內的外道大師們極力打壓。那當然要先證悟如來藏以及眼見佛性了，否則又怎麼有智慧來應付佛門中的常見、斷見外道大師們的挑戰呢？

諸位聽到這裡，一方面要找離見聞覺知的如來藏，未來還要找到不離見聞覺知的佛性。可是，如來藏離見聞覺知，卻不是什麼知覺性都沒有，不是像石頭、木塊一樣沒有心性。雖然我們常常笑祂癡癡呆呆的，但那只是從世間法的貪著與分別上面來說的；在無漏有為法來講，祂可是伶俐得不得了，誰都比不上祂。因此，把如來藏心體找出來之後，就得要從《楞嚴經》中建立剛才我所說的正知見：「**我證悟之後，不是為自己出離三界的生死而用功，是當我斷除煩惱的現行和種子時，同時要發起大心，為幫助有緣眾生親證解脫及實相智慧，也為佛教正法未來的長久住世而努力。**」

如果能夠這樣發願，當然是要盡未來際無量世去做，所以菩薩想要入初地時都得勇發十無盡願。十無盡願至誠地發了以後，每一段願文中都說「**虛空有盡，我願無窮**」；得要虛空盡了，這十個大願才能盡。請問：**虛空什麼**

時候盡？虛空永遠不盡、永遠存在，所以這十個大願就跟著無窮無盡，乃至成佛之後還是在三界中繼續廣行十無盡願，當然是要到別的星球世界繼續受生示現成佛而度眾生嘛！那怎麼可能成佛以後會是灰飛煙滅，什麼都沒有了呢？而現在人間已經沒有 佛陀存在了，那麼 佛到哪裡去了？其實諸佛都不跟眾生捉迷藏，當人間的應化身滅了以後，莊嚴報身始終常住於色究竟天中，也都一直會有應化身在各個星球世界示現成佛而度眾生，絕對不是印順法師講的灰飛煙滅。

印順心中是這樣認定的：大乘經中說，佛陀入滅以後還有個報身住在色究竟天，那是後世弟子們對佛陀的永恆懷念而創造出來的說法。但印順怎麼可以這樣講？假使眞的是成佛以後灰飛煙滅而成爲斷滅空，顯然成佛以後是不如輪迴眾生的；因爲，即使是常見外道、凡夫眾生永遠輪迴生死，痛苦無量，再怎麼樣都比斷滅空來得好；何況成佛以後生死自在的解脫色、解脫心，怎能與斷滅空相提並論呢？成佛需要三大阿僧祇劫，即使無量無數阿僧祇劫才能成佛而輪轉生死，都比斷滅空來得有意義；因爲至少還可以在無量無數無窮無盡的未來世中，無止盡的利益眾生。若是像印順所說的，應該 釋迦牟尼佛是已經灰飛煙滅了；那麼成佛以後入涅槃就不再示現於三界中來利益眾生，那跟阿羅漢有什麼不同？結果是完全一樣的了！這其實也正是印順想要灌輸給大家的觀念：聲聞解脫道就是佛菩提道，阿羅漢就是佛。

可是印順的說法是嚴重錯誤的，因爲智慧境界不同，解脫境界不同，心量不同，成就極果後的所作所爲也不同，當然阿羅漢不是佛。所以印順派的法師居士們，對於佛菩提是完全不曾了知的；他們只知道修證解脫果，而他們對聲聞解脫果的修證原理與方法上應該具備的根本知見卻又嚴重誤會了，連聲聞解脫道都無法實證，又怎能有佛法上的絲毫證量呢？所以，今天講解這部經典時，我們加上這麼一點材料，讓大家先建立正確的觀念，才不會誤入聲聞道而走偏了路頭。

這意思是說，《楞嚴經》的眞正意旨，並不是在讓大家去認取見聞知覺性當作如來藏或佛性，也不是要大家像聲聞人一樣滅掉見聞覺知，更是不要讓大家只取證解脫果，而是要讓大家了知見聞知覺性雖然都是虛妄的——十八界都是虛妄的，但十八界其實只是如來藏的局部功能，是如來藏妙眞如性中的一小部分。因此，應該依於如來藏的不生不滅性來函蓋十八界、六入諸法，使生滅性的十八界、六入等法隨著如來藏成爲不生滅性，就不會再一心想要入涅槃，卻仍然擁有聲聞聖者所有的解脫智慧，並且也擁有聲聞聖者所沒有的實相般若。那麼如來藏永不生滅，所以見聞知覺性就可以生生世世無窮無盡地現行，於是可以三大阿僧祇劫廣行菩薩道而住持正法於人間，利樂眾生永無窮盡。

講到這裡，見聞知覺性的內容已經講了三個部分了，也就是眼聚、耳聚、鼻聚。是屬於眼耳鼻舌身等五根、五塵、五識所攝的內容。另一個部分，我們在前面也有講到意根的知覺性；而意根的知覺性是很多人所不知道的，假使有人說：「我還找不到我的意根在哪裡？我也不知道意根的知覺性。」這都是正常的。因爲連印順大法師都不知道意根何在，也不知道意根的作用。當你有一天把意根弄得很清楚的時候，已經差不多要進入初地了；而印順派的大居士、大法師們，學佛幾十年以後都還沒有聽聞過意根的意涵，怎麼會知道呢？所以你若還不知道意根的意涵與所在，其實也沒什麼可恥的。而他們對意識的知覺性有一點點瞭解，但是對於意根的微細知覺性就完全不知道了！可是往後還有阿賴耶識如來藏的知覺性——佛性，而這是可以從山河大地上面眼見的，是唯證乃知，是不可思議而無法想像得知的。諸位可能就會越聽越迷糊了。

「咦？剛才不是講如來藏離見聞覺知嗎？怎麼現在又說如來藏有知覺

性了？」這樣懷疑其實是正常的，因爲如來藏的知覺性超乎於意根之外，更不是意識在六塵中的知覺性——根本不是六識的知覺性，當然更難懂，只有眼見佛性的十住菩薩可以稍微懂一些，還是無法完全聽懂我所說的佛性眞義。如果如來藏不是有六塵外的知覺性，那麼《維摩詰經》可得要全面改寫了！因爲如來藏能夠了知眾生的心行啊！眾生在想什麼？祂都知道。那麼請問：**如何是眾生**？五陰十八界就是眾生，念念不斷就是眾生。所以你想什麼，如來藏都知道。祂既然能知道你的想法，怎麼可以說祂沒有知覺性？只不過那個知覺性不是六塵中的知覺性，也不屬於法塵上的知覺性。這是與二乘道完全不同的，不迴心的二乘聖者是無法實證如來藏以及佛性的。而大乘法中對六識心在六塵中的見聞知覺性，在了知其虛妄以後，卻要攝歸常住不滅的如來藏心中，轉依如來藏心而世世不斷受生，使六識心的見聞知覺性一再現行，用來修習佛道及利樂眾生，乃至成佛以後還要繼續不斷地實行這樣的無盡願。

因此，見聞知覺性對於二乘法來講是應該要斷除的，但是對於想要成佛的菩薩們來說，是要轉變祂，使祂成爲清淨的六識；也要使染污末那轉成清淨意根，使自我執著及錯誤的虛妄想全部滅除掉；但不是把這七識消滅掉，而是使這七識轉成解脫心而世世受生擁有解脫色，不斷地利益眾生永無窮盡。當前七識種子全都清淨了，如來藏中含藏的一切種子也就全部清淨了，就是無始無明所有隨眠全部斷盡了——當然煩惱障習氣種子也一起清淨完畢了，那你便成就了一切種智而成為究竟佛了。因此，對菩薩道而言，佛要告訴大家的是：不可以把見聞知覺性滅除，而是要清淨祂。然而，清淨七識心時，你的見地卻不可以和二乘解脫果的修證相違背；是要超越而且函蓋它，在超越而函蓋的時候卻完全不相違背，這就是《楞嚴經》中想要表達的種種法義中的一種。

所以，從卷一講到卷三這裡，一直都是在五根、六入、十二處、十八界上面說；意思是說，這些全都是如來藏的局部體性，都從如來藏來，都應該攝歸如來藏而不要一心想去滅除五根、六入、十二處、十八界。是要你去找到如來藏，並且住在見聞知覺性中而不排斥，不會一直想要入涅槃，以便將來緣熟時能夠眼見佛性；所以先解說這些道理，為大眾種下這個種子。當你們把《楞嚴經》聽完了，功夫具足、福德具足、慧力也具足了，不見佛性也難。除非已經先解悟了，那我便救不了你，今生眼見佛性的機會眞是微乎其微。如果還不知道佛性的答案，當然應該盡量攝取正確的知見，而且見性應該具備的其他條件也具足了，我要幫你眼見佛性時是易如反掌的事情。因此，諸位不要嫌煩：「唉呀！佛爲什麼這麼煩、這麼囉唆，講來講去老是在六根、六塵、六識上面講。講到卷三了還是在講這個，眞煩！」千萬別嫌煩，因爲這對你未來的眼見佛性會有很大的幫助。接下來要講舌識了。（請詳後續第五輯中的講解，兩個月後出版。）

佛教正覺同修會〈修學佛道次第表〉

第一階段

* 以憶佛及拜佛方式修習動中定力。
* 學第一義佛法及禪法知見。
* 無相拜佛功夫成就。
* 具備一念相續功夫—動靜中皆能看話頭。
* 努力培植福德資糧，勤修三福淨業。

第二階段

* 參話頭，參公案。
* 開悟明心，一片悟境。
* 鍛鍊功夫求見佛性。
* 眼見佛性〈餘五根亦如是〉親見世界如幻，成就如幻觀。
* 學習禪門差別智。
* 深入第一義經典。
* 修除性障及隨分修學禪定。
* 修證十行位陽焰觀。

第三階段

* 學一切種智真實正理—楞伽經、解深密經、成唯識論…。
* 參究末後句。
* 解悟末後句。
* 透牢關—親自體驗所悟末後句境界，親見實相，無得無失。
* 救護一切衆生迴向正道。護持了義正法，修證十迴向位如夢觀。
* 發十無盡願，修習百法明門，親證猶如鏡像現觀。
* 修除五蓋，發起禪定。持一切善法戒。親證猶如光影現觀。
* 進修四禪八定、四無量心、五神通。進修大乘種智，求證猶如谷響現觀。

佛菩提二主要道次第概要表——二道並修，以外無別佛法

佛菩提道——大菩提道

十信位修集信心——一劫乃至一萬劫

資糧位

初住位修集布施功德（以財施爲主）。
二住位修集持戒功德。
三住位修集忍辱功德。
四住位修集精進功德。
五住位修集禪定功德。
六住位修集般若功德（熏習般若中觀及斷我見，加行位也）。

外門廣修六度萬行

見道位

七住位明心般若正觀現前，親證本來自性清淨涅槃。
八住位起於一切法現觀般若中道。漸除性障。
十住位眼見佛性，世界如幻觀成就。

一至十行位，於廣行六度萬行中，依般若中道慧，現觀陰處界猶如陽焰，至第十行滿心位，陽焰觀成就。
一至十迴向位熏習一切種智；修除性障，唯留最後一分思惑不斷。第十迴向滿心位成就菩薩道如夢觀。

內門廣修六度萬行

遠波羅蜜多

初地：第十迴向位滿心時，成就道種智一分（八識心王一一親證後，領受五法、三自性、七種第一義、七種性自性、二種無我法）復由勇發十無盡願，成通達位菩薩。復又永伏性障而不具斷，能證慧解脫而不取證，由大願故留惑潤生。此地主修法施波羅蜜多及百法明門。證「猶如鏡像」現觀，故滿初地心。

二地：初地功德滿足以後，再成就道種智一分而入二地；主修戒波羅蜜多及一切種智。滿心位成就「猶如光影」現觀，戒行自然清淨。

解脫道：二乘菩提

→ 斷三縛結，成初果解脫
→ 薄貪瞋癡，成二果解脫
→ 斷五下分結，成三果解脫

入地前的四加行令煩惱障現行悉斷，成四果解脫，留惑潤生。分段生死已斷，煩惱障習氣種子開始斷除，兼斷無始無明上煩惱。

近波羅蜜多

大波羅蜜多

圓滿波羅蜜多

修道位

究竟位

三地：二地滿心再證道種智一分，故入三地。此地主修忍波羅蜜多及四禪八定、四無量心、五神通。能成就俱解脫果而不取證，留惑潤生。滿心位成就「猶如谷響」現觀及無漏妙定意生身。

四地：由三地再證道種智一分故入四地。主修精進波羅蜜多，於此土及他方世界廣度有緣，無有疲倦。進修一切種智，滿心位成就「如水中月」現觀。

五地：由四地再證道種智一分故入五地。主修禪定波羅蜜多及一切種智，斷除下乘涅槃貪。滿心位成就「變化所成」現觀。

六地：由五地再證道種智一分故入六地。此地主修般若波羅蜜多——依道種智現觀十二因緣一一有支及意生身化身，皆自心眞如變化所現，「非有似有」，成就細相觀，不由加行而自然證得滅盡定，成俱解脫大乘無學。

七地：由六地「非有似有」現觀，再證道種智一分故入七地。此地主修一切種智及方便波羅蜜多，由重觀十二有支一一支中之流轉門及還滅門一切細相，成就方便善巧，念念隨入滅盡定。滿心位證得「如犍闥婆城」現觀。

八地：由七地極細相觀成就故再證道種智一分而入八地。此地主修一切種智及願波羅蜜多。至滿心位純無相觀任運恆起，故於相土自在，滿心位復證「如實覺知諸法相意生身」故。

九地：由八地再證道種智一分故入九地。主修力波羅蜜多及一切種智，成就四無礙，滿心位證得「種類俱生無行作意生身」。

十地：由九地再證道種智一分故入此地。此地主修一切種智——智波羅蜜多。滿心位起大法智雲，及現起大法智雲所含藏種種功德，成受職菩薩。

等覺：由十地道種智成就故入此地。此地應修一切種智，圓滿等覺地無生法忍；於百劫中修集極廣大福德，以之圓滿三十二大人相及無量隨形好。

妙覺：示現受生人間已斷盡煩惱障一切習氣種子，並斷盡所知障一切隨眠，永斷變易生死無明，成就大般涅槃，四智圓明。人間捨壽後，報身常住色究竟天利樂十方地上菩薩；以諸化身利樂有情，永無盡期，成就究竟佛道。

七地滿心斷除故意保留之最後一分思惑時，煩惱障所攝色、受、想三陰有漏習氣種子全部斷盡。

煩惱障所攝行、識二陰無漏習氣種子任運漸斷，所知障所攝上煩惱任運漸斷。

斷盡變易生死
成就大般涅槃

圓滿成就究竟佛果

佛子蕭平實 謹製
（二〇〇九、〇二 修訂）
（二〇一二、〇二 增補）

佛教正覺同修會 共修現況 及 招生公告 2016/1/16

一、共修現況：（請在共修時間來電，以免無人接聽。）

台北正覺講堂 103 台北市承德路三段 277 號九樓 捷運淡水線圓山站旁

Tel..**總機** 02-25957295（晚上）（**分機：九樓**辦公室 10、11；知客櫃檯 12、13。 **十樓**知客櫃檯 15、16；書局櫃檯 14。 **五樓**辦公室 18；知客櫃檯 19。**二樓**辦公室 20；知客櫃檯 21。）

Fax..25954493

第一講堂 台北市承德路三段 277 號九樓

禪淨班：週一晚上班、週三晚上班、週四晚上班、週五晚上班、週六下午班、週六上午班（皆須報名建立學籍後始可參加共修，欲報名者詳見本公告末頁）

增上班：瑜伽師地論詳解：每月第一、三、五週之週末 17.50～20.50 平實導師講解（僅限已明心之會員參加）

禪門差別智：每月第一週日全天 平實導師主講（事冗暫停）。

佛藏經詳解 平實導師主講。已於 2013/12/17 開講，歡迎已發成佛大願的菩薩種性學人，攜眷共同參與此殊勝法會聽講。詳解 釋迦世尊於《佛藏經》中所開示的眞實義理，更為今時後世佛子四眾，闡述佛陀演說此經的本懷。眞實尋求佛菩提道的有緣佛子，親承聽聞如是勝妙開示，當能如實理解經中義理，亦能了知於大乘法中：如何是諸法實相？善知識、惡知識要如何簡擇？如何才是清淨持戒？如何才能清淨說法？於此末法之世，眾生五濁益重，不知佛、不解法、不識僧，唯見表相，不信眞實，貪著五欲，諸方大師不淨說法，各各將導大量徒眾趣入三塗，如是師徒俱堪憐憫。是故，平實導師以大慈悲心，用淺白易懂之語句，佐以實例、譬喻而為演說，普令聞者易解佛意，皆得契入佛法正道，如實了知佛法大藏。

此經中，對於實相念佛多所著墨，亦指出念佛要點：以實相為依，念佛者應依止淨戒、依止清淨僧寶，捨離違犯重戒之師僧，應受學清淨之法，遠離邪見。本經是現代佛門大法師所厭惡之經典：一者由於大法師們已全都落入意識境界而無法親證實相，故於此經中所說實相全無所知，都不樂有人聞此經名，以免讀後提出問疑時無法回答；二者現代大乘佛法地區，已經普被藏密喇嘛教滲透，許多有名之大法師們大多已曾或繼續在修練雙身法，都已失去聲聞戒體及菩薩戒體，成為地獄種姓人，已非眞正出家之人，本質只是身著僧衣而住在寺院中的世俗人。這些人對於此經都是讀不懂的，也是極為厭惡的；他們尚不樂見此經之印行，何況流通與講解？今為救護廣大學佛人，兼欲護持佛教血脈永續常傳，特選此經宣講之。每逢週二 18.50~20.50 開示，不限制聽講資格。會外人士需憑身分證件換證入內聽講（此是大樓管理處之安全規定，敬請見諒）。桃園、台中、台南、高雄等地講堂，亦於每週二晚上播放平實導師所講本經之 DVD，不必出示身分證件即可入內聽講，歡迎各地善信同霑法益。

第二講堂　台北市承德路三段 267 號十樓。

禪淨班：週一晚上班、週六下午班。

進階班：週三晚上班、週四晚上班、週五晚上班（禪淨班結業後轉入共修）。

佛藏經詳解：平實導師講解。每週二 18.50~20.50（影像音聲即時傳輸）。本會學員憑上課證進入聽講，會外學人請以身分證件換證進入聽講（此爲大樓管理處安全管理規定之要求，敬請諒解）。

第三講堂　台北市承德路三段 277 號五樓。

進階班：週一晚上班、週三晚上班、週四晚上班、週五晚上班。

佛藏經詳解：平實導師講解。每週二 18.50~20.50（影像音聲即時傳輸）。本會學員憑上課證進入聽講，會外學人請以身分證件換證進入聽講（此爲大樓管理處安全管理規定之要求，敬請諒解）。

第四講堂　台北市承德路三段 267 號二樓。

進階班：週一晚上班、週三晚上班、週四晚上班、週五晚上班（禪淨班結業後轉入共修）。

佛藏經詳解：平實導師講解。每週二 18.50~20.50（影像音聲即時傳輸）。本會學員憑上課證進入聽講，會外學人請以身分證件換證進入聽講（此爲大樓管理處安全管理規定之要求，敬請諒解）。

第五、第六講堂　爲**開放式講堂**，不需以身分證件換證即可進入聽講，台北市承德路三段 267 號地下一樓、地下二樓。已規劃整修完成，每逢週二晚上講經時段開放給會外人士自由聽經，請由大樓側面梯階逕行進入聽講。**聽講者請尊重講者的著作權及肖像權，請勿錄音錄影，以免違法；若有錄音錄影被查獲者，將依法處理。**

正覺祖師堂　大溪鎮美華里信義路 650 巷坑底 5 之 6 號（台 3 號省道 34 公里處 妙法寺對面斜坡道進入）電話 03-3886110　傳眞 03-3881692 本堂供奉 克勤圓悟大師，專供會員每年四月、十月各二次精進禪三共修，兼作本會出家菩薩掛單常住之用。除禪三時間以外，每逢單月第一週之週日 9:00~17:00 開放會內、外人士參訪，當天並提供午齋結緣。教內共修團體或道場，得另申請其餘時間作團體參訪，務請事先與常住確定日期，以便安排常住菩薩接引導覽，亦免妨礙常住菩薩之日常作息及修行。

桃園正覺講堂（第一、第二講堂）：桃園市介壽路 286、288 號 10 樓（陽明運動公園對面）電話：03-3749363（請於共修時聯繫，或與台北聯繫）

禪淨班：週一晚上班、週三晚上班、週四晚上班、週五晚上班。

進階班：週六上午班、週五晚上班。

佛藏經詳解：平實導師講解。每週二晚上，以台北正覺講堂所錄 DVD 放映；歡迎會外學人共同聽講，不需出示身分證件。

新竹正覺講堂 新竹市東光路 55 號二樓之一　電話 03-5724297（晚上）

第一講堂：

禪淨班：週一晚上班、週五晚上班、週六上午班。

進階班：週三晚上班、週四晚上班（由禪淨班結業後轉入共修）。

佛藏經詳解：平實導師講解。每週二晚上，以台北正覺講堂所錄 DVD 放映。歡迎會外學人共同聽講，不需出示身分證件。

第二講堂：

禪淨班：週三晚上班、週四晚上班。

佛藏經詳解：每週二晚上與第一講堂同時播放佛藏經詳解 DVD。

台中正覺講堂 04-23816090（晚上）

第一講堂 台中市南屯區五權西路二段 666 號 13 樓之四（國泰世華銀行樓上。鄰近縣市經第一高速公路前來者，由五權西路交流道可以快速到達，大樓旁有停車場，對面有素食館）。

禪淨班：週三晚上班、週四晚上班。

進階班：週一晚上班、週六上午班（由禪淨班結業後轉入共修）。

增上班：單週週末以台北增上班課程錄成 DVD 放映之，限已明心之會員參加。

佛藏經詳解：平實導師講解。每週二晚上，以台北正覺講堂所錄 DVD 放映。歡迎會外學人共同聽講，不需出示身分證件。

第二講堂 台中市南屯區五權西路二段 666 號 4 樓

禪淨班：週一晚上班、週三晚上班、週六上午班。

進階班：週五晚上班（由禪淨班結業後轉入共修）。

佛藏經詳解：每週二晚上與第一講堂同時播放佛藏經詳解 DVD。

第三講堂、第四講堂：台中市南屯區五權西路二段 666 號 4 樓。

嘉義正覺講堂 嘉義市友愛路 288 號八樓之一　電話：05-2318228

第一講堂：

禪淨班：週一晚上班、週四晚上班、週五晚上班。

進階班：週三晚上班（由禪淨班結業後轉入共修）。

佛藏經詳解：平實導師講解。每週二晚上，以台北正覺講堂所錄 DVD 放映。歡迎會外學人共同聽講，不需出示身分證件。

第二講堂 嘉義市友愛路 288 號八樓之二。

台南正覺講堂

第一講堂 台南市西門路四段 15 號 4 樓。06-2820541（晚上）

禪淨班：週一晚上班、週三晚上班、週四晚上班、週五晚上班、週六下午班。

增上班：單週週末下午，以台北增上班課程錄成 DVD 放映之，限已明心之會員參加。

佛藏經詳解：平實導師講解。每週二晚上，以台北正覺講堂所錄 DVD 放映。歡迎會外學人共同聽講，不需出示身分證件。

第二講堂　台南市西門路四段 15 號 3 樓。

佛藏經詳解：每週二晚上與第一講堂同時播放佛藏經詳解 DVD。

第三講堂　台南市西門路四段 15 號 3 樓。

進階班：週三晚上班、週四晚上班、週六上午班（由禪淨班結業後轉入共修）。

佛藏經詳解：每週二晚上與第一講堂同時播放佛藏經詳解 DVD。

高雄正覺講堂　高雄市新興區中正三路 45 號五樓 07-2234248（晚上）

第一講堂（五樓）：

禪淨班：週一晚上班、週三晚上班、週四晚上班、週五晚上班、週六上午班。

增上班：單週週末下午，以台北增上班課程錄成 DVD 放映之，限已明心之會員參加。

佛藏經詳解：平實導師講解。每週二晚上，以台北正覺講堂所錄 DVD 放映。歡迎會外學人共同聽講，不需出示身分證件。

第二講堂（四樓）：

進階班：週三晚上班、週四晚上班、週六上午班（由禪淨班結業後轉入共修）。

佛藏經詳解：每週二晚上與第一講堂同時播放佛藏經詳解 DVD。

第三講堂（三樓）：

進階班：週四晚上班（由禪淨班結業後轉入共修）。

香港正覺講堂　**☆已遷移新址☆**

九龍觀塘，成業街 10 號，電訊一代廣場 27 樓 E 室。

（觀塘地鐵站 B1 出口，步行約 4 分鐘）。電話：(852) 23262231

英文地址：Unit E, 27th Floor, TG Place, 10 Shing Yip Street, Kwun Tong, Kowloon

禪淨班：雙週六下午班 14:30-17:30，已經額滿。
雙週日下午班 14:30-17:30，2016 年 4 月底前尚可報名。

進階班：雙週五晚上班（由禪淨班結業後轉入共修）。

增上班：單週週末上午，以台北增上班課程錄成 DVD 放映之，限已明心之會員參加。

妙法蓮華經詳解：平實導師講解。雙週六 19:00-21:00，以台北正覺講堂所錄 DVD 放映；歡迎會外學人共同聽講，不需出示身分證件。

美國洛杉磯正覺講堂　☆已遷移新址☆

825 S. Lemon Ave Diamond Bar, CA 91798 U.S.A.
Tel. (909) 595-5222（請於週六 9:00~18:00 之間聯繫）
Cell. (626) 454-0607

禪淨班：每逢週末 15：30~17：30 上課。

進階班：每逢週末上午 10：00~12：00 上課。

佛藏經詳解：平實導師講解。每週六下午 13：00~15：00，以台北正覺講堂所錄 DVD 放映。歡迎各界人士共享第一義諦無上法益，不需報名。

二、招生公告　本會台北講堂及全省各講堂，每逢**四月、十月**下旬開新班，每週共修一次（每次二小時。開課日起三個月內仍可插班）；但美國洛杉磯共修處之禪淨班得隨時插班共修。各班共修期間皆爲二年半，欲參加者請向本會函索報名表（各共修處皆於共修時間方有人執事，非共修時間請勿電詢或前來洽詢、請書），或直接從本會官方網站(http://www.enlighten.org.tw/newsflash/class)或成佛之道網站下載報名表。共修期滿時，若經報名禪三審核通過者，可參加四天三夜之禪三精進共修，有機會明心、取證如來藏，發起般若實相智慧，成爲實義菩薩，脫離凡夫菩薩位。

三、新春禮佛祈福 農曆年假期間停止共修：自農曆新年前七天起停止共修與弘法，正月 8 日起回復共修、弘法事務。新春期間正月初一～初七 9.00～17.00 開放台北講堂、正月初一～初三開放新竹講堂、台中講堂、台南講堂、高雄講堂，以及大溪禪三道場（正覺祖師堂），方便會員供佛、祈福及會外人士請書。美國洛杉磯共修處之休假時間，請逕詢該共修處。

密宗四大派修雙身法，是外道性力派的邪法；又以生滅的識陰作為常住法，是常見外道，是假的藏傳佛教。

西藏覺囊巴以他空見弘揚第八識如來藏勝法，才是真藏傳佛教

佛教正覺同修會　弘法行事表

2014/08/19

1、**禪淨班**　以無相念佛及拜佛方式修習動中定力，實證一心不亂功夫。傳授解脫道正理及第一義諦佛法，以及參禪知見。共修期間：二年六個月。每逢四月、十月開新班，詳見招生公告表。

2、**《佛藏經》詳解**　平實導師主講。已於 2013/12/17 開講，歡迎已發成佛大願的菩薩種性學人，攜眷共同參與此殊勝法會聽講。詳解釋迦世尊於《佛藏經》中所開示的眞實義理，更爲今時後世佛子四眾，闡述 佛陀演說此經的本懷。眞實尋求佛菩提道的有緣佛子，親承聽聞如是勝妙開示，當能如實理解經中義理，亦能了知於大乘法中：如何是諸法實相？善知識、惡知識要如何簡擇？如何才是清淨持戒？如何才能清淨說法？於此末法之世，眾生五濁益重，不知佛、不解法、不識僧，唯見表相，不信眞實，貪著五欲，諸方大師不淨說法，各各將導大量徒眾趣入三塗，如是師徒俱堪憐憫。是故，平實導師以大慈悲心，用淺白易懂之語句，佐以實例、譬喻而爲演說，普令聞者易解佛意，皆得契入佛法正道，如實了知佛法大藏。每逢週二 18.50~20.50 開示，不限制聽講資格。會外人士需憑身分證件換證入內聽講（此是大樓管理處之安全規定，敬請見諒）。桃園、新竹、台中、台南、高雄等地講堂，亦於每週二晚上播放平實導師講經之 DVD，不必出示身分證件即可入內聽講，歡迎各地善信同霑法益。

有某道場專弘淨土法門數十年，於教導信徒研讀《佛藏經》時，往往告誡信徒曰：「後半部不許閱讀。」由此緣故坐令信徒失去提升念佛層次之機緣，師徒只能低品位往生淨土，令人深覺愚癡無智。由有多人建議故，平實導師開始宣講《佛藏經》，藉以轉易如是邪見，並提升念佛人之知見與往生品位。此經中，對於實相念佛多所著墨，亦指出念佛要點：以實相爲依，念佛者應依止淨戒、依止清淨僧寶，捨離違犯重戒之師僧，應受學清淨之法，遠離邪見。本經是現代佛門大法師所厭惡之經典：一者由於大法師們已全都落入意識境界而無法親證實相，故於此經中所說實相全無所知，都不樂有人聞此經名，以免讀後提出問疑時無法回答；二者現代大乘佛法地區，已經普被藏密喇嘛教滲透，許多有名之大法師們大多已曾或繼續在修練雙身法，都已失去聲聞戒體及菩薩戒體，成爲地獄種姓人，已非眞正出家之人，本質上只是身著僧衣而住在寺院中的世俗人。這些人對於此經都是讀不懂的，也是極爲厭惡的；他們尚不樂見此經之印行，何況流通與講解？今爲救護廣大學佛人，兼欲護持佛教血脈永續常傳，特選此經宣講之，主講者平實導師。

3、**瑜伽師地論**詳解　詳解論中所言凡夫地至佛地等 17 師之修證境界與理論，從凡夫地、聲聞地……宣演到諸地所證一切種智之眞實正理。由平實導師開講，每逢一、三、五週之週末晚上開示，僅限已明心之會員參加。

4、**精進禪三**　主三和尚：平實導師。於四天三夜中，以克勤圓悟大師及大慧宗杲之禪風，施設機鋒與小參、公案密意之開示，幫助會員剋期取證，親證不生不滅之眞實心——人人本有之如來藏。每年四月、十月各舉辦二個梯次；平實導師主持。僅限本會會員參加禪淨班共修期滿，報名審核通過者，方可參加。並選擇會中定力、慧力、福德三條件皆已具足之已明心會員，給以指引，令得眼見自己無形無相之佛性遍佈山河大地，眞實而無障礙，得以肉眼現觀世界身心悉皆如幻，具足成就如幻觀，圓滿十住菩薩之證境。

5、**阿含經**詳解　選擇重要之阿含部經典，依無餘涅槃之實際而加以詳解，令大眾得以現觀諸法緣起性空，亦復不墮斷滅見中，顯示經中所隱說之涅槃實際—如來藏—確實已於四阿含中隱說；令大眾得以聞後觀行，確實斷除我見乃至我執，證得**見到**眞現觀，乃至**身證**……等眞現觀；已得大乘或二乘見道者，亦可由此聞熏及聞後之觀行，除斷我所之貪著，成就慧解脫果。由平實導師詳解。不限制聽講資格。

6、**大法鼓經**詳解　詳解末法時代大乘佛法修行之道。佛教正法消毒妙藥塗於大鼓而以擊之，凡有眾生聞之者，一切邪見鉅毒悉皆消殞；此經即是大法鼓之正義，凡聞之者，所有邪見之毒悉皆滅除，見道不難；亦能發起菩薩無量功德，是故諸大菩薩遠從諸方佛土來此娑婆聞修此經。由平實導師詳解。不限制聽講資格。

7、**解深密經**詳解　重講本經之目的，在於令諸已悟之人明解大乘法道之成佛次第，以及悟後進修一切種智之內涵，確實證知三種自性性，並得據此證解七眞如、十眞如等正理。每逢週二 18.50~20.50 開示，由平實導師詳解。將於《大法鼓經》講畢後開講。不限制聽講資格。

8、**成唯識論**詳解　詳解一切種智眞實正理，詳細剖析一切種智之微細深妙廣大正理；並加以舉例說明，使已悟之會員深入體驗所證如來藏之微密行相；及證驗見分相分與所生一切法，皆由如來藏—阿賴耶識—直接或展轉而生，因此證知一切法無我，證知無餘涅槃之本際。將於增上班《瑜伽師地論》講畢後，由平實導師重講。僅限已明心之會員參加。

9、**精選如來藏系經典**詳解　精選如來藏系經典一部，詳細解說，以此完全印證會員所悟如來藏之眞實，得入不退轉住。另行擇期詳細解說之，由平實導師講解。僅限已明心之會員參加。

10、**禪門差別智**　藉禪宗公案之微細淆訛難知難解之處，加以宣說及剖析，以增進明心、見性之功德，啓發差別智，建立擇法眼。每月第一週日全天，由平實導師開示，僅限破參明心後，復又眼見佛性者參加（事冗暫停）。

11、**枯木禪**　先講智者大師的《小止觀》，後說《釋禪波羅蜜》，詳解四禪八定之修證理論與實修方法，細述一般學人修定之邪見與岔路，及對禪定證境之誤會，消除枉用功夫、浪費生命之現象。已悟般若者，可以藉此而實修初禪，進入大乘通教及聲聞教的三果心解脫境界，配合應有的大福德及後得無分別智、十無盡願，即可進入初地心中。親教師：平實導師。未來緣熟時將於大溪正覺寺開講。不限制聽講資格。

註：本會例行年假，自 2004 年起，改爲每年農曆新年前七天開始停息弘法事務及共修課程，農曆正月 8 日回復所有共修及弘法事務。新春期間（每日 9.00~17.00）開放台北講堂，方便會員禮佛祈福及會外人士請書。大溪鎮的正覺祖師堂，開放參訪時間，詳見〈正覺電子報〉或成佛之道網站。本表得因時節因緣需要而隨時修改之，不另作通知。

佛教正覺同修會　贈閱書籍 目錄　2015/09/29

1.**無相念佛**　平實導師著　回郵 10 元
2.**念佛三昧修學次第**　平實導師述著　回郵 25 元
3.**正法眼藏—護法集**　平實導師述著　回郵 35 元
4.**真假開悟簡易辨正法&佛子之省思**　平實導師著　回郵 3.5 元
5.**生命實相之辨正**　平實導師著　回郵 10 元
6.**如何契入念佛法門**（附：印順法師否定極樂世界）平實導師著　回郵 3.5 元
7.**平實書箋**—答元覽居士書　平實導師著　回郵 35 元
8.**三乘唯識**—如來藏系經律彙編　平實導師編　回郵 80 元
（精裝本　長 27 cm　寬 21 cm　高 7.5 cm　重 2.8 公斤）
9.**三時繫念全集**—修正本　回郵掛號 40 元（長 26.5 cm×寬 19 cm）
10.**明心與初地**　平實導師述　回郵 3.5 元
11.**邪見與佛法**　平實導師述著　回郵 20 元
12.**菩薩正道**—回應義雲高、釋性圓…等外道之邪見　正燦居士著　回郵 20 元
13.**甘露法雨**　平實導師述　回郵 20 元
14.**我與無我**　平實導師述　回郵 20 元
15.**學佛之心態**—修正錯誤之學佛心態始能與正法相應　孫正德老師著　回郵35元
附錄：平實導師著《**略說八、九識並存…等之過失**》
16.**大乘無我觀**—《悟前與悟後》別說　平實導師述著　回郵 20 元
17.**佛教之危機**—中國台灣地區現代佛教之真相（附錄：公案拈提六則）
平實導師著　回郵 25 元
18.**燈　影**—燈下黑（覆「求教後學」來函等）　平實導師著　回郵 35 元
19.**護法與毀法**—覆上平居士與徐恒志居士網站毀法二文
張正圜老師著　回郵 35 元
20.**淨土聖道**—兼評**選擇本願念佛**　正德老師著　**由正覺同修會購贈**　回郵 25 元
21.**辨唯識性相**—對「紫蓮心海《辯唯識性相》書中否定阿賴耶識」之回應
正覺同修會 台南共修處法義組 著　回郵 25 元
22.**假如來藏**—對法蓮法師《如來藏與阿賴耶識》書中否定阿賴耶識之回應
正覺同修會 台南共修處法義組 著　回郵 35 元
23.**入不二門**—公案拈提集錦 第一輯（於平實導師公案拈提諸書中選錄約二十則，
合輯爲一冊流通之）平實導師著　回郵 20 元
24.**真假邪說**—西藏密宗索達吉喇嘛《破除邪說論》真是邪說
釋正安法師著　回郵 35 元
25.**真假開悟**—真如、如來藏、阿賴耶識間之關係　平實導師述著　回郵 35 元
26.**真假禪和**—辨正釋傳聖之謗法謬說　孫正德老師著　回郵 30 元

27.**眼見佛性**—駁慧廣法師眼見佛性的含義文中謬說
游正光老師著　回郵 25 元

28.**普門自在**—公案拈提集錦 第二輯（於平實導師公案拈提諸書中選錄約二十則，合輯爲一冊流通之）平實導師著　回郵 25 元

29.**印順法師的悲哀**—以現代禪的質疑為線索　恒毓博士著　回郵 25 元

30.**識蘊真義**—現觀識蘊內涵、取證初果、親斷三縛結之具體行門。
—依《成唯識論》及《唯識述記》正義，略顯安慧《大乘廣五蘊論》之邪謬
平實導師著　回郵 35 元

31.**正覺電子報** 各期紙版本　免附回郵　每次最多函索三期或三本。
（已無存書之較早各期，不另增印贈閱）

32.**現代人應有的宗教觀**　蔡正禮老師 著　回郵 3.5 元

33.**遠惑趣道**—正覺電子報般若信箱問答錄　第一輯　回郵 20 元

34.**遠惑趣道**—正覺電子報般若信箱問答錄　第二輯　回郵 20 元

35.**確保您的權益**—器官捐贈應注意自我保護　游正光老師 著　回郵 10 元

36.**正覺教團電視弘法三乘菩提 DVD 光碟**（一）
由正覺教團多位親教師共同講述錄製 DVD 8 片，MP3 一片，共 9 片。有二大講題：一爲「三乘菩提之意涵」，二爲「學佛的正知見」。內容精闢，深入淺出，精彩絕倫，幫助大眾快速建立三乘法道的正知見，免被外道邪見所誤導。有志修學三乘佛法之學人不可不看。（製作工本費 100 元，回郵 25 元）

37.**正覺教團電視弘法 DVD 專輯**（二）
總有二大講題：一爲「三乘菩提之念佛法門」，一爲「學佛正知見（第二篇）」，由正覺教團多位親教師輪番講述，內容詳細闡述如何修學念佛法門、實證念佛三昧，以及學佛應具有的正確知見，可以幫助發願往生西方極樂淨土之學人，得以把握往生，更可令學人快速建立三乘法道的正知見，免於被外道邪見所誤導。有志修學三乘佛法之學人不可不看。（一套 17 片，工本費 160 元。回郵 35 元）

38.**佛藏經** 燙金精裝本 每冊回郵 20 元。正修佛法之道場欲大量索取者，請正式發函並蓋用大印寄來索取（2008.04.30 起開始敬贈）

39.**喇嘛性世界**—揭開假藏傳佛教譚崔瑜伽的面紗　張善思 等人合著
由正覺同修會購贈　回郵 20 元

40.**假藏傳佛教的神話**—性、謊言、喇嘛教　張正玄教授編著　回郵 20 元
由正覺同修會購贈　回郵 20 元

41.**隨 緣**—理隨緣與事隨緣　平實導師述　回郵 20 元。

42.**學佛的覺醒**　正枝居士 著　回郵 25 元

43.**導師之真實義**　蔡正禮老師 著　回郵 10 元

44.**淺談達賴喇嘛之雙身法**—兼論解讀「密續」之達文西密碼
吳明芷居士 著　回郵 10 元

45.**魔界轉世**　張正玄居士 著　回郵 10 元

46.**一貫道與開悟**　蔡正禮老師 著　回郵 10 元

47.**博愛**—愛盡天下女人　正覺教育基金會 編印　回郵 10 元

48.**意識虛妄經教彙編**—實證解脫道的關鍵經文　正覺同修會編印　回郵 25 元

49.**邪箭囈語**—破斥藏密外道多識仁波切《破魔金剛箭雨論》之邪說
陸正元老師著　上、下冊回郵各 30 元

50.**真假沙門**—依 佛聖教闡釋佛教僧寶之定義
蔡正禮老師著　俟正覺電子報連載後結集出版

51.**真假禪宗**—藉評論釋性廣《印順導師對變質禪法之批判
及對禪宗之肯定》以顯示真假禪宗
附論一：凡夫知見 無助於佛法之信解行證
附論二：世間與出世間一切法皆從如來藏實際而生而顯
余正偉老師著　俟正覺電子報連載後結集出版　回郵未定

52.**假鋒虛焰金剛乘**—揭示顯密正理，兼破索達吉師徒《般若鋒兮金剛焰》。
釋正安 法師著　俟正覺電子報連載後結集出版

★ 上列贈書之郵資，係台灣本島地區郵資，大陸、港、澳地區及外國地區，請另計酌增（大陸、港、澳、國外地區之郵票不許通用）。尚未出版之書，請勿先寄來郵資，以免增加作業煩擾。

★ 本目錄若有變動，唯於後印之書籍及「成佛之道」網站上修正公佈之，不另行個別通知。

函索書籍請寄：佛教正覺同修會　103 台北市承德路 3 段 277 號 9 樓
台灣地區函索書籍者請附寄郵票，無時間購買郵票者可以等值現金抵用，但不接受郵政劃撥、支票、匯票。大陸地區得以人民幣計算，國外地區請以美元計算（請勿寄來當地郵票，在台灣地區不能使用）。欲以掛號寄遞者，請另附掛號郵資。

親自索閱：正覺同修會各共修處。　★請於共修時間前往取書，餘時無人在道場，請勿前往索取；共修時間與地點，詳見書末正覺同修會共修現況表（以近期之共修現況表為準）。

註：正智出版社發售之局版書，請向各大書局購閱。若書局之書架上已經售出而無陳列者，請向書局櫃台指定洽購；若書局不便代購者，請於正覺同修會共修時間前往各共修處請購，正智出版社已派人於共修時間送書前往各共修處流通。 郵政劃撥購書及 大陸地區 購書，請詳別頁正智出版社發售書籍目錄最後頁之說明。

成佛之道 網站：http://www.a202.idv.tw　正覺同修會已出版之結緣書籍，多已登載於 成佛之道 網站，若住外國、或住處遙遠，不便取得正覺同修會贈閱書籍者，可以從本網站閱讀及下載。　書局版之《宗通與說通》亦已上網，台灣讀者可向書局洽購，售價300元。《狂密與眞密》第一輯~第四輯，亦於 2003.5.1.全部於本網站登載完畢；台灣地區讀者請向書局洽購，每輯約400頁，售價300元（網站下載紙張費用較貴，容易散失，難以保存，亦較不精美）。

＊＊假藏傳佛教修雙身法，非佛教＊＊

正智出版社 籌募弘法基金發售書籍目錄 2016/11/11

1.**宗門正眼**—公案拈提 第一輯 重拈平實導師著 500 元

因重寫內容大幅度增加故，字體必須改小，並增為 576 頁 主文 546 頁。比初版更精彩、更有內容。初版《禪門摩尼寶聚》之讀者，可寄回本公司免費調換新版書。免附回郵，亦無截止期限。（2007 年起，每冊附贈本公司精製公案拈提〈超意境〉CD 一片。市售價格 280 元，多購多贈。）

2.**禪淨圓融** 平實導師著 200 元（第一版舊書可換新版書。）

3.**真實如來藏** 平實導師著 400 元

4.**禪—悟前與悟後** 平實導師著 上、下冊，每冊 250 元

5.**宗門法眼**—公案拈提 第二輯 平實導師著 500 元
（2007 年起，每冊附贈本公司精製公案拈提〈超意境〉CD 一片）

6.**楞伽經詳解** 平實導師著 全套共 10 輯 每輯 250 元

7.**宗門道眼**—公案拈提 第三輯 平實導師著 500 元
（2007 年起，每冊附贈本公司精製公案拈提〈超意境〉CD 一片）

8.**宗門血脈**—公案拈提 第四輯 平實導師著 500 元
（2007 年起，每冊附贈本公司精製公案拈提〈超意境〉CD 一片）

9.**宗通與說通**—成佛之道 平實導師著 主文 381 頁 全書 400 頁售價 300 元

10.**宗門正道**—公案拈提 第五輯 平實導師著 500 元
（2007 年起，每冊附贈本公司精製公案拈提〈超意境〉CD 一片）

11.**狂密與真密 一～四輯** 平實導師著 西藏密宗是人間最邪淫的宗教，本質不是佛教，只是披著佛教外衣的印度教性力派流毒的喇嘛教。此書中將西藏密宗密傳之男女雙身合修樂空雙運所有祕密與修法，毫無保留完全公開，並將全部喇嘛們所不知道的部分也一併公開。內容比大辣出版社喧騰一時的《西藏慾經》更詳細。並且函蓋藏密的所有祕密及其錯誤的中觀見、如來藏見……等，藏密的所有法義都在書中詳述、分析、辨正。
每輯主文三百餘頁 每輯全書約 400 頁 售價每輯 300 元

12.**宗門正義**—公案拈提 第六輯 平實導師著 500 元
（2007 年起，每冊附贈本公司精製公案拈提〈超意境〉CD 一片）

13.**心經密意**—心經與解脫道、佛菩提道、祖師公案之關係與密意 平實導師述 300 元

14.**宗門密意**—公案拈提 第七輯 平實導師著 500 元
（2007 年起，每冊附贈本公司精製公案拈提〈超意境〉CD 一片）

15.**淨土聖道**—兼評「選擇本願念佛」 正德老師著 200 元

16.**起信論講記** 平實導師述著 共六輯 每輯三百餘頁 售價各 250 元

17.**優婆塞戒經講記** 平實導師述著 共八輯 每輯三百餘頁 售價各 250 元

18.**真假活佛**—略論附佛外道盧勝彥之邪說（對前岳靈犀網站主張「盧勝彥是證悟者」之修正） 正犀居士（岳靈犀）著 流通價 140 元

19.**阿含正義**—唯識學探源 平實導師著 共七輯 每輯 300 元

20.**超意境** CD 以平實導師公案拈提書中超越意境之頌詞，加上曲風優美的旋律，錄成令人嚮往的超意境歌曲，其中包括正覺發願文及平實導師親自譜成的黃梅調歌曲一首。詞曲雋永，殊堪翫味，可供學禪者吟詠，有助於見道。內附設計精美的彩色小冊，解說每一首詞的背景本事。每片 280 元。【每購買公案拈提書籍一冊，即贈送一片。】

21.**菩薩底憂鬱** CD 將菩薩情懷及禪宗公案寫成新詞，並製作成超越意境的優美歌曲。1.主題曲〈菩薩底憂鬱〉，描述地後菩薩能離三界生死而迴向繼續生在人間，但因尚未斷盡習氣種子而有極深沈之憂鬱，非三賢位菩薩及二乘聖者所知，此憂鬱在七地滿心位方才斷盡；本曲之詞中所說義理極深，昔來所未曾見；此曲係以優美的情歌風格寫詞及作曲，聞者得以激發嚮往諸地菩薩境界之大心，詞、曲都非常優美，難得一見；其中勝妙義理之解說，已印在附贈之彩色小冊中。2.以各輯公案拈提中直示禪門入處之頌文，作成各種不同曲風之超意境歌曲，值得玩味、參究；聆聽公案拈提之優美歌曲時，請同時閱讀內附之印刷精美說明小冊，可以領會超越三界的證悟境界；未悟者可以因此引發求悟之意向及疑情，眞發菩提心而邁向求悟之途，乃至因此眞實悟入般若，成眞菩薩。3.正覺總持咒新曲，總持佛法大意；總持咒之義理，已加以解說並印在隨附之小冊中。本 CD 共有十首歌曲，長達 63 分鐘。每盒各附贈二張購書優惠券。每片 280 元。

22.**禪意無限** CD 平實導師以公案拈提書中偈頌寫成不同風格曲子，與他人所寫不同風格曲子共同錄製出版，幫助參禪人進入禪門超越意識之境界。盒中附贈彩色印製的精美解說小冊，以供聆聽時閱讀，令參禪人得以發起參禪之疑情，即有機會證悟本來面目而發起實相智慧，實證大乘菩提般若，能如實證知般若經中的眞實意。本 CD 共有十首歌曲，長達 69 分鐘，每盒各附贈二張購書優惠券。每片 280 元。

23.**我的菩提路**第一輯　釋悟圓、釋善藏等人合著　售價 300 元

24.**我的菩提路**第二輯　郭正益、張志成等人合著　售價 300 元

25.**鈍鳥與靈龜**—考證後代凡夫對大慧宗杲禪師的無根誹謗。

平實導師著 共 458 頁 售價 350 元

26.**維摩詰經講記** 平實導師述 共六輯 每輯三百餘頁 售價各 250 元

27.**真假外道**—破劉東亮、杜大威、釋證嚴常見外道見　正光老師著　200 元

28.**勝鬘經講記**—兼論印順《勝鬘經講記》對於《勝鬘經》之誤解。

平實導師述　共六輯　每輯三百餘頁　售價 250 元

29.**楞嚴經講記** 平實導師述 共 **15** 輯，每輯三百餘頁 售價 300 元

30.**明心與眼見佛性**—駁慧廣〈蕭氏「眼見佛性」與「明心」之非〉文中謬說

正光老師著　共 448 頁　售價 300 元

31.**見性與看話頭** 黃正倖老師 著，本書是禪宗參禪的方法論。

內文 375 頁，全書 416 頁，售價 300 元。

32.**達賴真面目**—玩盡天下女人 白正偉老師 等著 中英對照彩色精裝大本 800 元

33.**喇嘛性世界**—揭開假藏傳佛教譚崔瑜伽的面紗　張善思 等人著　200元

34.**假藏傳佛教的神話**—性、謊言、喇嘛教　正玄教授編著　200元

35.**金剛經宗通**　平實導師述　共九輯　每輯售價250元。

36.**空行母**—性別、身分定位，以及藏傳佛教。

珍妮·坎貝爾著 呂艾倫 中譯 售價250元

37.**末代達賴**—性交教主的悲歌　張善思、呂艾倫、辛燕編著 售價250元

38.**霧峰無霧**—給哥哥的信　辨正釋印順對佛法的無量誤解

游宗明 老師著　售價250元

39.**第七意識與第八意識？**—穿越時空「超意識」

平實導師述　每冊300元

40.**黯淡的達賴**—失去光彩的諾貝爾和平獎

正覺教育基金會編著　每冊250元

41.**童女迦葉考**—論呂凱文〈佛教輪迴思想的論述分析〉之謬。

平實導師 著 定價180元

42.**人間佛教**—實證者必定不悖三乘菩提

平實導師 述，定價400元

43.**實相經宗通**　平實導師述　共八輯　每輯250元

44.**真心告訴您(一)**—達賴喇嘛在幹什麼？

正覺教育基金會編著　售價250元

45.**中觀金鑑**—詳述應成派中觀的起源與其破法本質

孫正德老師著　分為上、中、下三冊，每冊250元

46.**佛法入門**—迅速進入三乘佛法大門，消除久學佛法漫無方向之窘境。

○○居士著　將於正覺電子報連載後出版。售價250元

47.**藏傳佛教要義**—《狂密與真密》之簡體字版　平實導師 著 上、下冊

僅在大陸流通　每冊300元

48.**法華經講義**　平實導師述　共二十五輯　每輯300元

已於2015/05/31起開始出版，每二個月出版一輯

49.**西藏「活佛轉世」制度**—附佛、造神、世俗法

許正豐、張正玄老師合著　定價150元

50.**廣論三部曲**　郭正益老師著　定價150元

51.**真心告訴您(二)**—達賴喇嘛是佛教僧侶嗎？

—補祝達賴喇嘛八十大壽

正覺教育基金會編著　售價300元

52.**廣論之平議**—宗喀巴《菩提道次第廣論》之平議　正雄居士著

約二或三輯　俟正覺電子報連載後結集出版　書價未定

53.**末法導護**—對印順法師中心思想之綜合判攝　正慶老師著　書價未定

54.**菩薩學處**—菩薩四攝六度之要義　陸正元老師著　出版日期未定。

55.**八識規矩頌**詳解　○○居士 註解　出版日期另訂　書價未定。

56.**印度佛教史**—法義與考證。依法義史實評論印順《印度佛教思想史、佛教史地考論》之謬說　正偉老師著　出版日期未定　書價未定
57.**中國佛教史**—依中國佛教正法史實而論。〇〇老師 著　書價未定。
58.**中論正義**—釋龍樹菩薩《中論》頌正理。
孫正德老師著　出版日期未定　書價未定
59.**中觀正義**—註解平實導師《中論正義頌》。
〇〇法師（居士）著　出版日期未定　書價未定
60.**佛藏經講記**　平實導師述　出版日期未定　書價未定
61.**阿含經講記**—將選錄四阿含中數部重要經典全經講解之，講後整理出版。
平實導師述　約二輯　每輯 300 元　出版日期未定
62.**寶積經講記**　平實導師述　每輯三百餘頁 優惠價 300 元　出版日期未定
63.**解深密經講記**　平實導師述 約四輯　將於重講後整理出版
64.**成唯識論略解**　平實導師著　五～六輯　每輯300 元　出版日期未定
65.**修習止觀坐禪法要講記**　平實導師述　每輯三百餘頁
將於正覺寺建成後重講、以講記逐輯出版　出版日期未定
66.**無門關**—《無門關》公案拈提　平實導師著　出版日期未定
67.**中觀再論**—兼述印順《中觀今論》謬誤之平議。正光老師著 出版日期未定
68.**輪迴與超度**—佛教超度法會之真義。
〇〇法師（居士）著　出版日期未定　書價未定
69.**《釋摩訶衍論》平議**—對偽稱龍樹所造《釋摩訶衍論》之平議
〇〇法師（居士）著　出版日期未定　書價未定
70.**正覺發願文**註解—以真實大願為因 得證菩提
正德老師著　出版日期未定　書價未定
71.**正覺總持咒**—佛法之總持　正圜老師著　出版日期未定　書價未定
72.**涅槃**—論四種涅槃　平實導師著　出版日期未定　書價未定
73.**三自性**—依四食、五蘊、十二因緣、十八界法，說三性三無性。
作者未定　出版日期未定
74.**道品**—從三自性說大小乘三十七道品　作者未定　出版日期未定
75.**大乘緣起觀**—依四聖諦七真如現觀十二緣起 作者未定　出版日期未定
76.**三德**—論解脫德、法身德、般若德。　作者未定　出版日期未定
77.**真假如來藏**—對印順《如來藏之研究》謬說之平議　作者未定 出版日期未定
78.**大乘道次第**　作者未定　出版日期未定　書價未定
79.**四緣**—依如來藏故有四緣。　作者未定　出版日期未定
80.**空之探究**—印順《空之探究》謬誤之平議　作者未定 出版日期未定
81.**十法義**—論阿含經中十法之正義　作者未定　出版日期未定
82.**外道見**—論述外道六十二見　作者未定　出版日期未定

正智出版社有限公司 書籍介紹

禪淨圓融：言淨土諸祖所未曾言，示諸宗祖師所未曾示；禪淨圓融，另闢成佛捷徑，兼顧自力他力，闡釋淨土門之速行易行道，亦同時揭櫫聖教門之速行易行道；令廣大淨土行者得免緩行難證之苦，亦令聖道門行者得以藉著淨土速行道而加快成佛之時劫。乃前無古人之超勝見地，非一般弘揚禪淨法門典籍也，先讀爲快。平實導師著 200元。

宗門正眼—**公案拈提**第一輯：繼承克勤圜悟大師碧巖錄宗旨之禪門鉅作。先則舉示當代大法師之邪說，消弭當代禪門大師鄉愿之心態，摧破當今禪門「世俗禪」之妄談；次則旁通教法，表顯宗門正理；繼以道之次第，消弭古今狂禪；後藉言語及文字機鋒，直示宗門入處。悲智雙運，禪味十足，數百年來難得一睹之禪門鉅著也。平實導師著　500元（原初版書《禪門摩尼寶聚》，改版後補充爲五百餘頁新書，總計多達二十四萬字，內容更精彩，並改名爲《宗門正眼》，讀者原購初版《禪門摩尼寶聚》皆可寄回本公司免費換新，免附回郵，亦無截止期限）（2007年起，凡購買公案拈提第一輯至第七輯，每購一輯皆贈送本公司精製公案拈提〈超意境〉CD一片，市售價格280元，多購多贈）。

禪—悟前與悟後：本書能建立學人悟道之信心與正確知見，圓滿具足而有次第地詳述禪悟之功夫與禪悟之內容，指陳參禪中細微淆訛之處，能使學人明自眞心、見自本性。若未能悟入，亦能以正確知見辨別古今中外一切大師究係眞悟？或屬錯悟？便有能力揀擇，捨名師而選明師，後時必有悟道之緣。一旦悟道，遲者七次人天往返，便出三界，速者一生取辦。學人欲求開悟者，不可不讀。　平實導師著。上、下冊共500元，單冊250元。

眞實如來藏：如來藏眞實存在，乃宇宙萬有之本體，並非印順法師、達賴喇嘛等人所說之「唯有名相、無此心體」。如來藏是涅槃之本際，是一切有智之人竭盡心智、不斷探索而不能得之生命實相；是古今中外許多大師自以爲悟而當面錯過之生命實相。如來藏即是阿賴耶識，乃是一切有情本自具足、不生不滅之眞實心。當代中外大師於此書出版之前所未能言者，作者於本書中盡情流露、詳細闡釋。眞悟者讀之，必能增益悟境、智慧增上；錯悟者讀之，必能檢討自己之錯誤，免犯大妄語業；未悟者讀之，能知參禪之理路，亦能以之檢查一切名師是否眞悟。此書是一切哲學家、宗教家、學佛者及欲昇華心智之人必讀之鉅著。　平實導師著　售價400元。

宗門法眼—**公案拈提**第二輯：列舉實例，闡釋土城廣欽老和尚之悟處；並直示這位不識字的老和尚妙智橫生之根由，繼而剖析禪宗歷代大德之開悟公案，解析當代密宗高僧卡盧仁波切之錯悟證據，並例舉當代顯宗高僧、大居士之錯悟證據（凡健在者，爲免影響其名聞利養，皆隱其名）。藉辨正當代名師之邪見，向廣大佛子指陳禪悟之正道，彰顯宗門法眼。悲勇兼出，強捋虎鬚；慈智雙運，巧探驪龍；摩尼寶珠在手，直示宗門入處，禪味十足；若非大悟徹底，不能爲之。禪門精奇人物，允宜人手一冊，供作參究及悟後印證之圭臬。本書於2008年4月改版，增寫為大約500頁篇幅，以利學人研讀參究時更易悟入宗門正法，以前所購初版首刷及初版二刷舊書，皆可免費換取新書。平實導師著 500元（2007年起，凡購買公案拈提第一輯至第七輯，每購一輯皆贈送本公司精製公案拈提〈超意境〉CD一片，市售價格280元，多購多贈）。

宗門道眼—**公案拈提**第三輯：繼宗門法眼之後，再以金剛之作略、慈悲之胸懷、犀利之筆觸，舉示寒山、拾得、布袋三大士之悟處，消弭當代錯悟者對於寒山大士……等之誤會及誹謗。亦舉出民初以來與虛雲和尚齊名之蜀郡鹽亭袁煥仙夫子——南懷瑾老師之師，其「悟處」何在？並蒐羅許多眞悟祖師之證悟公案，顯示禪宗歷代祖師之睿智，指陳部分祖師、奧修及當代顯密大師之謬悟，作爲殷鑑，幫助禪子建立及修正參禪之方向及知見。假使讀者閱此書已，一時尚未能悟，亦可一面加功用行，一面以此宗門道眼辨別眞假善知識，避開錯誤之印證及歧路，可免大妄語業之長劫慘痛果報。欲修禪宗之禪者，務請細讀。平實導師著 售價500元（2007年起，凡購買公案拈提第一輯至第七輯，每購一輯皆贈送本公司精製公案拈提〈超意境〉CD一片，市售價格280元，多購多贈）。

楞伽經詳解：本經是禪宗見道者印證所悟眞僞之根本經典，亦是禪宗見道者悟後起修之依據經典；故達摩祖師於印證二祖慧可大師之後，將此經典連同佛缽祖衣一併交付二祖，令其依此經典佛示金言、進入修道位，修學一切種智。由此可知此經對於眞悟之人修學佛道，是非常重要之一部經典。此經能破外道邪說，亦破佛門中錯悟名師之謬說，亦破禪宗部分祖師之狂禪：不讀經典、一向主張「一悟即成究竟佛」之謬執。並開示愚夫所行禪、觀察義禪、攀緣如禪、如來禪等差別，令行者對於三乘禪法差異有所分辨；亦糾正禪宗祖師古來對於如來禪之誤解，嗣後可免以訛傳訛之弊。此經亦是法相唯識宗之根本經典，禪者悟後欲修一切種智而入初地者，必須詳讀。平實導師著，全套共十輯，已全部出版完畢，每輯主文約320頁，每冊約352頁，定價250元。

宗門血脈—**公案拈提第四輯**：末法怪象—許多修行人自以爲悟，每將無念靈知認作眞實；崇尚二乘法諸師及其徒眾，則將**外於如來藏之緣起性空**—無因論之無常空、斷滅空、一切法空—錯認爲 佛所說之般若空性。這兩種現象已於當今海峽兩岸及美加地區顯密大師之中普遍存在；人人自以爲悟，心高氣壯，便敢寫書解釋祖師證悟之公案，大多出於意識思惟所得，言不及義，錯誤百出，因此誤導廣大佛子同陷大妄語之地獄業中而不能自知。彼等書中所說之悟處，其實處處違背第一義經典之聖言量。彼等諸人不論是否身披袈裟，都非佛法宗門血脈，或雖有禪宗法脈之傳承，亦只徒具形式；猶如螟蛉，非眞血脈，未悟得根本眞實故。禪子欲知佛、祖之眞血脈者，請讀此書，便知分曉。平實導師著，主文452頁，全書464頁，定價500元（2007年起，凡購買公案拈提第一輯至第七輯，每購一輯皆贈送本公司精製公案拈提〈超意境〉CD一片，市售價格280元，多購多贈）。

宗通與說通：古今中外，錯誤之人如麻似粟，每以常見外道所說之靈知心，認作眞心；或妄想虛空之勝性能量爲眞如，或錯認物質四大元素藉冥性（靈知心本體）能成就吾人色身及知覺，或認初禪至四禪中之了知心爲不生不滅之涅槃心。此等皆非通宗者之見地。復有錯悟之人一向主張「宗門與教門不相干」，此即尚未通達宗門之人也。其實宗門與教門互通不二，宗門所證者乃是眞如與佛性，教門所說者乃說宗門證悟之眞如佛性，故教門與宗門不二。本書作者以宗教二門互通之見地，細說「宗通與說通」，從初見道至悟後起修之道、細說分明；並將諸宗諸派在整體佛教中之地位與次第，加以明確之教判，學人讀之即可了知佛法之梗概也。欲擇明師學法之前，允宜先讀。平實導師著，主文共381頁，全書392頁，只售成本價300元。

宗門正道—**公案拈提**第**五**輯：修學大乘佛法有二果須證解脫果及大菩提果。二乘人不證大菩提果，唯證解脫果；此果之智慧，名爲聲聞菩提、緣覺菩提。大乘佛子所證二果之菩提果爲佛菩提，故名大菩提果，其慧名爲一切種智函蓋二乘解脫果。然此大乘二果修證，須經由禪宗之宗門證悟方能相應。而宗門證悟極難，自古已然；其所以難者，咎在古今佛教界普遍存在三種邪見：1.以修定認作佛法，2.以無因論之緣起性空—否定涅槃本際如來藏以後之一切法空作爲佛法，3.以常見外道邪見（離語言妄念之靈知性）作爲佛法。如是邪見，或因自身正見未立所致，或因邪師之邪教導所致，或因無始劫來虛妄熏習所致。若不破除此三種邪見，永劫不悟宗門眞義、不入大乘正道，唯能外門廣修菩薩行。平實導師於此書中，有極爲詳細之說明，有志佛子欲摧邪見、入於內門修菩薩行者，當閱此書。主文共496頁，全書512頁。售價500元（2007年起，凡購買公案拈提第一輯至第七輯，每購一輯皆贈送本公司精製公案拈提〈超意境〉CD一片，市售價格280元，多購多贈）。

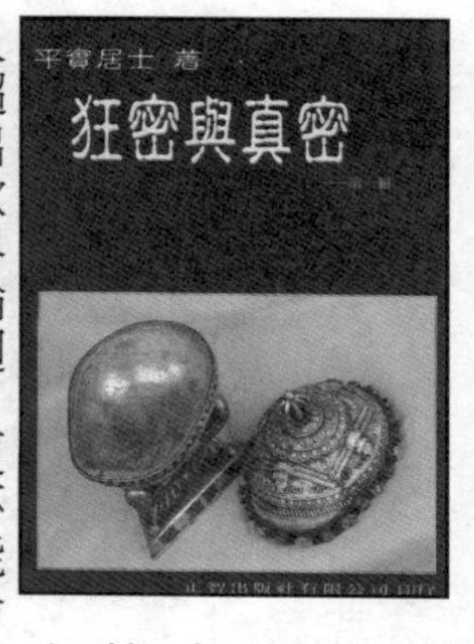

狂密與眞密：密教之修學，皆由有相之觀行法門而入，其最終目標仍不離顯教經典所說第一義諦之修證；若離顯教第一義經典、或違背顯教第一義經典，即非佛教。西藏密教之觀行法，如灌頂、觀想、遷識法、寶瓶氣、大聖歡喜雙身修法、喜金剛、無上瑜伽、大樂光明、樂空雙運等，皆是印度教兩性生生不息思想之轉化，自始至終皆以如何能運用交合淫樂之法達到全身受樂爲其中心思想，純屬欲界五欲的貪愛，不能令人超出欲界輪迴，更不能令人斷除我見；何況大乘之明心與見性，更無論矣！故密宗之法絕非佛法也。而其明光大手印、大圓滿法教，又皆同以常見外道所說離語言妄念之無念靈知心錯認爲佛地之眞如，不能直指不生不滅之眞如。西藏密宗所有法王與徒眾，都尚未開頂門眼，不能辨別眞僞，以依人不依法、依密續不依經典故，不肯將其上師喇嘛所說對照第一義經典，純依密續之藏密祖師所說爲準，因此而誇大其證德與證量，動輒謂彼祖師上師爲究竟佛、爲地上菩薩；如今台海兩岸亦有自謂其師證量高於 釋迦文佛者，然觀其師所述，猶未見道，仍在觀行即佛階段，尚未到禪宗相似即佛、分證即佛階位，竟敢標榜爲究竟佛及地上法王，誑惑初機學人。凡此怪象皆是狂密，不同於眞密之修行者。近年狂密盛行，密宗行者被誤導者極眾，動輒自謂已證佛地眞如，自視爲究竟佛，陷於大妄語業中而不知自省，反謗顯宗眞修實證者之證量粗淺；或如義雲高與釋性圓…等人，於報紙上公然誹謗眞實證道者爲「騙子、無道人、人妖、癩蛤蟆…」等，造下誹謗大乘勝義僧之大惡業；或以外道法中有爲有作之甘露、魔術……等法，誑騙初機學人，狂言彼外道法爲眞佛法。如是怪象，在西藏密宗及附藏密之外道中，不一而足，舉之不盡，學人宜應慎思明辨，以免上當後又犯毀破菩薩戒之重罪。密宗學人若欲遠離邪知邪見者，請閱此書，即能了知密宗之邪謬，從此遠離邪見與邪修，轉入眞正之佛道。

平實導師著 共四輯 每輯約400頁（主文約340頁）每輯售價300元。

宗門正義—**公案拈提**第六輯：佛教有六大危機，乃是藏密化、世俗化、膚淺化、學術化、宗門密意失傳、悟後進修諸地之次第混淆；其中尤以宗門密意之失傳，爲當代佛教最大之危機。由宗門密意失傳故，易令世尊本懷普被錯解，易令 世尊正法被轉易爲外道法，以及加以淺化、世俗化，是故宗門密意之廣泛弘傳與具緣佛弟子，極爲重要。然而欲令宗門密意之廣泛弘傳予具緣之佛弟子者，必須同時配合錯誤知見之解析、普令佛弟子知之，然後輔以公案解析之直示入處，方能令具緣之佛弟子悟入。而此二者，皆須以公案拈提之方式爲之，方易成其功、竟其業，是故平實導師續作宗門正義一書，以利學人。　全書500餘頁，售價500元（2007年起，凡購買公案拈提第一輯至第七輯，每購一輯皆贈送本公司精製公案拈提〈超意境〉CD一片，市售價格280元，多購多贈）。

心經密意—心經與解脫道、佛菩提道、祖師公案之關係與密意。二乘菩提所證之解脫道，實依第八識心之斷除煩惱障現行而立解脫之名；大乘菩提所證之佛菩提道，實依親證第八識如來藏之涅槃性、清淨自性、及其中道性而立般若之名；禪宗祖師公案所證之眞心，即是此第八識如來藏；是故三乘佛法所修所證之三乘菩提，皆依此如來藏心而立名也。此第八識心，即是《心經》所說之心也。證得此如來藏已，即能漸入大乘佛菩提道，亦可因證知此心而了知二乘無學所不能知之無餘涅槃本際，是故《心經》之密意，與三乘佛菩提之關係極爲密切、不可分割，三乘佛法皆依此心而立名故。今者平實導師以其所證解脫道之無生智及佛菩提之般若種智，將《心經》與解脫道、佛菩提道、祖師公案之關係與密意，以演講之方式，用淺顯之語句和盤托出，發前人所未言，呈三乘菩提之眞義，令人藉此《心經密意》一舉而窺三乘菩提之堂奧，迥異諸方言不及義之說；欲求眞實佛智者、不可不讀！主文317頁，連同跋文及序文…等共384頁，售價300元。

宗門密意—公案拈提第七輯：佛教之世俗化，將導致學人以信仰作爲學佛，則將以感應及世間法之庇祐，作爲學佛之主要目標，不能了知學佛之主要目標爲親證三乘菩提。大乘菩提則以般若實相智慧爲主要修習目標，以二乘菩提解脫道爲附帶修習之標的；是故學習大乘法者，應以禪宗之證悟爲要務，能親入大乘菩提之實相般若智慧中故，般若實相智慧非二乘聖人所能知故。此書則以台灣世俗化佛教之三大法師，說法似是而非之實例，配合眞悟祖師之公案解析，提示證悟般若之關節，令學人易得悟入。平實導師著，全書五百餘頁，售價500元（2007年起，凡購買公案拈提第一輯至第七輯，每購一輯皆贈送本公司精製公案拈提〈超意境〉CD一片，市售價格280元，多購多贈）。

淨土聖道—兼評日本本願念佛：佛法甚深極廣，般若玄微，非諸二乘聖僧所能知之，一切凡夫更無論矣！所謂一切證量皆歸淨土是也！是故大乘法中「聖道之淨土、淨土之聖道」，其義甚深，難可了知；乃至眞悟之人，初心亦難知也。今有正德老師眞實證悟後，復能深探淨土與聖道之緊密關係，憐憫眾生之誤會淨土實義，亦欲利益廣大淨土行人同入聖道，同獲淨土中之聖道門要義，乃振奮心神、書以成文，今得刊行天下。主文279頁，連同序文等共301頁，總有十一萬六千餘字，正德老師著，成本價200元。

起信論講記：詳解大乘起信論**心生滅門**與**心眞如門**之眞實意旨，消除以往大師與學人對起信論所說**心生滅門**之誤解，由是而得了知眞心如來藏之非常非斷中道正理；亦因此一講解，令此論以往隱晦而被誤解之眞實義，得以如實顯示，令大乘佛菩提道之正理得以顯揚光大；初機學者亦可藉此正論所顯示之法義，對大乘法理生起正信，從此得以眞發菩提心，眞入大乘法中修學，世世常修菩薩正行。平實導師演述，共六輯，都已出版，每輯三百餘頁，售價各250元。

優婆塞戒經講記：本經詳述在家菩薩修學大乘佛法，應如何受持菩薩戒？對人間善行應如何看待？對三寶應如何護持？應如何正確地修集此世後世證法之福德？應如何修集後世「行菩薩道之資糧」？並詳述第一義諦之正義：五蘊非我非異我、自作自受、異作異受、不作不受……等深妙法義，乃是修學大乘佛法、行菩薩行之在家菩薩所應當了知者。出家菩薩今世或未來世登地已，捨報之後多數將如華嚴經中諸大菩薩，以在家菩薩身而修行菩薩行，故亦應以此經所述正理而修之，配合《楞伽經、解深密經、楞嚴經、華嚴經》等道次第正理，方得漸次成就佛道；故此經是一切大乘行者皆應證知之正法。平實導師講述，每輯三百餘頁，售價各250元；共八輯，已全部出版。

真假活佛—略論附佛外道盧勝彥之邪說：人人身中都有眞活佛，永生不滅而有大神用，但眾生都不了知，所以常被身外的西藏密宗假活佛籠罩欺瞞。本來就眞實存在的眞活佛，才是眞正的密宗無上密！諾那活佛因此而說禪宗是大密宗，但藏密的所有活佛都不知道、也不曾實證自身中的眞活佛。本書詳實宣示眞活佛的道理，舉證盧勝彥的「佛法」不是眞佛法，也顯示盧勝彥是假活佛，直接的闡釋第一義佛法見道的眞實正理。眞佛宗的所有上師與學人們，都應該詳細閱讀，包括盧勝彥個人在內。正犀居士著，優惠價140元。

阿含正義—唯識學探源：廣說四大部《阿含經》諸經中隱說之眞正義理，一一舉示佛陀本懷，令阿含時期初轉法輪根本經典之眞義，如實顯現於佛子眼前。並提示末法大師對於阿含眞義誤解之實例，一一比對之，證實唯識增上慧學確於原始佛法之阿含諸經中已隱覆密意而略說之，證實 世尊確於原始佛法中已曾密意而說第八識如來藏之總相；亦證實 世尊在四阿含中已說此藏識是名色十八界之因、之本—證明如來藏是能生萬法之根本心。佛子可據此修正以往受諸大師（譬如西藏密宗應成派中觀師：印順、昭慧、性廣、大願、達賴、宗喀巴、寂天、月稱、……等人）誤導之邪見，建立正見，轉入正道乃至親證初果而無困難；書中並詳說三果所證的**心解脫**，以及四果**慧解脫**的親證，都是如實可行的具體知見與行門。全書共七輯，已出版完畢。平實導師著，每輯三百餘頁，售價300元。

超意境ＣＤ：以平實導師公案拈提書中超越意境之頌詞，加上曲風優美的旋律，錄成令人嚮往的超意境歌曲，其中包括正覺發願文及平實導師親自譜成的黃梅調歌曲一首。詞曲雋永，殊堪翫味，可供學禪者吟詠，有助於見道。內附設計精美的彩色小冊，解說每一首詞的背景本事。每片280元。【每購買公案拈提書籍一冊，即贈送一片。】

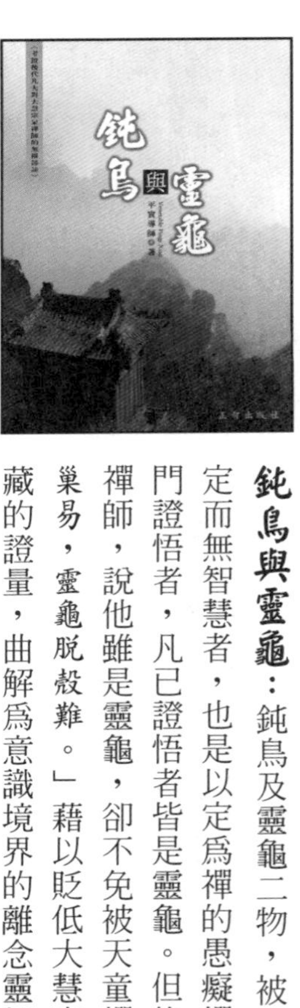

鈍鳥與靈龜：鈍鳥及靈龜二物，被宗門證悟者說爲二種人：前者是精修禪定而無智慧者，也是以定爲禪的愚癡禪人；後者是或有禪定、或無禪定的宗門證悟者，凡已證悟者皆是靈龜。但後來被人虛造事實，用以嘲笑大慧宗杲禪師，說他雖是靈龜，卻不免被天童禪師預記「患背」痛苦而亡：「**鈍鳥離巢易，靈龜脫殼難。**」藉以貶低大慧宗杲的證量。同時將天童禪師實證如來藏的證量，曲解爲意識境界的離念靈知。自從大慧禪師入滅以後，錯悟凡夫對他的不實毀謗就一直存在著，不曾止息，並且捏造的假事實也隨著年月的增加而越來越多，終至編成「鈍鳥與靈龜」的假公案、假故事。本書是考證大慧與天童之間的不朽情誼，顯現這件假公案的虛妄不實；更見大慧宗杲面對惡勢力時的正直不阿，亦顯示大慧對天童禪師的至情深義，將使後人對大慧宗杲的誣謗至此而止，不再有人誤犯毀謗賢聖的惡業。書中亦舉證宗門的所悟確以第八識如來藏爲標的，詳讀之後必可改正以前被錯悟大師誤導的參禪知見，日後必定有助於實證禪宗的開悟境界，得階大乘眞見道位中，即是實證般若之賢聖。全書459頁，售價350元。

我的菩提路第一輯：凡夫及二乘聖人不能實證的佛菩提證悟，末法時代的今天仍然有人能得實證，由正覺同修會釋悟圓、釋善藏法師等二十餘位實證如來藏者所寫的見道報告，已爲當代學人見證宗門正法之絲縷不絕，證明大乘義學的法脈仍然存在，爲末法時代求悟般若之學人照耀出光明的坦途。由二十餘位大乘見道者所繕，敘述各種不同的學法、見道因緣與過程，參禪求悟者必讀。全書三百餘頁，售價300元。

我的菩提路第二輯：由郭正益老師等人合著，書中詳述彼等諸人歷經各處道場學法，一一修學而加以檢擇之不同過程以後，因閱讀正覺同修會、正智出版社書籍而發起抉擇分，轉入正覺同修會中修學；乃至學法及見道之過程，都一一詳述之。其中張志成等人係由前現代禪轉進正覺同修會，張志成原爲現代禪副宗長，以前未閱本會書籍時，曾被人藉其名義著文評論 平實導師（詳見《宗通與說通》辨正及《眼見佛性》書末附錄…等）；後因偶然接觸正覺同修會書籍，深覺以前聽人評論平實導師之語不實，於是投入極多時間閱讀本會書籍、深入思辨，詳細探索中觀與唯識之關聯與異同，認爲正覺之法義方是正法，深覺相應；亦解開多年來對佛法的迷雲，確定應依八識論正理修學方是正法。乃不顧面子，毅然前往正覺同修會面見平實導師懺悔，並正式學法求悟。今已與其同修王美伶（亦爲前現代禪傳法老師），同樣證悟如來藏而證得法界實相，生起實相般若眞智。此書中尚有七年來本會第一位眼見佛性者之見性報告一篇，一同供養大乘佛弟子。全書四百頁，售價300元。

維摩詰經講記：本經係 世尊在世時，由等覺菩薩維摩詰居士藉疾病而演說之大乘菩提無上妙義，所說函蓋甚廣，然極簡略，是故今時諸方大師與學人讀之悉皆錯解，何況能知其中隱含之深妙正義，是故普遍無法爲人解說；若強爲人說，則成依文解義而有諸多過失。今由平實導師公開宣講之後，詳實解釋其中密意，令維摩詰菩薩所說大乘不可思議解脫之深妙正法得以正確宣流於人間，利益當代學人及與諸方大師。書中詳實演述大乘佛法深妙不共二乘之智慧境界，顯示諸法之中絕待之實相境界，建立大乘菩薩妙道於永遠不敗不壞之地，以此成就護法偉功，欲冀永利娑婆人天。已經宣講圓滿整理成書流通，以利諸方大師及諸學人。全書共六輯，每輯三百餘頁，售價各250元。

菩薩底憂鬱CD將菩薩情懷及禪宗公案寫成新詞，並製作成超越意境的優美歌曲。1.主題曲〈菩薩底憂鬱〉，描述地後菩薩能離三界生死而迴向繼續生在人間，但因尚未斷盡習氣種子而有極深沈之憂鬱，非三賢位菩薩及二乘聖者所知，此憂鬱在七地滿心位方才斷盡；本曲之詞中所說義理極深，昔來所未曾見；此曲係以優美的情歌風格寫詞及作曲，聞者得以激發嚮往諸地菩薩境界之大心，詞、曲都非常優美，難得一見；其中勝妙義理之解說，已印在附贈之彩色小冊中。2.以各輯公案拈提中直示禪門入處之頌文，作成各種不同曲風之超意境歌曲，值得玩味、參究；聆聽公案拈提之優美歌曲時，請同時閱讀內附之印刷精美說明小冊，可以領會超越三界的證悟境界；未悟者可以因此引發求悟之意向及疑情，眞發菩提心而邁向求悟之途，乃至因此眞實悟入般若，成眞菩薩。3.正覺總持咒新曲，總持佛法大意；總持咒之義理，已加以解說並印在隨附之小冊中。本CD共有十首歌曲，長達63分鐘，附贈二張購書優惠券。每片280元。

勝鬘經講記：如來藏爲三乘菩提之所依，若離如來藏心體及其含藏之一切種子，即無三界有情及一切世間法，亦無二乘菩提緣起性空之出世間法；本經詳說無始無明、一念無明皆依如來藏而有之正理，藉著詳解煩惱障與所知障間之關係，令學人深入了知二乘菩提與佛菩提相異之妙理；聞後即可了知佛菩提之特勝處及三乘修道之方向與原理，邁向攝受正法而速成佛道的境界中。平實導師講述，共六輯，每輯三百餘頁，售價各250元。

楞嚴經講記：楞嚴經係密教部之重要經典，亦是顯教中普受重視之經典；經中宣說明心與見性之內涵極爲詳細，將一切法都會歸如來藏及佛性—妙眞如性；亦闡釋佛菩提道修學過程中之種種魔境，以及外道誤會涅槃之狀況，旁及三界世間之起源。然因言句深澀難解，法義亦復深妙寬廣，學人讀之普難通達，是故讀者大多誤會，不能如實理解佛所說之明心與見性內涵，亦因是故多有悟錯之人引爲開悟之證言，成就大妄語罪。今由平實導師詳細講解之後，整理成文，以易讀易懂之語體文刊行天下，以利學人。全書十五輯，全部出版完畢。每輯三百餘頁，售價每輯300元。

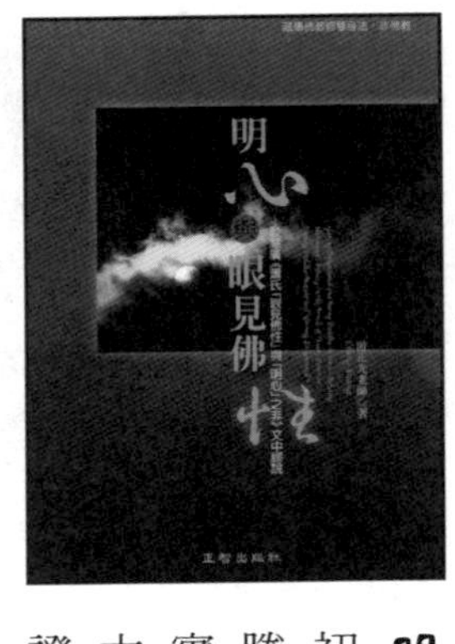

明心與眼見佛性：本書細述明心與眼見佛性之異同，同時顯示了中國禪宗破初參明心與重關眼見佛性二關之間的關聯；書中又藉法義辨正而旁述其他許多勝妙法義，讀後必能遠離佛門長久以來積非成是的錯誤知見，令讀者在佛法的實證上有極大助益。也藉慧廣法師的謬論來教導佛門學人回歸正知正見，遠離古今禪門錯悟者所墮的意識境界，非唯有助於斷我見，也對未來的開悟明心實證第八識如來藏有所助益，是故學禪者都應細讀之。游正光老師著　共448頁　售價300元。

見性與看話頭：黃正倖老師的《見性與看話頭》於《正覺電子報》連載完畢，今結集出版。書中詳說禪宗看話頭的詳細方法，並細說看話頭與眼見佛性的關係，以及眼見佛性者求見佛性前必須具備的條件。本書是禪宗實修者追求明心開悟時參禪的方法書，也是求見佛性者作功夫時必讀的方法書，內容兼顧眼見佛性的理論與實修之方法，是依實修之體驗配合理論而詳述，條理分明而且極爲詳實、周全、深入。本書內文375頁，全書416頁，售價300元。

禪意無限CD平實導師以公案拈提書中偈頌寫成不同風格曲子，與他人所寫不同風格曲子共同錄製出版，幫助參禪人進入禪門超越意識之境界。盒中附贈彩色印製的精美解說小冊，以供聆聽時閱讀，令參禪人得以發起參禪之疑情，即有機會證悟本來面目，實證大乘菩提般若。本CD共有十首歌曲，長達69分鐘，每盒各附贈二張購書優惠券。每片280元。

金剛經宗通：三界唯心，萬法唯識，是成佛之修證內容，是諸地菩薩之所修；般若則是成佛之道（實證三界唯心、萬法唯識）的入門，若未證悟實相般若，即無成佛之可能，必將永在外門廣行菩薩六度，永在凡夫位中。然而實相般若的發起，全賴實證萬法的實相；若欲證知萬法的眞相，則必須探究萬法之所從來，則須實證自心如來—金剛心如來藏，然後現觀這個金剛心的金剛性、眞實性、如如性、清淨性、涅槃性、能生萬法的自性性、本住性，名爲證眞如；進而現觀三界六道唯是此金剛心所成，人間萬法須藉八識心王和合運作方能現起。如是實證《華嚴經》的「三界唯心、萬法唯識」以後，由此等現觀而發起實相般若智慧，繼續進修第十住位的如幻觀、第十行位的陽焰觀、第十迴向位的如夢觀，再生起增上意樂而勇發十無盡願，方能滿足三賢位的實證，轉入初地；自知成佛之道而無偏倚，從此按部就班、次第進修乃至成佛。第八識自心如來是般若智慧之所依，般若智慧的修證則要從實證金剛心自心如來開始；《金剛經》則是解說自心如來之經典，是一切三賢位菩薩所應進修之實相般若經典。這一套書，是將平實導師宣講的《金剛經》內容，整理成文字而流通之；書中所說義理，迥異古今諸家依文解義之說，指出大乘見道方向與理路，有益於禪宗學人求開悟見道，及轉入內門廣修六度萬行。講述完畢後結集出版，總共9輯，每輯約三百餘頁，售價各250元。

真假外道：本書具體舉證佛門中的常見外道知見實例，並加以教證及理證上的辨正，幫助讀者輕鬆而快速的了知常見外道的錯誤知見，進而遠離佛門內外的常見外道知見，因此即能改正修學方向而快速實證佛法。游正光老師著。成本價200元。

空行母——性別、身分定位，以及藏傳佛教：本書作者爲蘇格蘭哲學家，因爲嚮往佛教深妙的哲學內涵，於是進入當年盛行於歐美的假藏傳佛教密宗，擔任卡盧仁波切的翻譯工作多年以後，被邀請成爲卡盧的空行母（又名佛母、明妃），開始了她在密宗裡的實修過程；後來發覺在密宗雙身法中的修行，其實無法使自己成佛，也發覺密宗對女性岐視而處處貶抑，並剝奪女性在雙身法中擔任一半角色時應有的身分定位。當她發覺自己只是雙身法中被喇嘛利用的工具，沒有獲得絲毫應有的尊重與基本定位時，發現了密宗的父權社會控制女性的本質；於是作者傷心地離開了卡盧仁波切與密宗，但是卻被恐嚇不許講出她在密宗裡的經歷，也不許她說出自己對密宗的教義與教制下對女性剝削的本質，否則將被咒殺死亡。後來她去加拿大定居，十餘年後方才擺脫這個恐嚇陰影，下定決心將親身經歷的實情及觀察到的事實寫下來並且出版，公諸於世。出版之後，她被流亡的達賴集團人士大力攻訐，誣指她爲精神狀態失常、說謊……等。但有智之士並未被達賴集團的政治操作及各國政府政治運作吹捧達賴的表相所欺，使她的書銷售無阻而又再版。正智出版社鑑於作者此書是親身經歷的事實，所說具有針對「藏傳佛教」而作學術研究的價值，也有使人認清假藏傳佛教剝削佛母、明妃的男性本位實質，因此洽請作者同意中譯而出版於華人地區。珍妮·坎貝爾女士著，呂艾倫 中譯，每冊250元。

霧峰無霧—給哥哥的信：本書作者藉兄弟之間信件往來論義，略述佛法大義；並以多篇短文辨義，舉出釋印順對佛法的無量誤解證據，並一一給予簡單而清晰的辨正，令人一讀即知。久讀、多讀之後即能認清楚釋印順的六識論見解，與眞實佛法之牴觸是多麼嚴重；於是在久讀、多讀之後，於不知不覺之間提升了對佛法的極深入理解，正知正見就在不知不覺間建立起來了。當三乘佛法的正知見建立起來之後，對於三乘菩提的見道條件便將隨之具足，於是聲聞解脫道的見道也就水到渠成；接著大乘見道的因緣也將次第成熟，未來自然也會有親見大乘菩提之道的因緣，悟入大乘實相般若也將自然成功，自能通達般若系列諸經而成實義菩薩。作者居住於南投縣霧峰鄉，自喻見道之後不復再見霧峰之霧，故鄉原野美景一一明見，於是立此書名爲《霧峰無霧》；讀者若欲撥霧見月，可以此書爲緣。游宗明 老師著 售價250元。

假藏傳佛教的神話—性、謊言、喇嘛教：本書編著者是由一首名叫「阿姊鼓」的歌曲爲緣起，展開了序幕，揭開假藏傳佛教—喇嘛教—的神秘面紗。其重點是蒐集、摘錄網路上質疑「喇嘛教」的帖子，以揭穿「假藏傳佛教的神話」爲主題，串聯成書，並附加彩色插圖以及說明，讓讀者們瞭解西藏密宗及相關人事如何被操作爲「神話」的過程，以及神話背後的眞相。作者：張正玄教授。售價200元。

達賴真面目—**玩盡天下女人**：假使您不想戴綠帽子，請記得詳細閱讀此書；假使您不想讓好朋友戴綠帽子，請您將此書介紹給您的好朋友。假使您想保護家中的女性，也想要保護好朋友的女眷，請記得將此書送給家中的女性和好友的女眷都來閱讀。本書爲印刷精美的大本彩色中英對照精裝本，爲您揭開達賴喇嘛的眞面目，內容精彩不容錯過，爲利益社會大眾，特別以優惠價格嘉惠所有讀者。編著者：白志偉等。大開版雪銅紙彩色精裝本。售價800元。

喇嘛性世界—**揭開假藏傳佛教譚崔瑜伽的面紗**：這個世界中的喇嘛，號稱來自世外桃源的香格里拉，穿著或紅或黃的喇嘛長袍，散布於我們的身邊傳教灌頂，吸引了無數的人嚮往學習；這些喇嘛虔誠地爲大眾祈福，手中拿著寶杵（金剛）與寶鈴（蓮花），口中唸著咒語：「唵．嘛呢．叭咪．吽……」，咒語的意思是說：「我至誠歸命金剛杵上的寶珠伸向蓮花寶穴之中」！「喇嘛性世界」是什麼樣的「世界」呢？本書將爲您呈現喇嘛世界的面貌。當您發現眞相以後，您將會唸：「噢！喇嘛．性．世界，譚崔性交嘛！」作者：張善思、呂艾倫。售價200元。

末代達賴—性交教主的悲歌：簡介從藏傳僞佛教（喇嘛教）的修行核心—性力派男女雙修，探討達賴喇嘛及藏傳僞佛教的修行內涵。書中引用外國知名學者著作、世界各地新聞報導，包含：歷代達賴喇嘛的祕史、達賴六世修雙身法的事蹟，以及《時輪續》中的性交灌頂儀式……等；達賴喇嘛書中開示的雙修法、達賴喇嘛的黑暗政治手段；達賴喇嘛所領導的寺院爆發喇嘛性侵兒童；新聞報導《西藏生死書》作者索甲仁波切性侵女信徒、澳洲喇嘛秋達公開道歉、美國最大假藏傳佛教組織領導人邱陽創巴仁波切的性氾濫，等等事件背後眞相的揭露。作者：張善思、呂艾倫、辛燕。售價250元。

第七意識與第八意識？—穿越時空「超意識」 「三界唯心，萬法唯識」是佛教中應該實證的聖教，也是《華嚴經》中明載而可以實證的法界實相。唯心者，三界一切境界、一切諸法唯是一心所成就，即是每一個有情的第八識如來藏，不是意識心。唯識者，即是人類各各都具足的八識心王——眼識、耳鼻舌身意識、意根、阿賴耶識，第八阿賴耶識又名如來藏，人類五陰相應的萬法，莫不由八識心王共同運作而成就，故說萬法唯識。依聖教量及現量、比量，都可以證明意識是二法因緣生，是由第八識藉意根與法塵二法爲因緣而出生，又是夜夜斷滅不存之生滅心，即無可能反過來出生第七識意根、第八識如來藏，當知不可能從生滅性的意識心中，細分出恆審思量的第七識意根，更無可能細分出恆而不審的第八識如來藏。本書是將演講內容整理成文字，細說如是內容，並已在《正覺電子報》連載完畢，今彙集成書以廣流通，欲幫助佛門有緣人斷除意識我見，跳脫於識陰之外而取證聲聞初果；嗣後修學禪宗時即得不墮外道神我之中，得以求證第八識金剛心而發起般若實智。平實導師 述，每冊300元。

黯淡的達賴—失去光彩的諾貝爾和平獎：本書舉出很多證據與論述，詳述達賴喇嘛不爲世人所知的一面，顯示達賴喇嘛並不是眞正的和平使者，而是假借諾貝爾和平獎的光環來欺騙世人；透過本書的說明與舉證，讀者可以更清楚的瞭解，達賴喇嘛是結合暴力、黑暗、淫欲於喇嘛教裡的集團首領，其政治行爲與宗教主張，早已讓諾貝爾和平獎的光環染污了。本書由財團法人正覺教育基金會寫作、編輯，由正覺出版社印行，每冊250元。

人間佛教—實證者必定不悖三乘菩提　「大乘非佛說」的講法似乎流傳已久，卻只是日本人企圖擺脫中國正統佛教的影響，而在明治維新時期才開始提出來的說法；台灣佛教、大陸佛教的淺學無智之人，由於未曾實證佛法而迷信日本人錯誤的學術考證，錯認爲這些別有用心的日本佛學考證的講法爲天竺佛教的眞實歷史；甚至還有更激進的反對佛教者提出「釋迦牟尼佛並非眞實存在，只是後人捏造的假歷史人物」，竟然也有少數人願意跟著「學術」的假光環而信受不疑，於是開始有一些佛教界人士造作了反對中國佛教而推崇南洋小乘佛教的行爲，使佛教的信仰者難以檢擇，導致一般大陸人士開始轉入基督教的盲目迷信中。在這些佛教及外教人士之中，也就有一分人根據此邪說而大聲主張「大乘非佛說」的謬論，這些人以「人間佛教」的名義來抵制中國正統佛教，公然宣稱中國的大乘佛教是由聲聞部派佛教的凡夫僧所創造出來的。這樣的說法流傳於台灣及大陸佛教界凡夫僧之中已久，卻非眞正的佛教歷史中曾經發生過的事，只是繼承六識論的聲聞法中凡夫僧依自己的意識境界立場，純憑臆想而編造出來的妄想說法，卻已經影響許多無智之凡夫僧俗信受不移。本書則是從佛教的經藏法義實質及實證的現量內涵本質立論，證明大乘佛法本是佛說，是從《阿含正義》尚未說過的不同面向來討論「人間佛教」的議題，證明「大乘眞佛說」。閱讀本書可以斷除六識論邪見，迴入三乘菩提正道發起實證的因緣；也能斷除禪宗學人學禪時普遍存在之錯誤知見，對於建立參禪時的正知見有很深的著墨。平實導師　述，內文488頁，全書528頁，定價400元。

童女迦葉考—論呂凱文〈佛教輪迴思想的論述分析〉之謬　童女迦葉是佛世率領五百大比丘遊行於人間的歷史事實，是以童貞行而依止菩薩戒弘化於人間的大菩薩，不依別解脫戒（聲聞戒）來弘化於人間。這是大乘佛教與聲聞佛教同時存在於佛世的歷史明證，證明大乘佛教不是從聲聞法中分裂出來的部派佛教的產物，卻是聲聞佛教分裂出來的部派佛教聲聞凡夫僧所不樂見的史實；於是古今聲聞法中的凡夫都欲加以扭曲而作詭說，更是末法時代高聲大呼「大乘非佛說」的六識論聲聞凡夫極力想要扭曲的佛教史實之一，於是想方設法扭曲迦葉菩薩爲聲聞僧，以及扭曲迦葉童女爲比丘僧等荒謬不實之論著便陸續出現，古時聲聞僧寫作的《分別功德論》是最具體之事例，現代之代表作則是呂凱文先生的〈佛教輪迴思想的論述分析〉論文。鑑於如是假藉學術考證以籠罩大眾之不實謬論，未來仍將繼續造作及流竄於佛教界，繼續扼殺大乘佛教學人法身慧命，必須舉證辨正之，遂成此書。平實導師 著，每冊180元。

中觀金鑑—詳述應成派中觀的起源與其破法本質　學佛人往往迷於中觀學派之不同學說，被應成派與自續派所迷惑；修學般若中觀二十年後自以爲實證般若中觀了，卻仍不曾入門，甫聞實證般若中觀者之所說，則茫無所知，迷惑不解；隨後信心盡失，不知如何實證佛法；凡此，皆因惑於這二派中觀學說所致。自續派中觀所說同於常見，以意識境界立爲第八識如來藏之境界，應成派所說則同於斷見，但又同立意識爲常住法，故亦具足斷常二見。今者孫正德老師有鑑於此，乃將起源於密宗的應成派中觀學說，追本溯源，詳考其來源之外，亦一一舉證其立論內容，詳加辨正，令密宗雙身法祖師以識陰境界而造之應成派中觀學說本質，詳細呈現於學人眼前，令其維護雙身法之目的無所遁形。若欲遠離密宗此二大派中觀謬說，欲於三乘菩提有所進道者，允宜具足閱讀並細加思惟，反覆讀之以後將可捨棄邪道返歸正道，則於般若之實證即有可能，證後自能現觀如來藏之中道境界而成就中觀。本書分上、中、下三冊，每冊250元，已全部出版完畢。

實相經宗通：學佛之目的在於實證一切法界背後之實相，禪宗稱之為本來面目或本地風光，佛菩提道中稱之為實相法界；此實相法界即是金剛藏，又名佛法之祕密藏，即是能生有情五陰、十八界及宇宙萬有（山河大地、諸天、三惡道世間）的第八識如來藏，又名阿賴耶識心，即是禪宗祖師所說的眞如心，此心即是三界萬有背後的實相。證得此第八識心時，自能瞭解般若諸經中隱說的種種密意，即得發起實相般若——實相智慧。每見學佛人修學佛法二十年後仍對實相般若茫然無知，亦不知如何入門，茫無所趣；更因不知三乘菩提的互異互同，是故越是久學者對佛法越覺茫然，都肇因於尚未瞭解佛法的全貌，亦未瞭解佛法的修證內容即是第八識心所致。本書對於修學佛法者所應實證的實相境界提出明確解析，並提示趣入佛菩提道的入手處，有心親證實相般若的佛法實修者，宜詳讀之，於佛菩提道之實證即有下手處。平實導師述著，共八輯，全部出版完畢，每輯成本價250元。

真心告訴您（一）——達賴喇嘛在幹什麼？這是一本報導篇章的選集，更是「破邪顯正」的暮鼓晨鐘。「破邪」是戳破假象，說明達賴喇嘛及其所率領的密宗四大派法王、喇嘛們，弘傳的佛法是仿冒的佛法；他們是假藏傳佛教，是坦特羅（譚崔性交）外道法和藏地崇奉鬼神的苯教混合成的「喇嘛教」，推廣的是以所謂「無上瑜伽」的男女雙身法冒充佛法的假佛教，詐財騙色誤導眾生，常常造成信徒家庭破碎、家中兒少失怙的嚴重後果。「顯正」是揭櫫眞相，指出眞正的藏傳佛教只有一個，就是覺囊巴，傳的是　釋迦牟尼佛演繹的第八識如來藏妙法，稱為他空見大中觀。正覺教育基金會即以此古今輝映的如來藏正法正知見，在眞心新聞網中逐次報導出來，將箇中原委「眞心告訴您」，如今結集成書，與想要知道密宗眞相的您分享。售價250元。

真心告訴您（二）——達賴喇嘛是佛教僧侶嗎？補祝達賴喇嘛八十大壽：這是一本針對當今達賴喇嘛所領導的喇嘛教，冒用佛教名相、於師徒間或師兄姊間，實修男女邪淫，而從佛法三乘菩提的現量與聖教量，揭發其謊言與邪術，證明達賴及其喇嘛教是仿冒佛教的外道，是「假藏傳佛教」。藏密四大派教義雖有「八識論」與「六識論」的表面差異，然其實修之內容，皆共許「無上瑜伽」四部灌頂爲究竟「成佛」之法門，也就是共以男女雙修之邪淫法爲「即身成佛」之密要，雖美其名曰「欲貪爲道」之「金剛乘」，並誇稱其成就超越於（應身佛）釋迦牟尼佛所傳之顯教般若乘之上；然詳考其理論，則或以意識離念時之粗細心爲第八識如來藏，或以中脈裡的明點爲第八識如來藏，或如宗喀巴與達賴堅決主張第六意識爲常恆不變之眞心者，分別墮於外道之常見與斷見中；全然違背 佛說能生五蘊之如來藏的實質。售價300元。

西藏「活佛轉世」制度——附佛、造神、世俗法：歷來關於喇嘛教活佛轉世的研究，多針對歷史及文化兩部分，於其所以成立的理論基礎，較少系統化的探討。尤其是此制度是否依據「佛法」而施設？是否合乎佛法眞實義？現有的文獻大多含糊其詞，或人云亦云，不曾有明確的闡釋與如實的見解。因此本文先從活佛轉世的由來，探索此制度的起源、背景與功能，並進而從活佛的尋訪與認證之過程，發掘活佛轉世的特徵，以確認「活佛轉世」在佛法中應具足何種果德。定價150元。

法華經講義：此書爲平實導師始從2009/7/21演述至2014/1/14之講經錄音整理所成。世尊一代時教，總分五時三教，即是華嚴時、聲聞緣覺教、般若教、種智唯識教、法華時；依此五時三教區分爲藏、通、別、圓四教。本經是最後一時的圓教經典，圓滿收攝一切法教於本經中，是故最後的圓教聖訓中，特地指出無有三乘菩提，其實唯有一佛乘；皆因眾生愚迷故，方便區分爲三乘菩提以助眾生證道。世尊於此經中特地說明如來示現於人間的唯一大事因緣，便是爲有緣眾生「開、示、悟、入」諸佛的所知所見——第八識如來藏妙眞如心，並於諸品中隱說「妙法蓮花」如來藏心的密意。然因此經所說甚深難解，眞義隱晦，古來難得有人能窺堂奧；平實導師以知如是密意故，特爲末法佛門四眾演述《妙法蓮華經》中各品蘊含之密意，使古來未曾被古德註解出來的「此經」密意，如實顯示於當代學人眼前。乃至〈藥王菩薩本事品〉、〈妙音菩薩品〉、〈觀世音菩薩普門品〉、〈普賢菩薩勸發品〉中的微細密意，亦皆一併詳述之，開前人所未曾言之密意，示前人所未見之妙法。最後乃至以〈法華大意〉而總其成，全經妙旨貫通始終，而依佛旨圓攝於一心如來藏妙心，厥爲曠古未有之大說也。平實導師述　已於2015/05/31起開始出版，每二個月出版一輯，共有25輯。每輯300元。

解深密經講記：本經係 世尊晚年第三轉法輪，宣說地上菩薩所應熏修之唯識正義經典，經中所說義理乃是大乘一切種智增上慧學，以阿陀那識—如來藏—阿賴耶識爲主體。禪宗之證悟者，若欲修證初地無生法忍乃至八地無生法忍者，必須修學《楞伽經、解深密經》所說之八識心王一切種智；此二經所說正法，方是眞正成佛之道；印順法師否定第八識如來藏之後所說萬法緣起性空之法，是以誤會後之二乘解脫道取代大乘眞正成佛之道，尚且不符二乘解脫道正理，亦已墮於斷滅見中，不可謂爲成佛之道也。平實導師曾於本會郭故理事長往生時，於喪宅中從首七開始宣講，於每一七各宣講三小時，至第十七而快速略講圓滿，作爲郭老之往生佛事功德，迴向郭老早證八地、速返娑婆住持正法。茲爲今時後世學人故，將擇期重講《解深密經》，以淺顯之語句講畢後，將會整理成文，用供證悟者進道；亦令諸方未悟者，據此經中佛語正義，修正邪見，依之速能入道。平實導師述著，全書輯數未定，每輯三百餘頁，將於未來重講完畢後逐輯出版。

佛法入門：學佛人往往修學二十年後仍不知如何入門，茫無所入漫無方向，不知如何實證佛法；更因不知三乘菩提的互異互同之處，導致越是久學者越覺茫然，都是肇因於尚未瞭解佛法的全貌所致。本書對於佛法的全貌提出明確的輪廓，並說明三乘菩提的異同處，讀後即可輕易瞭解佛法全貌，數日內即可明瞭三乘菩提入門方向與下手處。○○菩薩著 出版日期未定。

阿含經講記——**小乘解脫道之修證**：數百年來，南傳佛法所說證果之不實，所說解脫道之虛妄，所弘解脫道法義之世俗化，皆已少人知之；從南洋傳入台灣與大陸之後，所說法義虛謬之事，亦復少人知之；今時台灣全島印順系統之法師居士，多不知南傳佛法數百年來所說解脫道之義理已然偏斜、已然世俗化、已非眞正之二乘解脫正道，猶極力推崇與弘揚。彼等南傳佛法近代所謂之證果者多非眞實證果者，譬如阿迦曼、葛印卡、帕奧禪師、一行禪師……等人，悉皆未斷我見故。近年更有台灣南部大願法師，高抬南傳佛法之二乘修證行門爲「捷徑究竟解脫之道」者，然而南傳佛法縱使眞修實證，得成阿羅漢，至高唯是二乘菩提解脫之道，絕非究竟解脫，無餘涅槃中之實際尚未得證故，法界之實相尚未了知故，習氣種子待除故，一切種智未實證故，焉得謂爲「究竟解脫」？即使南傳佛法近代眞有實證之阿羅漢，尚且不及三賢位中之七住明心菩薩本來自性清淨涅槃智慧境界，則不能知此賢位菩薩所證之無餘涅槃實際，仍非大乘佛法中之見道者，何況普未實證聲聞果乃至未斷我見之人？謬充證果已屬逾越，更何況是誤會二乘菩提之後，以未斷我見之凡夫知見所說之二乘菩提解脫偏斜法道，焉可高抬爲「究竟解脫」？而且自稱「捷徑之道」？又妄言解脫之道即是成佛之道，完全否定般若實智、否定三乘菩提所依之如來藏心體，此理大大不通也！平實導師爲令修學二乘菩提欲證解脫果者，普得迴入二乘菩提正見、正道中，是故選錄四阿含諸經中，對於二乘解脫道法義有具足圓滿說明之經典，預定未來十年內將會加以詳細講解，令學佛人得以了知二乘解脫道之修證理路與行門，庶免被人誤導之後，未證言證，干犯道禁，成大妄語，欲升反墮。本書首重斷除我見，以助行者斷除我見而實證初果爲著眼之目標，若能根據此書內容，配合平實導師所著《識蘊眞義》《阿含正義》內涵而作實地觀行，實證初果非爲難事，行者可以藉此三書自行確認聲聞初果爲實際可得現觀成就之事。此書中除依二乘經典所說加以宣示外，亦依斷除我見等之證量，及大乘法中道種智之證量，對於意識心之體性加以細述，令諸二乘學人必定得斷我見、常見，免除三縛結之繫縛。次則宣示斷除我執之理，欲令升進而得薄貪瞋痴，乃至斷五下分結…等。平實導師述，共二冊，每冊三百餘頁。每輯300元。

修習止觀坐禪法要講記：修學四禪八定之人，往往錯會禪定之修學知見，欲以無止盡之坐禪而證禪定境界，卻不知修除性障之行門才是修證四禪八定不可或缺之要素，故智者大師云「性障初禪」；性障不除，初禪永不現前，云何修證二禪等？又：行者學定，若唯知數息，而不解六妙門之方便善巧者，欲求一心入定，未到地定極難可得，智者大師名之為「事障未來」：障礙未到地定之修證。又禪定之修證，不可違背二乘菩提及第一義法，否則縱使具足四禪八定，亦不能實證涅槃而出三界。此諸知見，智者大師於《修習止觀坐禪法要》中皆有闡釋。作者平實導師以其第一義之見地及禪定之實證證量，曾加以詳細解析。將俟正覺寺竣工啓用後重講，不限制聽講者資格；講後將以語體文整理出版。欲修習世間定及增上定之學者，宜細讀之。平實導師述著。

★聲明★

本社於2015/01/01開始調整本目錄中部分書籍之售價，以因應各項成本的持續增加。

＊喇嘛教修外道雙身法，墮識陰境界，非佛教＊

＊弘揚如來藏他空見的覺囊派才是真正藏傳佛教＊

總經銷： 飛鴻 國際行銷股份有限公司

231 新北市新店區中正路 501 之 9 號 2 樓

Tel.02－82186688（五線代表號） Fax.02-82186458、82186459

零售：1.**全台連鎖經銷書局：**

三民書局、誠品書局、何嘉仁書店

敦煌書店、紀伊國屋、金石堂書局、建宏書局

2.**台北市：**佛化人生 羅斯福路 3 段 325 號 6 樓之 4 台電大樓對面

3.**新北市：**春大地書店 **蘆洲**中正路 117 號

4.**桃園市縣：**誠品書局 **桃園市**中正路 20 號遠東百貨地下室一樓

金石堂 **桃園市**大同路 24 號 金石堂 **桃園**八德市介壽路 1 段 987 號

諾貝爾圖書城 **桃園市**中正路 56 號地下室 御書堂 **龍潭**中正路 123 號

墊腳石文化書店 **中壢市**中正路 89 號

5.**新竹市縣：**大學書局 **新竹**建功路 10 號 誠品書局 **新竹**東區信義街 68 號

誠品書局 **新竹**東區中央路 229 號 5 樓 誠品書局 **新竹**東區力行二路 3 號

墊腳石文化書店 **新竹**中正路 38 號

6.**台中市：** **瑞成**書局、各大連鎖書店。

詠春書局 **台中市**永春東路 884 號 文春書局 **霧峰**中正路 1087 號

7.**彰化市縣：**心泉佛教流通處 **彰化市**南瑤路 286 號

員林鎮：墊腳石圖書文化廣場 中山路 2 段 49 號（04-8338485）

8.**台南市：**博大書局 **新營**三民路 128 號

藝美書局 **善化**中山路 436 號 宏欣書局 **佳里**光復路 214 號

9.**高雄市：**各大連鎖書店、**瑞成**書局

政大書城 **三民區**明仁路 161 號 政大書城 **苓雅區**光華路 148-83 號

明儀書局 **三民區**明福街 2 號 明儀書局 三多四路 63 號

青年書局 青年一路 141 號

10.**宜蘭縣市：**金隆書局 宜蘭市中山路 3 段 43 號

宋太太梅鋪 羅東鎮中正北路 101 號（039-534909）

11.**台東市：**東普佛教文物流通處 台東市博愛路 282 號

12.**其餘鄉鎮市經銷書局：**請電詢總經銷**飛鴻**公司。

13.**大陸地區請洽：**

香港：樂文書店

旺角店 :香港九龍旺角西洋菜街 62 號 3 樓

電話 : (852) 2390 3723 email: luckwinbooks@gmail.com

銅鑼灣店 :香港銅鑼灣駱克道 506 號 2 樓

電話 : (852) 2881 1150 email: luckwinbs@gmail.com

廈門：廈門外圖臺灣書店有限公司

地址：廈門市思明區湖濱南路809 號 廈門外圖書城3 樓 郵編：361004

電話：0592-5061658（臺灣地區請撥打 86-592-5061658）

E-mail：JKB118＠188.COM

14.**美國：世界日報圖書部：**紐約圖書部　電話 7187468889#6262

洛杉磯圖書部　電話 3232616972#202

15.**國內外地區網路購書：**

正智出版社 書香園地　http://books.enlighten.org.tw/

（書籍簡介、直接聯結下列網路書局購書）

三民 網路書局　http://www.Sanmin.com.tw

誠品 網路書局　http://www.eslitebooks.com

博客來 網路書局　http://www.books.com.tw

金石堂 網路書局　http://www.kingstone.com.tw

飛鴻 網路書局　http://fh6688.com.tw

附註：1.請儘量向各經銷書局購買：郵政劃撥需要十天才能寄到（本公司在您劃撥後第四天才能接到劃撥單，次日寄出後第四天您才能收到書籍，此八天中一定會遇到週休二日，是故共需十天才能收到書籍）若想要早日收到書籍者，請劃撥完畢後，將劃撥收據貼在紙上，旁邊寫上您的姓名、住址、郵區、電話、買書詳細內容，直接傳眞到本公司 02-28344822，並來電 02-28316727、28327495 確認是否已收到您的傳眞，即可提前收到書籍。 **2**.因台灣每月皆有五十餘種宗教類書籍上架，書局書架空間有限，故唯有新書方有機會上架，通常每次只能有一本新書上架；本公司出版新書，大多上架不久便已售出，若書局未再叫貨補充者，書架上即無新書陳列，則請直接向書局櫃台訂購。 **3**.若書局不便代購時，可於晚上共修時間向正覺同修會各共修處請購（共修時間及地點，詳閱**共修現況表**。每年例行年假期間請勿前往請書，年假期間請見共修現況表）。 **4**.郵購：郵政劃撥帳號 19068241。 **5**.正覺同修會會員購書都以八折計價（戶籍台北市者爲一般會員，外縣市爲護持會員）都可獲得優待，欲一次購買全部書籍者，可以考慮入會，節省書費。入會費一千元（第一年初加入時才需要繳），年費二千元。**6.尚未出版之書籍，請勿預先郵寄書款與本公司，謝謝您！** **7**.若欲一次購齊本公司書籍，或同時取得正覺同修會贈閱之全部書籍者，請於正覺同修會共修時間，親到各共修處請購及索取；**台北市讀者**請洽：103 台北市承德路三段 267 號 10 樓（捷運淡水線 圓山站旁）請書時間：週一至週五爲 18.00~21.00，第一、三、五週週六爲 10.00~21.00，雙週之週六爲 10.00~18.00 請購處專線電話：25957295-分機 14（於請書時間方有人接聽）。

敬告大陸讀者：

大陸讀者購書、索書捷徑（尚未在大陸出版的書籍，以下二個途徑都可以購得，電子書另包括結緣書籍）：

1.**廈門外國圖書公司**：廈門市思明區湖濱南路 809 號 廈門外圖書城 3F
郵編：361004　電話：0592-5061658　網址：JKB118＠188.COM

2.**電子書**：正智出版社有限公司及正覺同修會在台灣印行的各種局版書、結緣書，已有『**正覺電子書**』陸續上線中，提供讀者於手機、平板電腦上購書、下載、閱讀正智出版社、正覺同修會及正覺教育基金會所出版之電子書，詳細訊息敬請參閱『正覺電子書』專頁：
http://books.enlighten.org.tw/ebook

關於平實導師的書訊，請上網查閱：
成佛之道　http://www.a202.idv.tw
正智出版社 書香園地　http://books.enlighten.org.tw/

中國網採訪佛教正覺同修會、正覺教育基金會訊息：

http://big5.china.com.cn/gate/big5/fangtan.china.com.cn/2014-06/19/content_32714638.htm

http://pinpai.china.com.cn/

★ 正智出版社有限公司售書之稅後盈餘，全部捐助財團法人正覺寺籌備處、佛教正覺同修會、正覺教育基金會，供作弘法及購建道場之用；懇請諸方大德支持，功德無量。

★ 聲　明 ★

本社於 2015/01/01 開始調整本目錄中部分書籍之售價，以因應各項成本的持續增加。

＊ 喇嘛教修外道雙身法、墮識陰境界，非佛教 ＊

＊ 弘揚如來藏他空見的覺囊派才是真正藏傳佛教 ＊

售後服務—換書啓事（免附回郵）　2012/09/24

《楞嚴經講記》第 14 輯初版首刷本免費調換新書啓事：本講記第 14 輯出版前因 平實導師諸事繁忙，未將之重新閱讀而只改正校對時發現的錯別字，故未能發覺十年前所說法義有部分錯誤，於第 15 輯付印前重閱時才發覺第 14 輯中有部分錯誤尚未改正。今已重新審閱修改並已重印完成，煩請所有讀者將以前所購第 14 輯初版首刷本，寄回本社免費換新（初版二刷本無錯誤），本社將於寄回新書時同時附上您寄書回來換新時所付的郵資，並在此向所有讀者致上最誠懇的歉意。

《心經密意》初版書免費調換二版新書啓事：本書係演講錄音整理成書，講時因時間所限，省略部分段落未講。後於再版時補寫增加 13 頁，維持原價流通之。茲爲顧及初版讀者權益，自 2003/9/30 開始免費調換新書，原有初版一刷、二刷書籍，皆可寄來本來公司換書。

《宗門法眼》已經增寫改版爲 464 頁新書，2008 年 6 月中旬出版。讀者原有初版之第一刷、第二刷書本，都可以寄回本社免費調換改版新書。改版後之公案及錯悟事例維持不變，但將內容加以增說，較改版前更具有廣度與深度，將更能助益讀者參究實相。

換書者**免附回郵**，亦無截止期限；舊書請寄：111 台北郵政 73-151 號信箱 或 103 台北市承德路三段 267 號 10 樓 正智出版社有限公司。舊書若有塗鴨、殘缺、破損者，仍可換取新書；但缺頁之舊書至少應仍有五分之三頁數，方可換書。所有讀者不必顧念本公司是否有盈餘之問題，都請踴躍寄來換書；本公司成立之目的不是營利，只要能眞實利益學人，即已達到成立及運作之目的。若以郵寄方式換書者，免附回郵；並於寄回新書時，由本社附上您寄來書籍時耗用的郵資。造成您不便之處，再次致上萬分的歉意。

正智出版社有限公司 啓

國家圖書館出版品預行編目資料

楞嚴經講記／平實導師述. —初版—
臺北市：正智，2009.11—　〔民98—　〕
冊；　公分
ISBN 978-986-6431-04-3（第1輯：平裝）
ISBN 978-986-6431-05-0（第2輯：平裝）
ISBN 978-986-6431-06-7（第3輯：平裝）
ISBN 978-986-6431-08-1（第4輯：平裝）
ISBN 978-986-6431-09-8（第5輯：平裝）
ISBN 978-986-6431-10-4（第6輯：平裝）
ISBN 978-986-6431-11-1（第7輯：平裝）
ISBN 978-986-6431-13-5（第8輯：平裝）
ISBN 978-986-6431-15-9（第9輯：平裝）
ISBN 978-986-6431-16-6（第10輯：平裝）
ISBN 978-986-6431-17-3（第11輯：平裝）
ISBN 978-986-6431-22-7（第12輯：平裝）
ISBN 978-986-6431-23-4（第13輯：平裝）
ISBN 978-986-6431-25-8（第14輯：平裝）
ISBN 978-986-6431-28-9（第15輯：平裝）
1.秘密部
221.94　　98019505

楞嚴經講記——第四輯

著 述 者：平實導師
音文轉換：曾邱賢 劉惠莉
校　　對：章乃鈞 陳介源 蔡禮政 傅素嫻 王美伶
出 版 者：正智出版社有限公司
電話：〇二28327495　28316727（白天）
傳眞：〇二28344822
111台北郵政73-151號信箱
郵政劃撥帳號：一九〇六八二四一
正覺講堂：總機〇二25957295（夜間）
總 經 銷：飛鴻國際行銷股份有限公司
231新北市新店區中正路501-9號2樓
電話：〇二82186688（五線代表號）
傳眞：〇二82186458　82186459
初版首刷：二〇一〇年五月三十日 二千冊
初版六刷：二〇一六年十一月 二千冊
定　　價：三〇〇元

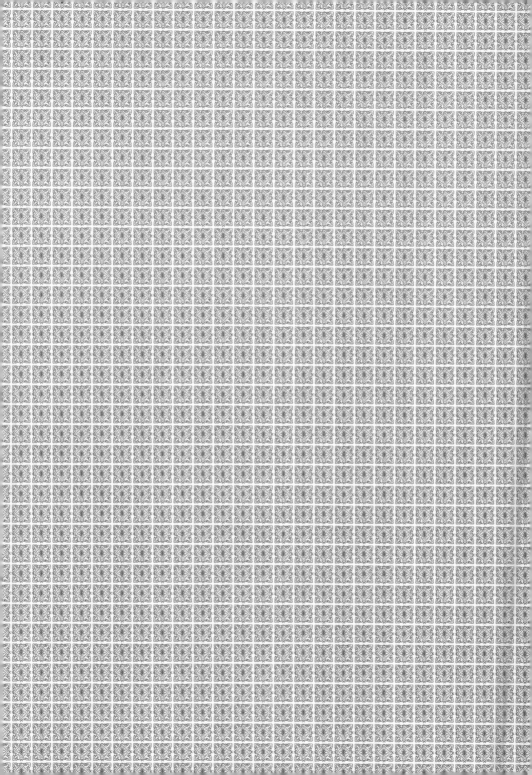